LAS CARTAS DE ARGUEDAS

Las cartas de Arguedas

Edición de

John V. Murra y
Mercedes López-Baralt

PONTIFICIA UNIVERSIDAD CATOLICA DEL PERU
FONDO EDITORIAL 1996

Primera edición: junio de 1996.

Diseño de cubierta: AVA Diseños sobre una pintura del artista peruano Jorge Valdivia Carrasco, radicado en Alemania.

Edición al cuidado de *Miguel Angel Rodríguez Rea*.

Las cartas de Arguedas. Edición de John V. Murra y Mercedes López-Baralt..

RECONOCIMIENTOS

Los editores agradecen a los herederos de José María Arguedas, que dieron permiso para la publicación de estas cartas, al Institute of Andean Research, de New York, y a la Universidad de Puerto Rico. Particularmente agradecen a la Pontificia Universidad Católica del Perú por haber acogido esta publicación en su Fondo Editorial. Asimismo, a Franklin Pease G.Y., a Hipólito Cortés Morales, y al Consulado del Perú en Puerto Rico.

INDICE

ALGUNAS CARTAS DE JOHN V. MURRA A JOSE MARIA ARGUEDAS

APENDICE

PROLOGO

Comencé mis estudios y trabajos de campo en los Andes como ayudante del arqueólogo norteamericano Donald Collier en agosto de 1941. Llegué al puerto de Guayaquil, por barco, a los 23 años, sin pasaporte, habiendo perdido la ciudadanía rumana por haber combatido en el ejército de la República Española y sin haber adquirido la ciudadanía norteamericana. Collier había estudiado en Berkeley, California, con Alfred L. Kroeber; había empezado sus estudios del mundo andino con Julio C. Tello, en Chavín, durante la década anterior.

En agosto de 1941, la guerra mundial ya tenía dos años; Madrid y París ya habían caído; el pacto nazi-soviético estuvo en vigor durante gran parte de estos dos años. Después de mis años de servicio a la República (1937-39) la idea de que uno podía reanudar los estudios de antropología, me parecía una hazaña... La Universidad de Chicago, donde había conseguido un primer título en 1936, me parecía ahora un refugio inesperado, tanto de los campos de batalla, como de los campos de concentración franceses donde terminaron los sobrevivientes del ejército del Ebro.

Mi presencia en los Andes en aquel agosto de 1941, se debe a la oportunidad de servir como intérprete. Collier había colaborado con Tello pero su castellano era insuficiente para emprender un trabajo de campo independiente. Ampliando el horizonte con su centro en Chavín, Collier pensaba buscar sus límites hacia el norte en territorio ecuatoriano y seguir su expansión hacia el mar, ya en la costa peruana. La guerra entre el Ecuador y el Perú, en 1941, obligó a Collier a cambiar de hipótesis: ahora íbamos a verificar las sugerencias de Max Uhle y de Jacinto Jijón y Caamaño de que hubo una fuerte influencia mayoide en territorio ecuatoriano...

13

Nuestro estudio era parte de una mayor actividad en el terreno del Instituto de Investigaciones Andinas con sede en el Museo de Historia Natural de Nueva York. El Instituto de Investigaciones Andinas fue creado en los años treinta por Julio C. Tello y Alfred L. Kroeber, con la idea de incentivar y apoyar la investigación arqueológica del mundo andino. El acercamiento de la entrada en guerra de los Estados Unidos abrió un interés mayor en lo que pasaba en Hispanoamérica, inclusive su historia precolombina. Nelson Rockefeller, quien más tarde fue gobernador del estado de Nueva York y vicepresidente de los Estados Unidos, fue encargado por Roosevelt de los intereses de este país hacia el sur. La arqueología se benefició de tal interés oficial: aparecieron fondos para la investigación, inclusive para la arqueología americanista, como también para el arte del Nuevo Mundo o la redacción de un *Handbook of South American Indians*.

Lo que podía ofrecer como ayudante de Collier en 1941 era bien limitado. Al regresar de la guerra de España en 1939 me había reincorporado al Departamento de Antropología en la Universidad de Chicago. Los años de guerra en Europa resultaron ser para mí años de estudio de postgrado y de formación profesional. Participé en excavaciones arqueológicas; aprobé exámenes de postgrado. Estudié con Harry Hoijer, Manuel Andrade y Fred Eggan. Para pagar tales estudios trabajé en varias actividades la mayoría de las cuales no tenían nada que ver con la antropología. Algunas de estas actividades eran físicas; otras aprovechaban mis conocimientos de idiomas —el francés, el castellano, el ruso.

El viaje con Collier fue decisivo para explicar mi futura dedicación al mundo andino. Hicimos un amplio recorrido del Ecuador austral, con excavaciones en el Cerro Narrío. Conocimos a colegas ecuatorianos, particularmente a don Jacinto Jijón y Caamaño, quien se interesó por nuestros resultados y visitó el laboratorio que instalamos en Quito para procesar la cerámica acumulada.

Personalmente, lo más importante del trabajo en el Ecuador fue mi decisión de dedicarme al estudio del mundo andino. Insistí en ello a pesar del empeño del gobierno norteamericano de impedir cualquier viaje mío fuera de los Estados Unidos. Un juez federal rechazó tres veces mi solicitud de nacionalización y de pasaporte; apelando, logré varias veces reconsideración por tribunales superiores; finalmente, en 1950 logré prestar juramento como ciudadano. Aun así, durante ocho años más el Departamento de Estado me denegó el pasaporte que me hubiera permitido regresar a los Andes.

Durante todos estos años me dediqué a los estudios andinos en biblioteca. Consulté los cronistas del siglo XVI y preparé un fichero etnográfico detallado de información que ellos proporcionaban acerca de la economía inka. Años después, mi tesis doctoral fue publicada en México. Tal estudio se benefició del hecho de que, siendo antropólogo, no me limité a una sola sociedad; en todo momento estaba consciente de la existencia de otros reinos ágrafos en varias partes del mundo, pero particularmente en Polinesia y en Africa, los cuales prometían ofrecer material comparativo. Al enseñar en varias universidades norteamericanas, utilicé información andina pero siempre en una empresa comparativa: es así que en la Universidad de San Marcos, de Lima, ofrecí un curso de etnografía africana.

Finalmente, en 1958, logré regresar a los Andes. Fui al Cusco y de allí, en compañía de Oscar Núñez del Prado, viajé a Lima para asistir a un congreso por el Centro de Estudios Histórico-Militares. Allí leí un primer trabajo de investigación andina delante de un auditorio cuya historia estaba en debate. Allí conocí a doña María Rostworowski, a Franklin Pease y a los colegas de la Universidad de San Marcos, particularmente a José María Arguedas, a Rosalía Avalos y a José Matos Mar.

A través de los años regresé en lo posible a los países andinos. Durante dos años hicimos trabajo de campo en Huánuco Pampa, un centro estatal en el *qhapaq ñan*, la carretera estatal. Trabajé también en los archivos de Sevilla, Sucre, Quito y Lima. Durante casi una década mantuve contacto prolongado con José María Arguedas, cuya correspondencia está incluida en el presente trabajo.

En la época Arguedas trabajaba en el Museo de la Cultura Peruana, en Lima. Cuando Matos fue a Caracas por unos años, Arguedas, quien había estudiado en San Marcos, lo reemplazó en la dirección.

Nuestro contacto fue personal y, a la vez, académico. Arguedas recién había empezado a escribir después de un largo periodo "seco", publicando *Los ríos profundos*. Pero también seguía en el Museo de la Cultura, donde colaboraba en la *Revista del Museo Nacional,* dirigida por el Dr. Luis E. Valcárcel y, según él, su mérito antropológico principal era llevar conjuntos andinos de calidad a las estaciones de radio, las cuales habían descubierto durante los años 50 que el disco andino tenía amplio mercado. Sólo medio en broma, José María afirmaba que su contribución principal a los estudios andinos era educar a las disqueras y a las estaciones de radio, comparando la calidad de los conjuntos.

Durante los años 60, Arguedas publicó más obras de ficción de lo que había logrado antes. La edición de tales novelas en castellano, y de poesía en quechua, fue objeto de bastante polémica política —véase el debate cruel que tuvo lugar en el Instituto de Estudios Peruanos, donde gente que se pretendía de "ciencias sociales" atacó obras de ficción, las cuales consideraban "armas de combate" ignoradas por el novelista. A pesar de todas estas dificultades, esta última década fue también una era fértil: más allá de las novelas en castellano, escribía poesía en quechua, emprendió un esbozo de psicoanálisis, cambió de San Marcos a la Universidad Agraria. En esta última etapa de su vida inició labores de campo en Chimbote, pensando encontrar concentrados allí creadores de folklore andino procedentes de diversas regiones de Ancash. Un fin de semana lo acompañé a Chimbote: se entrevistaba con gente del Departamento, comparando las muchas versiones locales de leyendas y canciones; pero también mantenía contacto con jóvenes sacerdotes, quienes iban creando una "teología de la liberación" en el puerto pesquero más grande del país.

Nuestra colaboración siguió durante todo el decenio antes de su muerte: colaboramos editando, viajando a congresos, insistiendo en el uso del quechua en la radio, pero también asistiendo a congresos profesionales que se reunían en territorios poblados por hablantes del runa simi o el aymara. Como tantos otros, se dio cuenta de que con frecuencia tenía más auditorio en el exterior del país que en Lima: uno de sus éxitos menos esperados fueron las declaraciones de un responsable de actos culturales, en Quito, que aprobarían a José María como Director de la Casa de la Cultura Ecuatoriana. En un artículo de periódico, José María Arguedas especulaba con las consecuencias para la historia del Perú, si la capitald e los Pizarro se hubiera establecido en el Cuzco.

JOHN V. MURRA

Sobre las cartas de Arguedas

L a presente edición, a cargo de John V. Murra y Mercedes López-Baralt, recoge diez años de cartas en su mayoría inéditas que el poeta, novelista y etnólogo peruano José María Arguedas escribiera a su colega Murra. El epistolario, fechado entre 1959 y 1969, ofrece importantísima información así etnográfica como literaria; pero no es menos su valor en tanto testimonio humano. También puede leerse como la historia de una amistad ejemplar entre dos hombres que dedicaron su vida al estudio apasionado del mundo andino. Precedido por un prólogo de Murra, el libro incluye, además, cartas que Arguedas dirigiera a su psicoanalista chilena, la Dra. Lola Hoffman, entre los años de 1962 y 1969. Cierra con un apéndice que contiene un poema bilingüe (quechua/ español) de Arguedas dedicado a John V. Murra, dos semblanzas —una de ellas inédita— de Arguedas por Murra, fotografías de ambos colegas durante su amistad de una década, y un ensayo de López-Baralt sobre Arguedas.

La colección original de las cartas de José María Arguedas a John V. Murra obra en poder de éste. También en sus manos se conservan las cartas de Arguedas a su psicoanalista chilena, la Dra. Lola Hoffmann, quien un año antes de morir (y ya fallecido Arguedas) se las donara.

Transcribo las cartas de Arguedas a Murra y las cartas de Arguedas a Hoffmann con toda fidelidad, haciendo mínimas salvedades: aclaro abreviaturas y corrijo erratas de mecanografía y algún olvido ortográfico, de concordancia, de puntuación, de mayúsculas o de comillas. Entre corchetes van los ilegibles, lecturas posibles o cualquier otra aclaración necesaria. Todas las cartas que damos a continuación son inéditas, a excepción de algunos pasajes: en dichos casos doy la procedencia del fragmento en nota al calce.

17

Las cartas de Arguedas a Murra y a Hoffmann van entreveradas según lo requiere el orden cronológico para que el lector pueda apreciar la evolución psíquica, ideológica y literaria del escritor etnólogo. En las notas intentamos suplir en la medida de lo posible información sobre las personas citadas y las situaciones aludidas, así como aclarar referencias bibliográficas y otras cuestiones relevantes.

MERCEDES LOPEZ-BARALT

CARTAS DE JOSE MARIA ARGUEDAS A JOHN V. MURRA Y A LOLA HOFFMANN

1

Lima, 17 de Septiembre de 1959.[1]

Sobre las cartas que van desde el 17 de septiembre de 1959 hasta el 21 de noviembre de 1960, dice John V. Murra:

Un breve contexto a esta correspondencia. Terminé mi tesis en mi 39 aniversario, cuando enseñaba en Vassar College. Mantenía también una residencia en New York City, ya que tanto la labor de leer las crónicas como el psicoanálisis se hacían en New York. Además, desde 1950, cuando por fin me aceptaron como ciudadano de los Estados Unidos, y hasta 1957 ó 1958 cuando me dieron pasaporte, no podía viajar sino a Puerto Rico (1946-48), México (varias ocasiones) y el Canadá. Ya había trabajado en el Ecuador, pero era otra época (1941-42).

Al llegar al Perú, fui al Cusco, donde Schaedel dirigía los estudios del plan del Sur. También conocía ya a Oscar Núñez del Prado. En los meses que pasé allá traté de leer en el Archivo del Cusco, sin éxito. Viajé por la región cuando se ofrecía alguna oportunidad, pero nada sistemático. Temprano descubrí que los que hablaban de los inka en el Cusco no eran profesionales...

En agosto de 1958 fui con Oscar a Lima para asistir a un congreso de historia, organizado por los militares. Allí sí conocí a la familia antropológica peruana: Matos, María Rostworowski, Franklin Pease y muchos otros. Matos, quien enseñaba en San Marcos, me ofreció sustituirlo durante un viaje (muy popular en aquella época: ir a trabajar a Caracas en proyectos de vivienda y otras ciencias sociales aplicadas). No acepté, dadas mis obligaciones en Vassar.

Entonces Matos encargó el Departamento de Antropología a José María Arguedas. Fue en este contexto que José María Arguedas y yo nos conocimos.

En el congreso; hablamos de mil cosas pero siempre de la enseñanza de la antropología en un país como el Perú —fue el primer y fuerte lazo entre nosotros.

La primera hoja que va aquí añadida fue un memorándum acerca de la importancia de estudiar y traducir los cuentos de Huarochirí. No es correspondencia en un sentido estricto, pero

21

Sr. D.
John V. Murra
Vassar College
Poughkeespie - New York

Muy querido amigo:

_____

sí fue una primera comunicación acerca de lo que a mí me parecía el camino a seguir en la antropología andina...
El memorándum lee así:

Lima, el 4 de agosto de 1959

MEMORANDUM

A los Srs. Drs. José María Arguedas y Gabriel Escobar
de: John V. Murra
acerca de: *posible traducción y edición de la obra de AVILA*

Quisiera reiterar mi interés en una posible edición peruana de la obra de Avila, ya que tal edición no existe y las dos extranjeras son muy difíciles de adquirir. Además ninguna de ellas tiene las notas folklóricas y estructurales que merece esta colección, sin hablar ya de la parte lingüística, que también puede tener su importancia por ser este documento quizás el primero de carácter laico escrito en el Runa Simi.

La biblioteca de la Universidad Nacional Mayor de San Marcos tiene ejemplares de las dos previas ediciones:

Dämonen und Zauber in Inkareich, edición de Hermann
Trimborn, Leipzig, 1939. Texto quechua, con traducción al alemán.

Esta edición es incompleta, faltando algunos capítulos que Trimborn publicó más tarde:

«Nachträge zum Ketschuawork des Francisco de Avila»,
Zeitschrift für Ethnologie, 1943, vol. 75.

De Priscorum Huaruchiriensium Origine et Institutis, edición de Hipólito Galante, Madrid, 1942. Edición facsímil, transcrita por Galante con ortografía propia; traducción al latín y una versión de esta traducción al castellano, a mi juicio completamente inadecuada tanto en lo literario, como en lo sociológico. Contiene también una crítica de la edición de Trimborn.

Mi sugerencia es que pensemos en dos ediciones: una sencilla y barata, traduciendo el texto cara a cara con el texto mismo. La otra, una edición para estudiosos, conteniendo no sólo la traducción, pero también notas y ensayos sobre la importancia de la colección de Avila para el folklorista, el antropólogo social y quizás el lingüista.

Me ha de creer Ud. cuando le digo que lo extrañamos mucho. No se trata únicamente de la ausencia del maestro sino de la persona. Me había acostumbrado, yo especialmente, a tenerlo cerca. Cuando se fue Ud. me sentí algo más débil, pues me apoyaba la evidencia de que Ud. estaba a la mano para cualquier clase de consulta. Además, encontré en Ud. la especie de tipo ideal del profesor universitario y del investigador. No es pues imposible que alguien se dedique a investigar por amor al ser humano y por amor al conocimiento en sí mismo. No se encuentra en estos países en que la lucha es dura y las pasiones, por este mismo hecho, siempre andan al rojo vivo, no es posible aun encontrar al maestro que no persiga otra aspiración que trabajar por estimación al hombre, por admiración al ser humano, por piedad hacia él y por el goce de veras inefable de descubrir. Aquí se trabaja aun únicamente por vanidad. Y nuestro Instituto, singularmente, está muy contaminado por defecto tan detestable. Me siento mal en compañía de gente que se mueve impulsada por afán que desde niño me enseñaron a considerar como poco digno. Me ha alegrado muchísimo, por eso, recibir su carta en la que, desde lejos, nos ofrece Ud. su auxilio.

Por supuesto que imprimiremos el artículo que nos ha enviado. Le remitiré en cuanto haya concluido la traducción, el texto, a fin de que nos lo corrija. Ahora quiero darle algunas informaciones, especialmente el [sic] de la revista[2] y algunas otras, pues seguramente le será grato conocerlas.

Matos [3] había enviado a la imprenta unas 800 páginas, lo que daba no menos de 460 para la revista. Entre los trabajos figuraba el de Cotler[4] que tiene 100 y varios sobre Pachacámac con cerca de 150, más otro de Lumbreras[5] que tiene más de 120. Era, a mi juicio, un fardo poco coordi-

---

2   Se trata de *Folklore Americano*, revista creada por Arguedas en 1953, con apoyo de la OEA.

3   Se refiere a José Matos Mar, autor peruano cuya tesis doctoral de la Universidad de San Marcos versó sobre *La estructura económica de una comunidad andina* (1958). Editor de *El Perú actual (sociedad y política)* (México, 1970). Dirigió el Departamento de Antropología de la Universidad de San Marcos. Fue uno de los seis organizadores (José María Arguedas, Alberto Escobar, John V. Murra, José Matos Mar, Aníbal Quijano, María Rostworowski y Luis E. Valcárcel) del Instituto de Estudios Peruanos, originalmente nombrado Instituto de Antropología Andina. Actualmente (1990) dirige el Instituto Indigenista Interamericano, en México.

4   Julio Cotler: sociólogo peruano, autor de «La mecánica de la dominación interna y el cambio social en el Perú» (en José Matos Mar, ed.: *El Perú actual (sociedad y política)*, 1970). y *Clases, Estado y nación en el Perú*, Instituto de Estudios Peruanos, Lima 1978.

5   Luis G. Lumbreras: arqueólogo peruano, autor de *De los pueblos, las culturas y las artes del antiguo Perú* (Lima, 1969) y *Arte precolombino. Primera parte: Arte textil y adornos*

23

nado de contenido. Además no había un centavo para pagar este egreso formidable. Pero Dios a veces se acuerda de los que sufren, y hemos conseguido dinero. Pero la tesis de Cotler[6] y la serie de artículos sobre Pachacámac saldrán en volúmenes aparte. El de Cotler dentro de unos días. Y quedarán para la revista unos 220 páginas. Así ofreceremos dos libros y el primer número de la revista. Revisaré algo de lo de Pachacámac. No sé a ciencia cierta hasta qué punto es útil.

Dentro de pocos días recibirá Ud. las recomendaciones de la Mesa Redonda y Seminario[7]. Le enviaré también el texto de su intervención relativa a Sociología y Antropología en los Estados Unidos. La corregí yo con verdadero placer. Muy pronto le enviaré el texto de su inolvidable intervención respecto de Vicos.

Estuve pésimo de salud. He sido endeble desde niño. He mejorado algo. Escríbanos de vez en cuando unas líneas, que nos harán mucho bien. Un abrazo.

Afectuosos recuerdos de Alicia y Celia[8]

José María

(Lima, 1977). Director, durante varios años, del Museo Nacional de Antropología y Arqueología (Pueblo Libre, Lima).

6 El título de la tesis de Cotler es: *Los cambios en la propiedad, la comunidad y la familia en San Lorenzo de Quinti*. Tesis para optar el grado de Bachiller en Letras (Etnología), Instituto de Etnología y Arqueología de la Facultad de Letras, Universidad de San Marcos, Lima 1959.

7 Se refiere a una Mesa Redonda realizada en la Universidad de San Marcos, en el Instituto de Etnología y Arqueología.

8 Celia y Alicia Bustamante Vernal: la esposa mujer de Arguedas y su hermana.

2

Lima, 23 de Septiembre de 1959.[9]

Muy querido doctor Murra:

A pocos días de mi carta anterior me veo precisado a escribirle nuevamente, pues deseamos aprovechar su condición de permanente embajador de los peruanos en los Estados Unidos, para beneficiarnos. Se trata de lo siguiente.

Por fin tenemos la evidencia de que nos han de pagar lo que nos deben por concepto de subvenciones. Me refiero al Comité de Folklore. Podemos, pues, contar con medios que nos permitan editar un buen sexto número de *Folklore Americano*. Ud. ha comprobado que en los cinco números anteriores sólo ofrecimos un buen trabajo sobre los Estados Unidos, el de Archer Taylor[10]. No contamos con otras vinculaciones para conseguirlo que la de nuestros amigos antropólogos, pero de ellos en quien tenemos más confianza es Ud. Kubler[11] no contesta, Rowe[12] anda

---

9 Carta mecanografiada en papel timbrado del Comité Interamericano de Folklore de la Comisión de Historia del Instituto Panamericano de Geografía e Historia.

10 Archer Taylor: folklorista texano.

11 George Kubler: historiador del arte de España y de América, entre una vasta obra, de *The Art and Architecture of Ancient America* (United Kingdom, 1972), y de «The Quechua in the Colonial World», (Julian Steward, ed.: *Handbook of South American Indians,* vol. II, Washington, D.C., 1946). Fue profesor de Arguedas en la Universidad Nacional Mayor de San Marcos.

12 John Howland Rowe: antropólogo norteamericano, autor de muchos estudios sobre los Andes, entre ellos: «Inca Culture at the Time of the Spanish Conquest» (Julian Steward, ed.:

muy embargado con sus estudios del valle de Ica; además con ninguno de ellos alcanzamos a tener la amistad que con Ud. Por ello le ruego que nos aconseje a quién podemos pedirle una colaboración o, mejor aún, le rogamos que de hecho a nombre del Comité y por encargo especial nuestro, Ud. mismo haga el ruego. Ya se sabe que no podemos ofrecer otra cosa que una separata muy bien cuidada y nuestra gratitud, porque los 1,500 soles mensuales que recibimos nos alcanzan exactamente para la edición de la revista, y nada más.

Como la mayoría de las Instituciones latinoamericanas, ésta no funciona sino sobre la base de dos o tres individuos. De los nombres que figuran en el membrete de este papel[13] , sólo dos trabajan [con nosotros]. En Boggs no confiamos mucho, hablándole en confianza, sin que esto quiera decir que no lo estimemos.

Le envío copia de las recomendaciones de nuestra Mesa Redonda y Seminario. ¿Se acuerda Ud. de alguna más?

Un saludo muy afectuoso de Alicia y Celia y un abrazo de su amigo que no deja de extrañarlo,

José María

Handbook of South American Indians, Vol. II, Washington, D.C., 1946) y *Chavin Art, an Inquiry into Its Form and Meaning* (New York, 1962). Director de la revista *Ñawpa Pacha*.
13 Los nombres son los siguientes: Luis E. Valcárcel, Jorge C. Muelle, Arturo Jiménez Borja, José Alfredo Hernández, José María Arguedas (Perú); Augusto Raúl Cortazar (Argentina); Renato de Almeida (Brasil); Luis Alberto Acuña (Colombia); Eugenio Pereira Salas (Chile); Ralph S. Boggs (Estados Unidos); Olga Wilma Schwartz (Guatemala); Vicente T. Mendoza (México); Concepción Leyes de Chávez (Paraguay); Juan Liscano (Venezuela).

3

Lima, 7 de Octubre de 1959.[14]

Muy estimado doctor Murra:

Espero que haya recibido mis cartas anteriores. En una de ellas le rogaba que nos ayudara a obtener una buena colaboración norteamericana para *Folklore Americano*. Ahora le envío la versión de su intervención sobre el tema de Vicos [15] en el Seminario. Ud. verá con qué cuidado la he corregido. Le ruego que la revise Ud. y la corrija en todo lo que considere necesario. Yo debo escribir el informe sobre el Seminario para la revista. Considero que será oportuno hacer algunas citas de las intervenciones. Por eso tengo tanto interés en esta intervención suya. Yo me he

---

14   Carta mecanografiada en papel timbrado del Instituto de Etnología y Arqueología de la Facultad de Letras de la Universidad Mayor de San Marcos.

15   En la hacienda Vicos en el departamento de Ancash tenían, durante la década de 1950, el Instituto Indigenista Peruano y la Universidad de Cornell un programa de antropología aplicada. Por Cornell participan Allan Holmberg y William Mangin quien, en ausencia del primero, dirigió el proyecto. Asimismo, Mangin continuó la investigación, estudiando a los vicosinos en las poblaciones marginales de Lima. También colaboró el antropólogo peruano Mario C. Vázquez. En la Universidad de San Marcos hubo oposición (encabezada por José Matos Mar) al proyecto, considerado por algunos intelectuales como imperialista y ligado al APRA (Mario C. Vázquez pertenecía a dicho partido). El proyecto de Vicos se anticipó una década a la reforma agraria del presidente Velasco, al instar a los campesinos a comprar la hacienda. La Universidad de Cornell en Ithaca, New York, tiene un archivo con las monografías que resultaron del proyecto, además de una nutrida correspondencia y varios libros referentes al mismo.

permitido hacer algunas correcciones de forma que Ud. considerará si deben quedar así como están o las volverá Ud. a recorregir.

François[16] se va pasado mañana a Francia. Me quedo más solo aún en el Instituto. Felizmente Portugal[17] está dando buenos resultados. Pero no veo que el porvenir del Instituto sea excelente en lo que se refiere a alumnos. Quizá si Matos consigue en los Estados Unidos, como pretende, alguna ayuda económica importante y el Instituto queda en condiciones de emprender proyectos de largo alcance, por sí mismo, quizá entonces el Instituto pueda conseguir la permanencia de algunos buenos investigadores que tomen a su cargo a los alumnos; y quede reforzada la enseñanza y la investigación, que ahora es sumamente débil y casi nula en etnología.

Espero recibir pronto sus noticias y el texto corregido de las páginas que le envío.

Muchos recuerdos de Alicia, Celia, Martha[18] y Portugal; un abrazo de,

José María

François estuvo en Huamanga y ha traído la información de que Gabriel[19] está sumamente entusiasmado con su puesto. ¡Claro! Allá han cumplido con todo lo que le ofrecieron y le darán todo lo que pida.

---

16 François Bourricaud, sociólogo francés. Autor de *Poder y sociedad en el Perú contemporáneo* (París y Buenos Aires 1967).
17 José Portugal, alumno del Instituto de Etnología.
18 Esposa de Gabriel Escobar.
19 Gabriel Escobar Moscoso: autor peruano de origen cusqueño. Durante muchos años profesor en Pennsylvania State University. Autor, con Gloria Escobar, de *Huaynos del Cusco* (Cusco, 1981).

4

Lima, 16 de Noviembre de 1959.[20]

Muy estimado doctor Murra:

Cuando empezaba a inquietarme por mi carta me llegó su amabilísima y hermosa respuesta.

Ahora estoy solo en el Instituto, porque Martha se fue a Paramonga a hacer un estudio de cooperativas, por quince días. Me acompaña Portugal, que es fino e inteligente, pero con quien no he tenido tiempo de establecer vínculos de gran fraternidad como con Martha y Alberto[21].

Nuestras publicaciones marchan. Ya el pequeño libro que hemos editado con la tesis de Cotler está concluido y se imprimirá la carátula

---

20 Carta mecanografiada en papel corriente.
21 Alberto Escobar: lingüista y literato peruano, uno de los seis fundadores del Instituto de Estudios Peruanos. Autor de *Cómo leer a Vallejo* (Lima, 1973) y editor de *El reto del multilingüismo en el Perú* (Lima, 1972). Sobre Arguedas publicó *Arguedas o la utopía de la lengua* (Lima 1984).

En nota al Rector y alumnos de la Universidad Agraria de La Molina en Lima, fechada el 27 de noviembre de 1969 (un día antes de su muerte), Arguedas dice sobre Escobar lo siguiente:

Si a pesar de la forma en que muero ha de haber ceremonia y discursos, les ruego no tomar en cuenta el pedido que hago en el «Ultimo Diario» [de *El zorro de arriba y el zorro de abajo*] con respecto a los músicos, mis amigos, Jaime, Durand o Damián Huamani, pero sí el de Aberto Escobar. Es el profesor universitario a quien más quiero y admiro, él y Alfredo Torero. Anhelaría que Escobar leyera el «Ultimo Diario».

Esta nota figura como apéndice de la edición de Losada de *El zorro de arriba y el zorro de abajo* (Buenos Aires, 1971).

uno de estos días; *Pachacámac*[22] también está casi concluido, lo mismo que *Etnología y Arqueología*[23] . No sé si estaba Ud. todavía entre nosotros, cuando decidimos dividir el primitivo proyecto de la revista en tres publicaciones. Porque la revista iba a ser un bodoque de casi 600 páginas; difícil de llevar, de comprar y de distribuir.

Espero que ya esté en sus manos la traducción que hizo la Srta. Chocano[24] del artículo que nos envió Ud. A propósito, la Semana Arqueológica tuvo mucho éxito. Fue una hazaña de los estudiantes, especialmente de Matos que se empecinó en el asunto y trabajó con la tozudez que aquí sólo atribuimos a lo indios. Los estudios sobre el pre-cerámico adquirieron caracteres sensacionales, con las noticias que dieron Engel[25] y Cardich[26] sobre las fechas de sus respectivos descubrimientos, más de 5,000 el primero y casi 10,000 el segundo. De este modo esta Semana adquirió celebridad. Y como los estudiantes son más afectos que nosotros al boato, la ceremonia de inauguración fue incluso televisada. Pero, de veras, la semana fue buena. Se dio cuenta de la nota que Ud. escribió.

Le agradezco mucho por su sugerencia para *Folklore Americano*. Creo que la publicación del documento que Ud. propone sería una contribución realmente útil para el conocimiento en América Latina del folklore en los Estados Unidos. Lo único serio en contra es que no tenemos esa revista. Nosotros enviamos la nuestra, pero como es anual, no nos han aceptado el canje. Este inconveniente me obliga a rogarle que a cambio de envíos de nuestras próximas publicaciones nos auxilie Ud. enviándonos el recorte del artículo. Yo rogaré a Gabriel que se encargue de la traducción. Me preocupa tener que cargarlo con este oneroso ruego, pero

---

22 José Matos Mar, José Portugal Mendoza y otros, *El valle de Lurín y el pueblo de Pachacámac*, Facultad de Letras, Instituto de Etnología, Universidad de San Marcos, Lima 1961.
23 Revista dirigida por José Matos.
24 Raquel Chocano-Bryce, amiga de Arguedas. Traductora en la embajada de los Estados Unidos en Lima.
25 Frédéric Engel: autor de «Le complexe pre-céramique d'El Paraíso» (*Journal de la Société des Américanistes,* Paris, 1966).
26 Augusto Cardich: arqueólogo peruano, dedicado al estudio de los cultivos de altura, radica en la Argentina (Museo de La Plata); es autor de «Los yacimientos de Lauricocha: nuevas interpretaciones de la prehistoria peruana» (*Studia Praehistorica*, 1958) e «Investigaciones prehistóricas en los Andes peruanos» (*Antiguo Perú: espacio y tiempo*, Lima, 196O), y muchos otros trabajos.

no nos queda otro camino. Tenemos en Ud. la suficiente confianza y fe como para aventurarnos a abusar un poco de su amistad.

La descripción que hace del otoño en la región donde está Ud. ahora me ha recordado el maravilloso espectáculo del otoño de Europa. Es para un peruano un espectáculo mucho más conmovedor y fascinante que el de la propia primavera, de la cual algo tenemos aquí. Pero el otoño hiere con mucha más hondura. Me han preocupado sus palabras hasta el punto de hacerme dar deseos de ir por esos mundos, cosa que nunca fue una aspiración mía.

Su sugerencia respecto de Avila[27] también me parece muy acertada. Voy a intentarlo, además, como un homenaje a Ud. Trataremos de publicar un capítulo, y le haremos un comentario, exaltando la obra, especialmente su valor para el estudio del folklore y de la historia.

Me complace comprobar cómo en el poco tiempo que ha estado Ud. en el Perú ha dejado discípulos. En *Cuadernos* que acaban de publicar los estudiantes hay un artículo sobre la coca en el que de manera confesa se encuentra la influencia de Ud. Y todos los muchachos y muchachas que han tenido la oportunidad de tratarlo llevan, permanentemente, algo de la influencia de Ud. ¡Qué formidable sería que viniera Ud. al Instituto por un par de años!

He intentado una traducción de las frases de Avila que me propone Ud. Vamos a citarlo:

«...llactacunapipas ayllo ayllonpi...»

Es clarísimo el significado, palabra a palabra:

«...y también en los pueblos, de ayllo en ayllo...»

«...mancharcan saractari yngap caranta sapcicuna mantas corcan hupyancampac chaymantas...»

La traducción es relativamente fácil:

---

27   Se refiere a la insistencia de Murra de que Arguedas emprendiese la traducción del manuscrito de Huarochirí, el corpus de mitos quechuas que recoge Francisco de Avila, el extirpador de la idolatría, en el área de Lima hacia 1608. Arguedas llegó a publicar el texto bajo el título de *Dioses y hombres del Huarochirí* en Lima (Museo Nacional de Historia e Instituto de Estudios Peruanos) en 1966.

«...y temió el maíz, del inga el maíz, de las tierras comunes dio para que hubiera de beber de [o] desde eso...»

Me he aventurado a poner esas comas, porque creo que ése es el significado, repite el concepto. La última parte es algo oscura. La palabra *sapci* , que no había oído, la define muy bien Holguín, como «tierras comunes», lo que está algo oscuro es el sentido de la palabra *hupyancampac*. *Hupy* o *hupyay* es beber; *hupyan* es la forma de la tercera persona del singular, «él bebe»; la terminación *campac*, puede ser o «cananpac» que quiere decir «para que haya», o *nampac*, que significaría, con el verbo, «para que él beba».

«...yanacunapac yaçapa ayllomantas... llama michicninri allaucamanta»

Es muy claro:

«...para los yanacuna, del ayllo de yaçapa... para los pastores de llamas, de allauca...»

Se ve claramente que yaçapa y allauca son nombres de lugares.

En la próxima semana creo que podremos enviarle el librito de Cotler.

Lo extrañamos siempre y nos alienta la convicción de que aunque se encuentre Ud. lejos, en un momento de apuro podemos contar con su consejo y ayuda.

Muy afectuosos saludos de Alicia y Celia y un abrazo de,

José María

5

Lima, 10 de abril de 1960.[28]

Muy estimado doctor Murra:

He demorado mucho en escribirle porque he pasado por tiempos muy malos. Tuve un terrible accidente con la camioneta que me dejó Mangin[29]. Como no andaba muy bien de los nervios que es mi talón de Aquiles, acabé por casi aniquilarme con los resultados del accidente y he quedado más disminuido aún. Di con la camioneta varias vueltas y quedé finalmente debajo del carro. Salí únicamente con tres costillas rotas pero me dejó un saldo aplastante en cuanto al sistema nervioso. Me quedé sin poder dormir y con una especie de psicosis de angustia de la que aún no puedo salir del todo.

Recibí verdaderamente conmovido sus envíos de México y su tarjeta de Túnez. Como resultado de mis lecturas de *México en la cultura* descubrí un novelista maravilloso mexicano: Juan Rulfo[30], del que he leído sus cuentos y su novela *Pedro Páramo*. Si no estuviera tan mal escribiría un comentario de estos libros[31] y aun intenté comenzarlo, pero no estoy en condiciones todavía de concentrarme.

---

28 Carta mecanografiada en papel corriente.
29 William Mangin: véase nota 15.
30 Juan Rulfo: novelista mexicano que, con *Pedro Páramo*, de 1955, contribuye decisivamente a la estética de lo real-maravilloso en la que también inciden Alejo Carpentier y Gabriel García Márquez. Admirador de la obra de JMA.
31 El comentario se publicó en *El Comercio* de Lima bajo el título de «Reflexiones peruanas sobre un autor mexicano» (1960).

Recibí también el envío de Dorson[32]. Ha ocurrido algo frecuente y desagradable con los números de *Folklore Americano* que le enviamos a Dorson. Equivocaron la dirección y remitieron el paquete a la Universidad de Indiana, en Bloomington. Estamos esperando que nos devuelvan el paquete, porque yo conseguí para él los números 3 y 4 que están completamente agotados. Si Ud. tiene ocasión de escribirle le ruego contarle este incidente. Teníamos la esperanza de publicar la traducción del artículo de Dorson en este numero de *Folklore Americano*, pero Raquel[33] se enfermó y apenas ha traducido unas páginas. Lo tendremos que dejar para otro número o quizá lo publiquemos en un folleto especial como servicio del propio Comité.

El Instituto marcha con los tropiezos que ya Ud. conoce. Matos está ahora aquí y se ha reencargado de su puesto, pero sólo por un mes, se vuelve en mayo a Caracas y no es todavía seguro que yo vuelva al Instituto, pues no me siento en condiciones de hacer la faena. Se ha presentado otro problema para el Instituto: acaba de promulgarse la Ley Universitaria. Los estudiantes se oponen a ella, porque ha derogado la ley que dio autonomía a la Normal de Chosica y porque excluye a la Facultad de Medicina del régimen del cogobierno. Es probable que tengamos huelgas. Por otro lado, la nueva ley hace imposible la continuación de Valcárcel[34] en el Decanato y eso crea un conflicto al Instituto. Valcárcel ha decidido quedarse exclusivamente con la dirección del Museo, pues tenía que elegir o esto o el Decanato. ¿Cómo ha de marchar el Instituto sin Valcárcel y sin Matos y probablemente sin mi intervención? Mi poco prestigio como escritor y mi absoluta independencia respecto de los grupos de San Marcos servían para preservar al Instituto a pesar de mi poca eficiencia como etnólogo. Matos se ha creado enemigos con su formidable actividad; no sería raro que en su ausencia y sin la protección de

---

32 Charles Dorson: folklorista norteamericano. Colaboró en *Folklore Americano.*
33 Raquel Chocano-Bryce, amiga de Arguedas; coleccionista de arte popular andino.
34 Luis E. Valcárcel: historiador peruano, director del Museo de la Cultura Peruana y de su revista. Autor de *Etnohistoria del Perú antiguo* (Lima, 1959). Fundó el Instituto de Etnología en la Universidad de San Marcos, y allí fue profesor de Arguedas. Valcárcel publicó «Los trabajos arqueológicos en el Departamento del Cuzco» (*Revista del Museo Nacional,* Lima 1934-35), donde hizo arqueología en compulsa constante con crónicas e incluso información oral. Durante su larga estadía cuzqueña, fue prominente figura del grupo Resurgimiento, activamente indigenista, ver Luis E. Valcárcel, *Memorias*, Instituto de Estudios Peruanos, Lima 1981.

Valcárcel pretendieran desmantelar el Instituto. Ya sabe Ud. cómo es el Perú.

La revista del Instituto está por fin íntegramente impresa, no faltan sino las láminas, la carátula y la encuadernación; eso puede demorar un mes más. El proceso de su preparación e impresión ha constituido una verdadera agonía; entre otras cosas por mi falta de salud. Pero, en fin, ya está prácticamente lista y me satisface haber luchado por ella en la medida de mis fuerzas. Ha de salir un informe bastante largo sobre nuestra Mesa Redonda y Seminario; aparece íntegramente su inolvidable intervención sobre Vicos y su informe sobre la sociología y la etnología en los Estados Unidos. Como no hay ninguna esperanza de que se edite todo el material de los debates, este informe que he preparado servirá para recoger en forma bastante explícita lo que hubo de medular en esas reuniones.

Voy a dedicarme ahora a mi interrumpido trabajo sobre las comunidades de Castilla que estaba haciendo cuando me llamaron para el Instituto. No sé cómo ha de concluir este trabajo,[35] pues me aterroriza mi falta de erudición o siquiera mediano conocimiento de la parte histórica y mi poquísima salud. Pero es el trabajo más avanzado que tengo y el que creo que ha de exigir menos de mí. Había comenzado a escribir una extensa novela sobre el Perú actual.[36] Ud. sabe que mi verdadera vocación y oficio es la narración y en ella sí he dado algo original y acaso permanente. Mi ilusión mayor era escribir esta novela perfectamente bien concebida; pero acaso dada mi mala salud nunca la llegue a escribir; y ése es mi mayor tormento. Le hablo a Ud. de todo, porque no es Ud. el etnólogo o antropólogo especialista que frecuentemente he tratado. Ud., como mi querido Gabriel, tienen el conocimiento total del hombre y la preocupación por él en su integridad. Métraux[37] nos hizo ver la posibilidad de que Ud. viniera por dos años contratado por la Unesco. Pensamos en quiénes podrían ser llamados para ese trabajo si la Unesco aceptaba enviar al Perú un antropólogo como parte de la ayuda técnica. Ud. tiene

---

35 El informe sobre dos comunidades campesinas de España, fue años después la tesis doctoral de Arguedas (1963). Años después, el Ministerio de Agricultura de España lo republicó, con comentarios de Jesús Contreras, colega de la Universidad de Barcelona.

36 Se refiere a *El Sexto*, que se publicaría en Mejía Baca de Lima en 1961.

37 Alfred Métraux: etnólogo suizo, autor de *Les Incas* (Paris, 1961); colaborador principal del *Handbook of South American Indians* (6 vols.), publicado durante la Segunda Guerra Mundial en Washington (1943-56). Hizo trabajo de campo en la región andina y en Haití.

empuje además de su inmejorable formación científica. Este país requiere en todos los campos de hombres de empresa, puesto que todo hay que organizarlo todavía. No es suficiente un hombre de ciencia que no tiene el impulso suficiente para sacar cosas de la nada. Ojalá sea posible esta promesa.

¿Le enviamos para que revisara la traducción que hizo Raquel de aquel artículo sobre arqueología que Ud. nos propuso para imprimirlo en los cuadernos del Instituto? Cree Raquel que se lo enviamos.

Muy pronto pues le remitiremos *Folklore Americano,* no.6 y el primero de *Etnología y Arqueología.*

Reciba el abrazo de su amigo que lo recuerda con el mayor afecto y admiración.

José María

Apartado 43. - Lima

6

Lima, 21 de Mayo de 1960.[38]

Muy estimado doctor Murra:

Hemos podido arreglar el asunto de Waldemar[39]. Matos dará diez dólares y la Facultad veinte. Pero al mismo tiempo me aventuré a conseguir de la Casa Grace[40] esa pequeña suma de 45 dólares, pequeña para ellos, por un año. Cuento allí con un buen amigo y muy buena persona; le dije que Ud. nos había escrito sobre este caso y como le informara que es profesor del Vassar College, me dijo que ese Colegio tiene ciertas relaciones con la Casa Grace y que se podría conseguir que Ud. mismo presentara la iniciativa allá, a la persona que él me ha de indicar. Pero estos asuntos marchan muy lentamente siempre, el Sr. [Augusto] Dammert León, que es el amigo a quien me refiero, es un alto funcionario de la Grace, está siempre ocupado y es difícil dar con él. Si se tuviera

---

38 Carta mecanografiada en papel timbrado del Instituto de Etnología y Arqueología de la Facultad de Letras de la Universidad Mayor de San Marcos.
39 Waldemar Espinoza Soriano: historiador peruano, autor de «Biografía de Garci Diez de San Miguel» (Garci Diez de San Miguel: *Visita hecha a la provincia de Chucuito* [1567], Lima, 1964) y «El memorial de Charcas; crónica inédita de 1582» (*Revista de la Universidad Nacional de Educación, 1969*), «Los Huancas aliados de la conquista. Tres informaciones inéditas sobre la participación indígena en la conquista del Perú», *Anales Científicos*, I, Universidad Nacional del Centro del Perú, Huancayo, y otros muchos estudios.
40 La Casa Grace se fundó en el Perú, los fundadores establecieron la firma W.R. Grace & Co.; la firma tuvo amplios intereses en el Perú, actuando como agentes internacionales después de la Guerra del Pacífico, donde el Contrato Grace consolidó la deuda externa peruana. Entre sus intereses en el país estuvieron los ferrocarriles y un complejo azucarero.

éxito con esta gestión, Waldemar podría quedarse un tiempo más, porque mientras tanto recibirá la generosa ayuda suya, la de Matos y de la Facultad.

El caso de la Universidad es ahora más complicado que nunca. La política está metida en la Universidad de manera total. Con el cogobierno, los alumnos han empezado a intervenir en la elección de profesores y lo están haciendo con un criterio absolutamente político. Los profesores han empezado ya a temer esta intervención y a tratar de congraciarse con el grupo —APRA[41]— que parece ahora el dominante, porque existe una perfecta coordinación entre el voto de alumnos y profesores. No sé si conoció Ud. al doctor Tauro[42]. Renunció a dos puestos oficiales que tenía: la jefatura del Departamento de Investigaciones de la Biblioteca Nacional y unas horas que tenía en el Colegio Nacional «Alfonso Ugarte», porque tenía los derechos expeditos y la mayoría de los votos para ser elegido Profesor de tiempo completo; lo han derrotado tres veces los apristas en coalición con el Dr. Porras[43], porque su elección se hizo con la intervención del tercio estudiantil, diez alumnos, que asisten disciplinadamente al Consejo, mientras que muchos profesores faltan. Al malestar causado por la Nueva Ley Universitaria que es en muchos aspectos disparatada e inaplicable, se agrega éste de la influencia oficial de los alumnos. Yo tuve un alumno en el tercer año de la sección doctoral, que era líder aprista y cuyos exámenes eran muy malos aun para el cuarto o quinto año de primaria. La situación es no sólo desalentadora sino sombría. El APRA está coaligado muy sólidamente con la extrema derecha y cuenta con el apoyo de buena parte de los profesores, de aquellos cuyo interés es únicamente el de permanecer en la Universidad a cualquier costa. Los verdaderos maestros universitarios están aislados y por entero a merced

---

41 APRA: sigla de la Alianza Popular Revolucionaria Americana, fundada en México en 1924 por Víctor Raúl Haya de la Torre y otros líderes peruanos exiliados durante el régimen de Leguía. En sus inicios constituyó un intento de peruanizar las lecciones de las revoluciones rusa y mexicana. Proscrito en el Perú en 1934, volvió a la legalidad durante las elecciones de 1945, en que obtuvo el 45% de los votos. Llegó al poder en la década de 1980.

42 Alberto Tauro: historiador peruano, autor del primer ensayo crítico en reconocer los méritos literarios de Arguedas: «José María Arguedas, escritor indigenista» (*La Prensa*, Lima, 1935).

43 Raúl Porras Barrenechea: historiador peruano, autor de numerosos estudios, entre ellos *Las relaciones primitivas de la conquista del Perú* (París, 1937), *Fuentes históricas peruanas* (Lima, 1945-54), *El Inca Garcilaso de la Vega (1539-1616)* (Lima, 1946) y *Los cronistas del Perú (1528-1650)* (Lima, 1962). Fue Ministro de Relaciones Exteriores del Perú en 1959-60.

de esta mayoría oscura y sin ideales. Hace poco aprobaron en el Consejo de la Facultad cancelar a los profesores de tiempo completo que estuvieran fuera del país: era una medida contra Li Carrillo, Salazar Bondy[44] y Matos. Li Carrillo va a renunciar y va a quedarse en Venezuela, sin duda para siempre; Salazar Bondy está felizmente para llegar; Matos ha presentado una solicitud de reconsideración que creo que tiene pocas posibilidades de éxito. Creo que el plan es lograr que el Instituto de Etnología caiga en poder de tres sociólogos que ahora tenemos dentro: Ismodes, Mejía Valera y Flores. Ismodes es aprista y Ud. lo conoció bastante bien durante la mesa redonda y seminario; Mejía Valera es ponderado, pero desprecia la etnología, tiene una devoción casi fanática por los métodos y guarda excelentes relaciones —según me han dicho— con el APRA; Elías Flores estudió conmigo y es de mi promoción, lo conozco a fondo; le dieron una beca en la Flacso[45] y ha vuelto sociologizando en extremo; es un individuo mediocre, vanidoso, díscolo y víctima, aparentemente, de lo que solemos llamar «complejo de inferioridad». Ha sustentado una tesis doctoral sobre el desarrollo económico que resultó mucho mejor de cuanto había esperado de él. El hombre, felizmente, es perfectible y parece que Flores ha digerido las enseñanzas de la Flacso; tiene ahora a su cargo a un alumno de Quinto año, y este muchacho me dijo que Flores afirmó rotundamente que todos los trabajos de etnología que se habían hecho en el Perú no valían nada. ¿Hasta dónde es posible la pacífica convivencia y colaboración en un mismo instituto de sociólogos y etnólogos? Resulta verdaderamente desgraciado, precisamente ahora, que no se haya tomado a Gabriel[46] para el Instituto; porque yo tengo una formación teórica muy débil y he leído poco y ahora por mi mal estado de salud no leo nada. Gabriel, con su admirable entereza y suavidad, su excelente formación académica, su sabiduría general, habría sido un contrapeso suficiente para este equipo de sociólogos empingorotados; mientras que yo me

---

44 Augusto Salazar Bondy: filósofo peruano, autor de *Historia de las ideas en el Perú contemporáneo*, de 1965. Hermano de Sebastián Salazar Bondy, ensayista y dramaturgo peruano, autor de *Lima la horrible*, el influyente y controversial ensayo de 1964.
Sobre las críticas adversas de este último a Arguedas en la mesa redonda sobre *Todas las sangres*, auspiciada en 1965 por el Instituto de Estudios Peruanos, ver el ensayo de López Baralt, en el *Apéndice*.
45 FLACSO: organización de investigación en Ciencias Sociales de la UNESCO, con sede en Santiago. Elías Flores es antropólogo y trabajó en el Instituto Indigenista Peruano.
46 Se refiere a Gabriel Escobar.

siento inseguro e incómodo aquí y un poco como aplastado por la depresión de que padezco. Sin embargo, piloteo la situación a fuerza de buena voluntad y me sirve algo mi prestigio literario y el que por fortuna tengo como hombre honesto e independiente. Pero el porvenir del Instituto no es bueno. Sabemos que los sociólogos han dicho que sólo esperan que desaparezca «La Sombra», que así llaman a Valcárcel, para lanzarse al ataque. Y esa buena sombra desaparecerá al año entrante. Todas las luchas por intereses me hacen sufrir, pero ésta entre profesores, entre hombres de ciencia me parece pavorosa y la más antihumana y absurda. Y San Marcos no es en ese sentido una olla de grillos sino de hienas. Hace unos diez años tenía suficiente energía para hacer frente a esta clase de luchas; pero las desventuras de mi niñez y mi débil constitución nerviosa me han invalidado bastante. Y ya no tengo otra preocupación que la de concluir los dos relatos que comencé a mediados del año pasado; uno se llama *El Sexto,* nombre de una prisión inmunda a la que acaban de echar a diez estudiantes que han sufrido vejámenes horribles que han levantado la rebeldía de toda Lima. A las 7 debe haber un mitin que seguramente ha de ser formidable; el otro relato que seguramente será extenso pretenderá una descripción del Perú actual teniendo como eje la lucha de dos hermanos terratenientes, de los cuales uno desea el progreso, la importación de máquinas y la explotación industrial de una mina, mientras que el otro defiende la forma de la vida antigua, como dueño de indios a los que él cree que las nuevas formas de vida los corrompen, mientras que la obediencia absoluta, el catolicismo antiguo y el aislamiento los aleja de toda perversidad.[47]

Raquel está muy mal del oído y probablemente se ha de hacer operar en estos días. Ella tradujo el artículo de Dorson y lo revisó Gabriel Escobar. ¿Tendría Ud. la amabilidad de enviarme la dirección de Dorson? La traducción no está aún concluida, pero me dijo Raquel que le faltaban muy pocas páginas.

Reciba Ud. el afecto y la admiración constante de su amigo,

José María

---

47 Anticipa aquí la redacción de su novela *Todas las sangres*, que habría de publicarse en Losada de Buenos Aires en 1964.

40

7

Lima, 24 de junio de 1960.[48]

Muy querido maestro y amigo:

Permítame decirle primero que sus cartas traen siempre tal carga de energía y de orientaciones que me reafirmo cada vez en una de las convicciones y esperanzas más alentadoras. ¡Necesitamos en el Instituto un hombre como Ud.! Más aún que eso, los estudios sobre nuestra cultura requieren del auxilio de un profesional tan excepcionalmente dotado como Ud.; porque Ud. tiene las dos cosas que necesitamos más que nunca: una gran energía para el trabajo, una formación sólida, y junto a eso, que acaso no es tan difícil conseguir, un tipo de sensibilidad más próxima a la nuestra y mucha fe en el ser humano. Si no hubiera sido por lo tan timorato que es Valcárcel nos habríamos quedado con Gabriel Escobar y el Instituto tendría un hombre que guiara los trabajos, que guiara a los profesores y a los estudiantes. Ahora el Instituto ha de empezar en condiciones confusas. Tenemos tres sociólogos sumamente ambiciosos; uno de ellos ha estudiado, parece, seriamente sus cosas; el otro, Flores, es díscolo, temiblemente amargado, de origen humilde, acomplejado por tal origen; casado con una modelo chilena; está buscando como un verdadero galgo cualquier trabajo a costa de cualquier medio. Este joven ha intrigado, ha creado descontento entre los estudiantes con quienes sesiona todos

_____

48   Carta mecanografiada en papel corriente. Sólo la despedida «El afectuoso abrazo de» —además de la firma, por supuesto— es hológrafa.

los días, puesto que no hay clases. La etnología está en manos de dos personas débiles por razones completamente distintas: Muelle[49], que es cada vez más escéptico, incapaz de dictar no ya un curso sino una sola clase con un mínimo de orden; hombre inteligentísimo, pero en la intimidad; en la clase es desordenado y su escepticismo total le impide transmitir conocimientos con hondura y menos, mucho menos, transmitir fe. El otro que queda soy yo. Manco, cojo y tuerto; lo único que tengo es fe y buena voluntad; pero nunca tuve otro maestro que Muelle, con quien durante casi todas las clases —cuando yo era su alumno— nos pasamos hablando de literatura y de folklore. ¿Qué voy a enseñar ahora yo? El año pasado estudié hasta donde me daban las fuerzas para dictar las clases; pero no hicimos prácticas, porque no tuvimos dinero ni yo tenía el valor suficiente para improvisar. Por otra parte, con el accidente que sufrí en febrero me he quedado tan enfermo, que me paso los días abrumado por una angustia misteriosa que no desaparece con nada, e insomne.

¿Recuerda Ud. a Abner Montalvo?[50] Felizmente lo hemos traído al Instituto, como Profesor asistente de Vellard.[51] Es un muchacho excelente; de una pureza de intenciones insuperable; su preparación también es débil, pero no tanto como la mía; él sólo se dedica a la etnología y ha ganado mucha experiencia en el campo. Lo hemos incorporado al Instituto a pesar de que no tiene ningún título. Lo estoy presionando para que redacte su tesis: está trabajando sobre el compadrazgo en Vicos. La situación del Instituto es pues peligrosa. Felizmente nuestra revista va a salir dentro de unos diez o quince días. Es probable que nos resguarde algo el prestigio. Pero no hay proyectos. Yo habría deseado seguir trabajando en Puquio[52] y si mejoro algo quizá me lleve unos alumnos allá. Sigo creyendo que esas comunidades son las mejores de cuantas he visto para hacer los estudios de los cambios que tan aceleradamente están sufriendo nuestras poblaciones de indios y mestizos.

---

49   Jorge C. Muelle: autor de «Espejos precolombinos del Perú» (Lima, *Revista del Museo Nacional,* 1940). Director del Museo de Arqueología en Pueblo Libre, Lima. Fue profesor de Arguedas en San Marcos.

50   Abner Montalvo: antropólogo peruano. Trabajó en Vicos con Mario C. Vázquez.

51   Jehan Vellard: antropólogo francés, autor de *Dieux et parias des Andes* (Paris, 1954) y «Etudes sur le lac Titicaca...» (*Traxaux de l'Institut Français d'Etudes Andines,* Lima, 1957-58, 1959-60). Fue profesor de Arguedas en San Marcos.

52   Los resultados de su trabajo etnológico en Puquio están recogidos en «Puquio, una cultura en proceso de cambio» (*Revista del Museo Nacional*, Lima, 1956).

Lo malo es que tengo abandonados dos relatos que había comenzado cuando Matos me fue a sacar del Museo para hacerme cargo del Instituto. Fue eso casi un asesinato. Uno de los relatos, una novela corta, trataría de mostrar el Perú del 37 al 40 a través de la vida en una de las prisiones más inmundas que pueda imaginarse. Esa prisión acaba de ser suprimida porque fueron echados allí tres estudiantes que fueron vejados por los bandidos que allí guardan. Mi propósito era mostrar esa prisión y las luchas de comunistas y apristas. Estuve un año en esa prisión[53] y fue tan terrible e intensa la vida, tan lóbrega, tan triste y al mismo tiempo tan cargada de la más formidable esperanza, que bien puedo hacer un relato vívido de esos hechos que constituyen una novela sangrienta ¡pero ninguna como ella más próxima a las ideas salvadoras, a los grupos heroicos! Se habría llamado *El Sexto*, que es el nombre de la prisión y del infernal vicio que embrutecía a los presos comunes: vagos, ladrones y asesinos con quienes vivíamos. El otro relato debía ser una novela más bien extensa y ambiciosa en la cual deseaba mostrar el Perú actual de los Andes, con sus remolinos profundos, en plena revolución de costumbres.[54] Tengo perfectamente bien concebidos los temas de ambos relatos, pero da ganas de llorar cuando veo que el Instituto no me los dejará continuar, pues estoy con la salud destrozada. Y no hay, me parece, nadie que inspire suficiente fe, para dejarle el puesto. Si Montalvo tuviera título el problema no existiría. Si Flores fuera honesto, y tampoco habría problemas o si el otro, Mejía Valera, no pareciera deseoso de hacer desaparecer el Instituto y supeditarlo a la Sociología.

Le envío el proyecto que Mejía Valera hizo presentar primero al Consejo de la Facultad por intermedio de los delegados alumnos y que después él mismo presentó. Fue esto desconcertante y casi vergonzoso. Se valieron de alumnos para proponer cambios en la estructura académica del Instituto; fue sin duda un acto demagógico repudiable: hacer aparecer a los estudiantes como suficientemente autorizados para dar estas

---

53 Dice E. Mildred Merino de Zela (*José María Arguedas: vida y obra* (Lima, CONCYTEC, s/f, p. 48), en su entrada correspondiente al año de 1937 de la cronología de Arguedas: «Es detenido y encarcelado junto con otros estudiantes universitarios por la violenta protesta que efectúan en los claustros sanmarquinos contra el General Camarotta, representante de Mussolini». Merino cita en esa misma página a Arguedas: «Cuando estaba estudiando el cuarto año, uno de los buenos dictadores que hemos tenido me mandó al Sexto, prisión que fue tan buena como mi madrastra, exactamente tan generosa como ella».
54 Vuelve a referirse a *Todas las sangres*.

iniciativas, cuando ellos sabían que el Seminario había aprobado una recomendación en ese sentido. El criollo tiene a veces vericuetos insospechados.

Sé que Ud. colaboró en la redacción del Plan del Instituto de Antropología de la Universidad de Huamanga.[55] ¿Cuáles podrían ser las bases de un Instituto de Ciencias Sociales? ¿Cómo dividirlo para que atienda a la formación de las tres especialidades, etnología, arqueología y sociología? Me parece que la especialización debiera iniciarse sólo en el cuarto año. Le ruego que nos perdone que abusemos así de su generosidad. Pero creo que a Ud. tampoco le parecerá bien ese plan de los sociólogos en el que las otras especialidades aparecen como vacías y desconocidas.

Raquel es una criatura de un desprendimiento increíble. A veces entre nuestras mujeres es posible encontrar, aunque raras veces, personas así, delicadas y constantes.

El afectuoso abrazo de

José María

He consultado con el Banco; me han dicho que pueden pagarme si tengo cuenta corriente; yo tengo una pequeña en el Banco de Crédito e iré allí a cobrarlo. Enviaremos el dinero a Waldemar [en España] en el curso de esta semana.

Ahora me he enterado de que los alumnos de arqueología están proyectando a su vez la creación de un Instituto de Prehistoria, dependiente del de Historia.

---

55 El plan fue redactado en colaboración con Efraín Morote Best, quien a la sazón era Decano de Ciencias Sociales (más tarde fue Rector de la Universidad de Huamanga [Ayacucho]).

8

Lima, 28 de Septiembre de 1960.[56]

Muy querido doctor Murra:

Yo tengo, frecuentemente, una especial mala suerte para algunas de las personas que más estimo. Ultimamente esa mala fortuna se ha ensañado contra mí, respecto de Raquel. Confieso que es una de las criaturas más finas y nobles que he conocido y, sin embargo, he quedado mal con ella. Yo tenía listo un pequeño caballito de Pucará, una nueva versión, para enviárselo a Ud. con ella; también había pensado en el envío de nuestra revista *Etnología y Arqueología* que a Vd. le habría gustado recibir. Pero tuve repentinamente un ataque de ciertos malestares al estómago que me dejan inutilizado por varios días, y no pude ver siquiera a Raquel en la víspera de su viaje. Como Ud. ha de verla, le ruego decirle que sentí muchísimo no haberla despedido, no haber aprovechado su viaje para enviarle a Ud. algún presente de nuestro Instituto y de mi familia. ¡Estoy apenadísimo por esta circunstancia!

Recibí su generosa carta en Huánuco, en los primeros días de este mes. Esperaba haberle contestado con Raquel. Yo he estado muy mal de salud y me vi obligado a salir de Lima. Estuve entre Huánuco y Tingo María algo más de cuatro semanas. Fui con mi mujer, quien me acompañó unos días, luego me quedé solo. Huánuco es una ciudad muy colonial,

---

56 Carta mecanografiada en papel timbrado del Instituto de Estudios Etnológicos del Museo Nacional de Historia de Lima. Sólo la despedida es hológrafa.

como Ayacucho, aunque no tan interesante. Está a 1,800 metros de altura y es un verdadero paraíso. Por fin, después de tantos años, tuve la dicha de charlar con mis amigos los indios y mestizos y regocijar mi alma viéndolos, con sus trajes tan hermosos, plenos de originalidad. Me fui porque estaba en el límite del agotamiento —¡algo increíble, un milagro de la tierra!— con la felicidad, me decidí a continuar un relato que había empezado hacía cerca de tres años ¡y en cuatro semanas escribí 224 páginas! Terminé de escribir una novela. A Ud. me alegra contarle esto. He descrito el aspecto acaso más difícil del Perú, el más debatido. El relato se llama *El Sexto*. Yo estuve en esa prisión un año. El tema de la novela es la lucha entre los apristas y los comunistas y el martirio de algunos hombres apolíticos que fueron sepultados en el penal por venganzas personales. El otro personaje son los asesinos, ladrones, vagos y traficantes de drogas que ocupaban el primer piso del Sexto y con los cuales estuvimos prácticamente mezclados. La depravación humana de esa gente parecía indescriptible. Cuando le conté a Muelle algunas de las cosas pavorosas que vi en la prisión, él me dijo: «José María, eso pertenece ya a la categoría de lo sublime». Siempre me sentí pequeño para el plan del relato. Ahora está concluido.[57] Negros, indios, mestizos, cholos, mulatos: hombres puros como santos y degenerados; fanáticos y tolerantes; todo el Perú que acaso en ninguna parte estuvo nunca más exactamente representado que en esa prisión,[58] se presentan en este relato, hasta donde mis fuerzas han podido darles vida; la vida real de la que fui testigo. Estoy contento de mi trabajo. Amo a mi país, lo admiro, tengo una fe ilimitada en él, y tuve la milagrosa oportunidad de que en mi niñez mi madrastra me arrojara a vivir a la cocina con los peones y sirvientas indias. Ellos fundaron inextinguiblemente la ternura con que veo el mundo. Así creo que he alcanzado a describir hechos que ofenden la dignidad humana, sin que la descripción ofenda. Dispénseme que le hable tanto de algo tan personal; lo hago porque Ud. también obra por un impulso semejante. ¿Cómo explicarse si no esa dedicación que conmueve a los estudiantes del Africa? Vuelvo a repetirle que el rigor científico y el impulso humanístico purísimo no los vi juntos sino en Ud. Por eso le cuento estas cosas.

---

57 Termina el relato veintitrés años después de su experiencia en la cárcel del Sexto (1937).
58 *El Sexto* probablemente le inspiró a Mario Vargas Llosa su novela de 1963 *La ciudad y los perros,* en la que un colegio militar limeño funge de microcosmos del Perú.

Y ahora volvamos al caso del Instituto. Todas las discusiones pasadas han resultado bastante inútiles. Yo tuve una desagradable reunión de cuatro horas con los tres sociólogos: Ismodes, Flores y Mejía Valera. Me complace tanto comprobar que yo sostuve más o menos lo que Ud. nos aconseja en su carta. Pero estos tres sociólogos no tienen ninguna experiencia en la investigación. Están atiborrados de teoría, ufanos y sumamente vanidosos de tanto saber teoría y no pretenden enseñar sino eso: las definiciones generales, los principios, la historia de las ideas; insisten en la «necesidad fundamental» de crear un curso básico sobre la sociología del conocimiento. Tengo la evidencia de que no han leído monografías; consideran la etnología como una ociosa descripción de costumbres. Me recuerdan patéticamente a los pedagogos que conocí en el Colegio Guadalupe: sabían mucha metodología, habían memorizado conocimientos sobre la psicología del adolescente, pero desconocían casi por entero las materias que debían enseñar. Pero, como le digo, ahora las cosas están algo peores. La asamblea universitaria que fue presidida por Luis Alberto Sánchez[59] y casi elegida por él, redactó e hizo aprobar el estatuto de la Universidad de San Marcos. Y este estatuto hace tabla rasa de todas las instituciones de la Universidad. No van a existir ya los Institutos como hasta hoy; la enseñanza será organizada por Departamentos; los Institutos se dedicarán únicamente a la investigación y dependerán del Gran Consejo de Investigación. Todo ha estado dirigido a remover a las personas de sus puestos a fin de que las nuevas autoridades puedan disponer de estos puestos en el 61. Sánchez está seguro de que será el nuevo Rector. No podemos, pues, planear nada para el año entrante. No sabemos adonde irá a parar nuestra pequeña biblioteca, nuestros pocos muebles, nuestros archivos. Aquí se legisla no en función de los principios sino de las personas. Se producirá, según todas las apariencias, una *captura* de la Universidad por un grupo que desea el control de las cosas y que ahora tiene muy escaso poder.

Los envíos a Waldemar han seguido el antiguo ritmo de todos los trámites. Antes de irme dejé en la Secretaría del Instituto los treinta dólares, y sólo hace unos días se le ha girado 70 dólares; los 30 suyos y los 40 de la Universidad. El Dr. Valcárcel me ha pedido que retenga los 900

---

59   Luis Alberto Sánchez: escritor y político peruano. También profesor en la Universidad de San Marcos, de la que fue rector tres veces: 1946-48, 1961-63 y 1966-71. Militante del aprismo, fue miembro del congreso en varias ocasiones y Vicepresidente de la República en 1980-85. Autor de *La literatura peruana* (1966) en cinco volúmenes.

soles hasta cuando Waldemar conteste y se le haga la otra entrega de la Universidad. Pero la gestión tuvo éxito, aunque haya marchado tan morosamente. Espero que Waldemar le escriba acerca de esta gestión.

La última vez que estuve con Raquel hablamos de su libro sobre los Incas.[60] Tenemos verdadera impaciencia. Todos sabemos que ese trabajo esclarecerá la historia del Imperio, nos dará una interpretación más ceñida a los hechos. Es curioso cómo esa lejana época se ha enjuiciado siempre con apasionamiento. Ud. me habla de un capítulo que está traducido y que podemos ya aprovechar. ¿Podría Vd. enviárnoslo? ¡Cuánto nos serviría si así fuera! Escríbame sólo unas líneas acerca de esta consulta.

Muchos recuerdos de Alicia y Celia y todo el respetuoso afecto de

José María

---

60   El libro de Murra al que se refiere Arguedas es su tesis doctoral publicada en México como *La organización económica del Estado inca* ([1955] 1978).

9

...

Lima, 21 de Noviembre de 1960.[61]

Muy querido doctor Murra:

Hace tres días tuve, por fin, una larga charla con Raquel. Me dijo que había estado tres días en Vassar y me dio noticias e impresiones de Ud. a través de las cuales me parece que tengo un conocimiento aun más directo y vivo de sus actividades y de toda su persona. Son poquísimas las personas que me han causado una impresión tan afirmativa y tan fecunda como Ud. Me felicito de haberlo tratado, aunque brevemente, y de haberlo escuchado durante el Seminario. Constituye un recuerdo orientador y fortalecedor, especialmente durante estos meses en que estuve abrumado por la angustia y la falta de energías. Pero como Ud. bien sabe, la psicología humana tiene sus misterios, felizmente todavía imprevisibles. En Huánuco volvía a sentirme en el ambiente de mi niñez y de mi adolescencia y escribí esas 220 páginas en cuatro semanas. Ahora ya no estoy seguro de que sean tan buenas. Durante la primera corrección de los originales ya copiados a máquina me pareció que eran hasta excelentes. Luego de un mes, las volví a leer y encontré mucho de ingenuo y de injusto. He corregido bastante ya y hace tres semanas que le entregué a un amigo en quien confío mucho. Es un joven escritor de muy agudo sentido crítico, militante de un partido de izquierda (no comunista). To-

---

61 Carta mecanografiada en papel corriente. Tiene una nota hológrafa en el margen de la segunda página; se trata del pasaje que comienza «Creo que, desgraciadamente,...».

davía no me ha contestado. Y me extraña, porque el relato a máquina tiene 170 páginas de tamaño oficio y mi cuñada lo leyó durante parte de la tarde y la noche, de corrido.

Estoy casi seguro de que la publicación de esa novela levantaría contra mí todas las fuerzas poderosas de la política actual del Perú: la derecha, el partido aprista, el partido comunista. Me quedaría con el apoyo de los no muy fanáticos de los tres partidos y con la opinión quizá de los llamados hombres libres. El Sexto fue una prisión política espantosa. Yo estuve allí ocho meses, dos en su antesala (la Intendencia) y dos más en la Sala San Camilo del Hospital «2 de Mayo» que era una cueva tenebrosa. Fui testigo no de torturas físicas sistemáticas, sino de la explosión brutal de algunos oficiales y de los llamados «soplones» que afrentaban a los presos, con patadas, escupitajos y empellones. En el Sexto, convivíamos presos políticos, asesinos, ladrones, ladronzuelos, vagos y hombres absolutamente inocentes sepultados allí por venganzas personales de quienes tenían el poder, especialmente en las provincias. El aspecto más atroz era el de la corrupción sexual que llegaba allí a lo infinito. Yo me crié casi sin hogar, huérfano, con una madrastra cruel y un padre vagabundo, por causa creo que principalmente de sus desavenencias con su mujer. Pero mi padre era muy católico; un caballero a la antigua, puro, con el sentido clásico de la pureza moral, muy especialmente sexual. Para mí la mujer constituyó siempre, y sigue siendo, un ser angelical, la forma más perfecta de la belleza terrena. Hacerla motivo del «apetito material» constituía un crimen nefando y aún sigo participando no sólo de la creencia sino de la práctica. Sólo el verdadero amor puede dar derecho y purificar suficientemente el acto material. Parte de mis males vienen acaso de ciertos desajustes que se han producido en mi conducta con respecto a este antiguo principio que yo amo y respeto. ¿Puede Ud. imaginarse lo que significaría para mí ver cómo los asesinos violaban a los hombres hasta volverlos locos? Esa es la parte medular de mi novela. Pero también el Sexto era una prisión política y juzgo con la libertad que he sabido conservar a los líderes de los partidos aprista y comunista que conocí en el Sexto. No, ninguno de esos partidos ha de estar conforme con la forma en que los presento. Muestro lo que vi en ellos de heroico y de noble, pero también, lo que según mi juicio, tenían de cruel, de fanatismo espantoso. Estoy conforme con que si no estuvieran tocados de ese fanatismo espantoso no moverían el mundo; pero es temible para el futuro del ser humano un exclusivismo, una discriminación tan inclemente y ciega.

Hace pocos días tuve una ardua discusión con Emilio Choy.[62] El sostenía que el hecho de que Garcilaso fue de estirpe incaica, que fue un nombre que amaba al Perú porque había aprendido su grandeza a través del quechua y que por eso sentía al Perú de otro modo que los cronistas españoles, sostenía que eso no tuvo ninguna importancia; que lo que hay de bueno en los *Comentarios reales* se debe únicamente a que el Inca participaba de la ideología utopista. Y que el humanismo es en este momento un elemento negativo. Yo rendí a Choy. Acaba de aparecer un excelente número de *Sphinx,* revista del Instituto de Lingüística y Filología de San Marcos; allí se publica un magnífico trabajo de Alberto Escobar acerca de la influencia del quechua en la obra de Garcilaso. La tesis de Choy, según le dije, era exactamente igual a la que se sostuviera de que los relatos que he escrito reflejan aspectos hasta entonces desconocidos de la población andina no porque yo los hubiera vivido a través del quechua y porque hubiera participado en mi niñez de la vida de un pequeño pueblo de indios y mestizos, sino únicamente porque soy y era antes mucho más un simpatizante del socialismo. Le tapé la boca con ese argumento a este sabio marxista de quien soy amigo desde la primera juventud, y a quien casi por la fuerza le induje a estudiar los libros de antropología. Yo corregí el primero, segundo y tercer artículo que publicó, y casi caigo con surmenage a consecuencia de ese trabajo.

Pero ya he abusado mucho de la estimación que le guardo hablándole de mis cosas. Me falta sólo un detalle. El gobierno de los Estados Unidos me hundirá aun más en la lista negra después de la publicación de *El Sexto,* porque uno de los personajes principales es un minero de Morococha que habla de los horrores cometidos por los «gringos» en aquellos años en que figuraba a la puerta de su club un letrero que decía: «Prohibida la entrada a los peruanos y a los perros». No hay odio contra los Estados Unidos como país en el libro. Sería absurdo, sino contra la Cerro de Pasco[63] que ha simbolizado casi de manera exclusiva en el Perú a los Estados Unidos, desgraciadamente, hasta el auge de la International Petroleoum que ha pasado ahora a primer plano.

---

62 Historiador peruano, muy amigo de Arguedas. Autor de «Desarrollo del pensamiento especulativo en la sociedad esclavista de los incas» (*Actas y Trabajos,* Segundo Congreso Nacional de Historia del Perú, Lima, 1962), entre otros.
63 Sobre los conflictos de las comunidades del área central andina, cercana a la zona de La Oroya-Mantaro, contra la Cerro de Pasco Corporation, versa *La tumba del relámpago,* novela neoindigenista de Manuel Scorza (1975).

Nuestro Instituto marcha. Ha ingresado este año una promoción mucho mejor que la del 59. Los apristas obligaron, según sabemos, a muchos de sus mejores elementos a matricularse, porque creían que el Instituto era «rojo». Esos muchachos ahora son muy buenos alumnos y creo que deben haberse convencido de que no existe tendencia política alguna en la dirección del Instituto. Yo tuve dos incidentes fuertes: uno con un aprista bastante bruto y otro un comunista creo que aun más bruto. Hay entusiasmo grande, lo que falta son medios y las perspectivas son sombrías. Los sociólogos van amansando, aunque desgraciadamente hay entre ellos un hombre ambicioso que se ha hecho aprista y anda al pie de Luis Alberto Sánchez que parece que será sin duda el nuevo Rector. Felizmente para entonces ya no tendré nada que hacer con San Marcos. - Ya contestó Waldemar; desgraciadamente le ha dicho a Valcárcel que todo el dinero que se le ha enviado lo invertirá en microfilms, por lo que el Decanato ha dispuesto no enviarle con urgencia ningún dinero. Yo le he enviado los 900 soles. - ¿Cómo se da Ud. tiempo para escribir a tantos? Están felices con su carta Teresa y Martha que ya está aquí.

Con mi afecto y mi admiración de siempre,

José María

Creo que, desgraciadamente, la vuelta tan anhelada de Matos no resolverá el porvenir. Lo odian mucho por su método personalista. Ojalá haya cambiado, como le he aconsejado tanto. Era una especie de dictador muy activo, asistido por una «argolla» que no desearían muchos que se vuelva a armar. Y los apristas no lo toleran.

10

Lima, 21 de febrero de 1961.[64]

Muy querido doctor Murra:

Acabo de volver de una semana de vacaciones en que estuve en el puerto de Supe y recibí su carta. Es probable que acaso no haya recibido más oportunamente sus estimulantes y tan hondas palabras. Estoy más que algo deprimido por el trabajo excesivo e intensísimo que he dedicado nuevamente al relato sobre El Sexto. No me siento completamente seguro de él en lo que se refiere a las páginas que se refieren a los partidos políticos que padecían una implacable persecución y que tenían por eso a sus mejores hombres en la cárcel. Tengo miedo de ser injusto o exagerado. Ambos partidos —APRA y comunismo— eran entonces y ahora uno de ellos lo es más aún, eran rígidos, excluyentes y tan implacables como sus persecutores; pero luchaban por la justicia social; estaban embriagados de mesianismo excluyente. Los amaba y les temía a ambos. Eso está claramente expuesto en el relato. Me preocupa sin embargo lo que hago decir a los personajes, porque no se trata ya en este caso de personajes, digamos, «libremente» creados sino de individuos que simbolizan o representan ideologías y métodos de partidos que existen y que han de sentirse retratados y que los lectores han de tomarlos como ejemplos. Creo

---

64 Carta mecanografiada en papel timbrado de la Comisión de Historia del Comité Interamericano de Folklore del Instituto Panamericano de Geografía e Historia de Lima. Sólo la despedida y la postdata son hológrafas. El año figura mecanografiado como «1960»; sobre el cero hay —a mano— una tachadura y encima el número uno.

que es mi deber proclamar la imagen que tengo de esos partidos; pero seré sin duda víctima de ambos y de las clases ricas del país. Esto me preocupa únicamente en tanto que pueda constituir un riesgo para la continuación de mi trabajo. La política se ha hecho durísima en el Perú. Ambos bandos en lucha: la izquierda y la derecha plantean la cosa en forma bastante inhumana: o se está con ellos o contra ellos; al que pretende ser libre le disparan de los dos frentes. Yo hubiera deseado dejar el libro verdaderamente concluido; pero en todo instante me vienen los recuerdos que me obligan a rectificar a veces sólo unas líneas de determinada página. Y ya he hecho una quinta corrección completa. Lo voy a dejar así. También es probable que nadie quiera publicarlo. En fin, ya veremos eso.

¡Cuán acertadamente se refiere Ud. a las personas que han de guiar los actos, los procesos de lucha social que cambiarán los sistemas! El papel que Ud. cree que nos está reservado lo descubrí con cierta claridad hace tiempo. Jamás me quise inscribir en ningún partido. Ultimamente tuve una discusión bastante dura con Choy. Me dijo que el humanismo es reaccionario; que todo lo que se ha escrito sobre arqueología y etnología en el Perú no sólo no vale nada sino que es un material que no se ha escrito sino para disfrazar u oscurecer todas las cosas; que Gabriel Escobar es una especie de agente de los Estados Unidos. Mi indignación ya no pudo ser contenida. Se fundaba, con respecto a Gabriel a la referencia que hace a la peste bubónica que se presentó en Sicaya un tiempo después de la toma de tierras de la Iglesia por la comunidad y a cómo este hecho fue considerado por muchos como un castigo del cielo y que algunas cofradías ya disueltas se reorganizaron en poco tiempo. Según Choy, Gabriel es clerical por haber consignado este hecho. ¡Estaba verdaderamente indignado, morado de rabia! Me dijo que este pasaje era una prueba evidente del «lavado cerebral» que le habían hecho en Harvard.[65] Cuando le dije que el trabajo de Gabriel había sido escrito algunos años antes de que viajara a los Estados Unidos no se desdijo ni se preocupó en lo más mínimo. Me contestó simplemente: «¡Ah, pero ya estaba con Tschopik!».[66] ¿Qué se puede hacer frente a un energúmeno de esta clase? Ahora debe estar pensando que también yo me he vendido a los Estados Unidos porque he sido becado por la OEA.[67] La definición que Ud.

---

65 Aquí Arguedas se equivoca: se trata de Yale, donde se doctoró Gabriel Escobar.
66 Harry Tchopik, Jr.: autor de «The Aymara» (*Handbook of South American Indians,* Washington D.C., 1946) y *Magia en Chucuito* (México, 1968).
67 Organización de Estados Americanos.

da de este amigo no puede ser más exacta. Pero ha ido exacerbándose cada vez más. Acaso la situación internacional y aun la del Perú lo enfurece. Y fui yo quien lo indujo a escribir; yo corregí sus primeros trabajos; pasé horas para convertir su bárbaro estilo en un lenguaje cristiano. Hasta que me fatigué después de ese larguísimo artículo «De Santiago Matamoros...». Lo que me estremece es la inmensa vanidad de esta gente que proclama estar al servicio de los obreros y campesinos. Ahora se las ha dado, a juzgar por el pensamiento de Choy, de que el humanismo es una actitud reaccionaria; es decir que es menester no sentir piedad por el hombre.

Desearía seguir hablándole, pero vamos a pedirle un favor urgente. Nos atrevemos a hacerlo porque su generosidad parece no tener límites. Raquel tradujo el artículo de Dorson; pero ella misma confiesa que lo hizo muy apresuradamente. Diccionario en mano corregí con Mendizábal[68] el original de Raquel y luego lo hice con Raquel misma. Pero aún tenemos algunas dudas. Me permito enviarle una copia para que nos la revise. Lo publicaremos en las primeras páginas de *Folklore Americano*. No nos atrevemos a entregarlo a la imprenta sin una revisión más cabal. Gabriel no contesta las cartas. Parece que está muy embargado por su tesis. Le envío también una copia de la pequeña introducción que he redactado para el artículo. Le ruego revisarlo, asimismo.

Le agradezco por la promesa de su artículo para la revista del Museo y por la posibilidad de enviar otros trabajos. Le aseguro que necesitamos mucho más de la ayuda de Ud. mediante la difusión de sus trabajos. He leído el admirable capítulo sobre los tejidos[69] y me siento muy feliz de que defienda su tiempo ya destinado al libro sobre los Incas.

Con el afecto y la gratitud de

José María

Celia se siente siempre tan conmovida como yo con sus cartas.

---

68 Se trata de Emilio Mendizábal Losack, quien colaboró en la *Revista del Museo Nacional*, tanto como miembro de la Redacción como articulista. Trabajó durante años en el Museo de Historia Nacional de Lima. Ha examinado las relaciones entre los cronistas Guaman Poma y Morúa. Autor de *Estructura y función en la cultura andina: fase Inka* (Tesis doctoral de San Marcos, 1971).

69 Se refiere a «La función del tejido en varios contextos sociales y políticos». El trabajo fue leído en el Segundo Congreso de Historia del Perú, en Lima, en 1958, y publicado en las *Actas* de 1962. También figura como capítulo V del libro de Murra: *Formaciones económicas y políticas del mundo andino* (1975).

11

Guatemala, 28 de abril de 1961.[70]

Muy querido doctor Murra:

Mi mujer me ha traído su generosísima carta. A pesar de lo mucho que estimo su tiempo me vi precisado a pedirle su auxilio en el caso de la traducción de Dorson, con la seguridad de que por el afecto que nos guarda nos serviría inmediatamente y así ha sido. Hoy mismo envío a Mendizábal, que ha quedado a cargo de la revista, la parte de la carta en que nos sugiere las correcciones. Vamos a presentar el artículo en las primeras páginas.

Me alegra de veras que vaya Ud. a Yale. Y me causó una impresión especialísima aquello de que «a los charlatanes» se les salen las mejores ideas en el curso de la exposición oral. Es muy cierto especialmente cuando se trata de «charlatanes» como Ud. que piensan tanto con el cerebro como con el corazón. No olvido sus intervenciones en nuestro Seminario. A ese estilo de producir le llamamos inspiración. Creo que el hombre de ciencia dedicado a estudiar a sus semejantes y que no es al mismo tiempo inspirado, un artista, descubre poco, aunque pueda repetir y coordinar acertadamente las ideas ajenas. Me alegra también muchísimo que haya elegido el estudio que ha hecho sobre los Incas como tema para su curso en Yale. Me causa verdadera envidia, y de la buena, la situación de

---

70 Carta mecanografiada en papel del Gran Hotel Continental de Guatemala. Sólo hológrafa a partir de «Por si acaso» .

quienes han de escucharlo. No sé si Ud. tuvo oportunidad de escuchar a Porras. Yo fui alumno suyo. También se inspiraba en clase. Desventuradamente no tenía la disciplina que Ud. y sus arrebatos frecuentemente lo ofuscaban en vez de iluminarlo; pero eran sus clases no únicamente intructivas sino inspiradoras, tanto por lo que decía con profundo conocimiento de la materia como por la expresión de sus iras.

Yo estoy sumamente preocupado con mi pobre salud. Vine en malas condiciones. Durante los primeros quince días estuve luchando contra la depresión que padecía; en la maravillosa ciudad de La Antigua tan pacífica y profunda recuperé mi alegría y me lancé a recorrer los pueblos. He vuelto fatigadísimo, sin poder dormir y angustiado. Tengo que ir a donde el médico nuevamente; aunque estos caballeros nunca llegan a entender bien lo que uno sufre ni las causas. - Lo malo es que esto me viene desde mi infancia. No sé si será algo constitucional pasajero. Ahora estoy respirando a base de un específico que se llama «Dexamyl», pero sospecho que me anima a base de mis propias reservas.

La mala salud no me permite ni observar suficientemente bien ni revisar igualmente la bibliografía sobre este país que es tan formidable como el Perú. Me iré, sin embargo, lleno de optimismo. He visitado pequeños pueblos en que los Alcaldes son indios analfabetos, pero despachan una oficina propiamente dicha, tienen a su mando un gran número de auxiliares y reciben el respeto de todo el pueblo. El maestro de Santa Catarina Palopó me llevó donde el Alcalde y me lo presentó con acatamiento evidente, y diciéndome: «El *Señor* Alcalde». Y el *Señor* era un indio delgado, de expresión tranquila e inteligente. Me preguntó: «¿Te han atendido bien?». El Alcalde de San Juan de la Laguna estaba solo en su despacho cuando entré. No se levantó para saludarme. Me dijo simplemente: «Siéntate». Le dije quién era y de donde venía. No pareció entender bien ni lo que yo era ni el país de donde había venido. Y me preguntó «¿En qué te atendemos?». Le dije que el secretario ladino ya me había atendido. Y me preguntó como el otro alcalde: «¿Te atendieron bien?». En el Perú jamás podrá encontrarse a un indio sentado en un escritorio y con mando sobre funcionarios mestizos. Vine para estudiar artes populares y, como solemos decir en el Perú vine de «relancina».[71] Porque mi proyecto era para el Ecuador. Me he encontrado aquí con un universo del que en tres meses apenas si podré conocer la superficie. Pero

---

71 De «relance»: segundo lance, acontecimiento fortuito. Por: casualmente.

eso basta.

Bueno, muy querido John, creo que lo puedo tratar así puesto que es Ud. hasta menor que yo, le vuelvo a agradecer por su generosidad de siempre y lo abrazo muy cordialmente,

José María

Me dice Raquel que ha avanzado Ud. bastante el libro, y aunque ella se muestra pesimista, yo comprendo acaso mejor la gran exigencia que se hace Vd. a sí mismo para que ese trabajo no salga sino hasta cuando lo haya considerado realmente acabado. Lo único que deseo agregar es que, desventuradamente la vida es corta. Yo me vi casi bruscamente en los cincuenta años y ante la comprobación irremediable de que queda poco tiempo. Me alegraría que también en este trabajo suyo la generosidad triunfara sobre el perfeccionismo; que pensara tanto en los que necesitan del fruto de su trabajo como en la necesidad de no darlo sino cuando esté, a su juicio, realmente completo. ¿Qué está verdaderamente completo?

Otra P.D. En Chiantla [Guatemala], donde hay una institución de enseñanza de indios, sólo encontré un buen maestro: Pedro Curruchich. Lee latín y griego; ha sido seminarista, es muy católico, ha leído algo de antropología, es muy inteligente. Se está ahogando un poco entre los burócratas secos que lo rodean. ¿Qué perspectivas habrían para él respecto de alguna beca en los Estados Unidos? Su ilusión es ampliar sus conocimientos de antropología. Curruchich ha sido indio katchikel; él se sigue considerando como tal y siente auténtico fervor por sus «hermanos de raza». Es un abuso lo que cometo con Vd., pero si hay alguna probabilidad de beca, le ruego escribirle unas líneas a esta dirección: Sr. Pedro Curruchich - Centro No.3 del SFEI. - Chiantla, Guatemala. Yo le he hablado tantísimo de Vd. Tiene allá, en esa lejanía, una buena colección de discos de música clásica. Los oye ante la indiferencia de sus colegas y los toca en su clase con los indios. Está aprendiendo los otro ocho idiomas que hablan los internos «inditos».

Por si acaso mi dirección aquí: Oficina de la Unión Panamericana 8va, Av. 1065, Zona 1.

Me iré al Perú en los primeros días de junio.

12

Lima, 23 de julio de 1961.[72]

Muy querido doctor Murra:

Matos está en Grecia y he vuelto al Instituto para sustituirlo durante el tiempo que ha de permanecer en Europa. Se fue con Rosalía. Había hecho antes un extenso viaje por las capitales de América del Sur. Ha sido contratado para un proyecto que cuenta, creo, con el apoyo de la Rockefeller, para el trazo de «la ciudad del futuro», o algo por el estilo. Todo lo reveló a última hora y su explicación no fue suficientemente clara. Dijo solamente que en Atenas debía reunirse con 16 expertos mundiales y que él representaba a Sud América.

El Instituto atraviesa por su peor crisis. La Universidad está en poder del Dr. Luis Alberto Sánchez y hay indicios que parecen demostrar que se intentará debilitar y aun aniquilar el Instituto, en gran parte por odio a Matos. Y Matos ha salido en el peor momento, pues el Dr. Muelle también ha salido fuera de Lima por dos meses. Tuve que hacerme cargo, por eso, del Instituto. Yo habría podido amainar un poco la tormenta si me encontrara siquiera con un mínimo de salud, pero me siento sumamente abatido. Muelle no quiere hacer nada de su parte. Hasta me parece que está, en cierta forma más deprimido que yo, aunque físicamente no padece de ningún trastorno.

Fue elegido Decano el Dr. Jorge Puccinelli. Es un buen amigo mío.

---

72 Carta mecanografiada en papel timbrado del Instituto de Etnología y Arqueología de las Facultad de Letras de la Universidad Nacional Mayor de San Marcos de Lima.

Editaba, hace ya varios años, la revista *Letras Peruanas*, en la que colaboré con algunos trabajos. Hasta ahora no ha ofrecido ningún inconveniente a los proyectos del Instituto pero no ha podido oponerse a que nos quiten una excelente sala que se había mandado arreglar para gabinete de arqueología. Todo el Instituto está ahora en la calle Zamudio. Puccinelli tuvo muchos inconvenientes con Matos y recuerdo que se odiaban. Lo malo es que se confunde al Instituto con la persona de Matos, y Muelle no estima a Matos y se siente defraudado por Sánchez, a quien apoyó. En resumen, el porvenir es sombrío. ¿Se acuerda Ud. de Mejía Valera? Ha formado, con el apoyo del Rector y del Decano, el Instituto de Sociología. Tiene más de cien alumnos. Pero ni él (Mejía Valera) ni Flores ni Ismodes son gente de universidad. *No aceptaron que se les diera oficina* para no verse obligados a asistir constantemente a la Universidad. Todos ellos tienen buenos negocios afuera. Es impresionante observar cómo las cosas se malogran por la mezquindad de las gentes, aquí, en la Universidad, donde el reino de la generosidad debiera ser pleno. - Hemos atendido al Dr. Arce Quiroga.[73] Charlamos un poco y lo paseamos por las barriadas. - Le hemos enviado también los diez ejemplares de la revista. Estamos seguros de que serán destinados a personas que lo necesitan y que nos ayudarán con lo que les sea posible.

La situación política es interesantísima y grave; creo que sumamente grave. Si el grupo de Beltrán-APRA-Prado[74] logra imponer un fraude, como tal parece que ha de suceder en las elecciones del 62, puede ocurrir una conmoción profunda. Este régimen ha agudizado en forma brutal la crisis. Los pobres son ahora mucho más pobres y los ricos mucho más ricos. Los odios se han acrecentado más aún. Se siente el ambiente sumamente tenso, más que durante los agudos tiempos de Sánchez Cerro[75] y Benavides.[76] Algunos pueblos indios han tomado ya tierras de haciendas y no han podido ser desalojados, según me dijeron.

---

73 Hay dos intelectuales bolivianos: uno, Gabriel Arce Quiroga, escribió *La revolución nacional boliviana*, México 1955; el otro, Eduardo Arce Quiroga, *Balance de la Revolución Universitaria*, Informe del Rector..., Cochabamba, 1956. Es muy posible que el mencionado por Arguedas sea el último.

74 Manuel Prado y Ugarteche: político peruano, presidente de la República de 1939 a 1945. Reelecto en 1956, fue derrocado en 1962 antes de terminar su mandato. Pedro Beltrán: dueño del periódico *La Prensa* de Lima.

75 Luis Miguel Sánchez Cerro: general y político peruano, presidente de la República de 1930 a 1931 y de 1931 a 1933. Murió asesinado.

76 Oscar Raimundo Benavides: general y político peruano, presidente de una Junta de Gobierno en 1914 y presidente de la República de 1914 a 1915 y de 1933 a 1939.

Yo concluí de corregir mi relato sobre *El Sexto* a mi regreso de Guatemala. Y ese trabajo me dejó casi sin aliento. Es, como le dije, un documento atroz pero verídico. Temo que me acorralen después de que el libro se publique. Ahora estoy en la lista negra de la Embajada de los Estados Unidos y en la de los comunistas; después de *El Sexto* probablemente se remachará esa situación. Siento que hay gentes que quedamos un poco al margen. Es posible que dentro de pocos años se trate de cambiar la naturaleza misma de las sociedades en todo el mundo, como ya lo han hecho en tantos sitios. En ese mundo intransigente y excluyente están demás muchas cosas y hombres. Acaso sólo contemos con pocos días para dar un testimonio que esté iluminado por la ternura y no por el odio.

Reciba un abrazo de,

José María

13

Mi querido John:

Permíteme decirte en primer lugar que me halaga y me alegra darte este tratamiento. Este regalo se lo debemos a Raquel. ¿Puedo decirte que es casi la única compañía que puedo tolerar y que anhelo, la de ella? En la casa esperamos con verdadero placer su visita. Es una criatura suave, delicada y de una discreción rarísima en una limeña. ¡Algo formidable! Y me parece que tú has estimulado y hecho que se desarrollen estas cualidades.

La afección nerviosa de que padezco me tenía agobiado. Pero mi fe en el ser humano, mi deslumbramiento por lo que hay de bueno y bello en este mundo, me ayudan. Y me estoy recuperando, a pesar de todo, y trabajando. Mi novela *El Sexto* ya está en prensa. Aquí, mal que bien, atiendo las clases. Unas veces salgo descontento y otras no tanto de mi charla con los alumnos. Pero los ayudo lealmente. Creo que, por lo menos, puedo ofrecerles un ejemplo de rigor y honestidad. Porque el rigor no está siempre en función directa de la sabiduría sino de la honestidad, aunque no pueda darse sin un mínimo de conocimientos.

El Instituto anda cojeando. ¿Te acuerdas del alumno Portugal? Era el mejor de etnología y lo habíamos hecho secretario en reemplazo de

---

77 Carta mecanografiada en papel timbrado del Instituto de Etnología y Arqueología de la Universidad Nacional Mayor de San Marcos de Lima. Hológrafa a partir de «Los paquetes...».

Rosalía. Se nos ha enfermado seriamente. Y Matos acaba de anunciar que se quedará un mes de paseo en Europa al vencimiento de su licencia y de la reunión de Atenas. Ahora que ya no tiene poder en San Marcos y lo que se espera de él es sacrificio, valentía y pocos honores, parece que esto ya no le gusta, porque, además, tiene harto dinero. Se compró aquí un coche fino y se ha comprado otro en Europa, y le están construyendo aquí una casa. Todo esto sería placentero para los colegas si no hubiera por otro lado o si no creara problemas graves. Tú sabes como es Muelle. Tímido, casi patológicamente miedoso y yo que no soy ejecutivo. Esto puede enredarse más. Si estuviera en la plenitud de mis fuerzas, no me arredraría nada y aguantaría bien todo y creo que el Instituto saldría bien adelante. Pero, aun así estamos sosteniendo las cosas.

Tu alumna, la srta. [Pilar] Montero, me dice que se va a los Estados Unidos pronto; quizá te envíe con ella algo.

Hemos visto que has publicado un extenso artículo sobre Huaman Poma.[78] El Dr. Valcárcel ha decidido que lo hagamos traducir. Pero... ¡La pregunta tozuda y acaso ya impertinente de tus amigos! ¿cuándo el libro sobre los Incas? No es por ti que me preocupa. Es por nosotros. - Supongo que estarás por recibir los diez ejemplares de la revista del Instituto. Y, finalmente, un ruego: Necesitamos dos ejemplares del libro *Gobierno local* de Aguirre Beltrán y *Proceso de transculturación* del mismo autor. ¿Podrías enviárnoslos? Un ejemplar de *Gobierno local* es para mí. De los otros te ruego sacar un comprobante o factura a nombre del Instituto.

Los paquetes de los libros te ruego enviarlos a mi apartado. Otra cosa: estoy suscrito a *México en la Cultura*. En el número del 13 de mayo apareció un artículo mío con errores bárbaros, entre ellos uno formidable: si pudieras leerlo, me complacería.

Un abrazo,
José María

Cheng y Martha han conseguido buenos trabajos en el Instituto de la Vivienda y de la Reforma Agraria. Lo que temo es que nunca presentarán tesis. Saludos de Alicia y Celia.

---

78   Se refiere a «Guaman Poma de Ayala. A Seventeenth Century Indian's Account of Andean Civilisation» (*Natural History*, New York, 1961).

14

Querido John:

Me da un poco de vergüenza escribirte después de algo más de un mes de haber recibido tu alentadora carta última. Leemos tus cartas en casa y puedes estar seguro que nos auxilia mucho, especialísimamente a mí.

He padecido en estos dos últimos meses una aguda crisis de mi dolencia nerviosa que viene de antiguo. Tuve una niñez y una adolescencia bárbaras, oscilando entre la ternura infinita de gente que sufría (los sirvientes quechuas de mi madrastra) que me protegieron, la ternura de mi padre muy o algo controlada por su antiguo concepto de la autoridad paternal y la brutalidad de un hermanastro y una madrastra, especialmente de mi hermanastro que era un verdadero monstruo de egoísmo y maldad. Dominaba al pueblo y lo castigaba por placer.[80] Pero en ninguna parte encontré durante la infancia la protección verdadera para recibir armoniosamente el despertar deslumbrante y terrible ante el mundo, y en mi adolescencia estuve solo. Mi salvación posterior o mi sobrevivencia se deben

---

79 Carta mecanografiada en papel corriente. Lleva en el margen superior de su segunda página una nota hológrafa: «Recibí los libros...».

80 Desarolla estos temas en su Intervención en el *Primer Encuentro de Narradores Peruanos, Arequipa, 1965* (Lima, 1969) y en una entrevista grabada entre 1966 y 1967 por Sara Castro Klarén (*Hispamérica*, 1975). Ambos testimonios fueron recogidos por Julio Ortega en *Texto, comunicación, cultura: Los ríos profundos* de José María Arguedas (Lima, 1982).

a mi esposa y mi cuñada que me aman y protegen. Pero las raíces del mal estaban ya en la sangre. - Por fortuna he encontrado últimamente un médico que no es psiquiatra sino un clínico muy modesto, pero cuya capacidad de comprensión y cuya eficiencia como médico son de los más grandes que he conocido. El me está ayudando mucho.

El Sexto debió haber salido en octubre. Las pruebas de página fueron íntegramente corregidas hace dos semanas. Me dijeron que el libro saldría ayer. Pero creo que aparecerá dentro de quizá un mes más. Hasta temo que haya intención de demorarlo, por las implicaciones políticas que tiene. En este país y, especialmente ahora, todo se supedita al problema político. Este hecho me ha deprimido algo más y me ha creado un conflicto con Mejía Baca[81] (¿te acuerdas de este señor librero?). Ahora es un potentado, aparece como generoso, como «amigo» de los intelectuales; yo lo conozco desde 1932; era o parecía ser un buen amigo; he descubierto que se ha convertido en un comerciante algo más hábil que los demás. Querido John: nada me aterra y me preocupa más que la comprobación constante, casi fatal de cómo la acumulación de la riqueza corrompe al hombre, lo convierte en verdaderamente enemigo de los hombres. ¿Será posible que seamos salvados alguna vez de este mal terrible? Odio desde la infancia el poder fundado en la riqueza material. Y casi todos los que me rodean no persiguen otro fin más alto para sus vidas que ese miserable objetivo. Te parecerán ingenuas mis palabras; pero a ti se te puede hablar con *ingenuidad*. *El Sexto* y todos mis pocos relatos están plenos de odio a esta parte oscura del ser humano y de una fe absoluta en que podrá vencer el mal. *Los ríos profundos* concluye con la fe en el «colono» «come piojos» de las haciendas. Estos marchan al pueblo, a la ciudad capital, a pesar de la metralla. Van por una misa. Pero alguna vez avanzarán de ese modo por algo que sea más grande; lo están haciendo ya. -

He escrito en estos meses, a pesar de mi angustia, un comentario de unas 30 páginas sobre siete cuentos «religioso-mágicos» que grabé en cinta, de mi amigo «Atoqcha», a quien creo que oíste cantar en «La Peña».[82] Son formidables los cuentos. El texto quechua ocupa 40 páginas. Trabajé

---

81 Junto a Pablo L. Villanueva, el librero y editor Juan Mejía Baca publicó en Lima, en 1955, la traducción y transcripción que hiciera Arguedas de *Apu Inka Atawallpaman. Elegía quechua anónima.* También editó las obras de Luis E. Valcárcel.

82 El artículo se publicó bajo el título de «Cuentos religioso-mágicos quechuas de Lucanamarca» en *Folklore Americano* (Lima, 1960-61).

como un negro para copiarlo de la cinta y la traducción fue un trabajo maravilloso. El comentario debe estar pleno de pobreza «científica»; pero me he esforzado al máximo por documentarme. Creo que te ha de parecer bien este trabajo. He escrito también un cuento, «La agonía de Rasu Ñiti».[83] Estoy feliz con este relato, porque lo venía madurando desde hace unos ocho años y lo escribí en dos días. Te enviaré una copia. Tiene sólo 11 páginas. «Rasu Ñiti» era un bailarín legendario de Puquio.

Ahora hablemos de la Universidad. Todo está bastante oscuro. El Instituto se ha consolidado algo con el regreso de Matos y sobre todo con la incorporación de Lanning[84], que me parece excelente profesor. Me ha sorprendido su inteligencia y parece que profesionalmente es excelente. Está de veras entusiastamente dedicado al Museo. Sabes que su esposa es peruana. Pero ya surgieron rencillas personales, entre Bonavia[85] recién graduado y Ramiro Matos[86], un típico mestizo, bachiller, que estaba a cargo del Museo. Yo auxilio en lo que puedo sobre todo a tratar de aquietar las ambiciones. ¡Este anhelo violento de figuración es otro mal casi tan perverso como el de la acumulación del poder! El prestigio viene solo cuando lo que uno hace tiene realmente un mensaje nuevo sobre nuestro pueblo o sobre los problemas generales que el hombre trata de estudiar. ¿Por qué esta gente se pelea, intriga, se amarga, enferma, buscando una manera de sobresalir más que otros? Hace falta una humildad profunda. ¿Tú, John, por ejemplo, en lugar de lanzar tu libro, que quienes lo han leído lo creen excelente, y lo ha leído gente que sabe lo que dice; tú, en cambio, demoras tu obra, porque tienes esas cosas que distinguen al hombre bueno: humildad y rigor; aunque quizá en el rigor te excedes.

Pero hay todavía un peligro: Muelle es un hombre raro; vale tantísimo, pero es raro. Sé o creo saber de dónde provienen sus rarezas. Ahora vive en un verdadero palacio, que conocí hace pocos días. Pero no desea dedicarle ningún tiempo al Instituto porque no le pagan nada especial como Director. Ahora que tiene bastante fortuna, le preocupa más el dinero. Por otra parte, es implacable en sus exigencias respecto de las per-

83 Publicado en Lima en 1962 por Talleres Gráficos Ícaro.
84 Se refiere a Edward P. Lanning, autor de *Peru Before the Incas* (New Jersey, 1967).
85 Duccio Bonavía: autor de *Ricchata Quellccani* (1974), *Precerámico peruano: Los Gavilanes* (1982).
86 Ramiro Matos: arqueólogo peruano, autor de *Pumpu* (Washington, D.C., 1994).

sonas. Tiene muy mala opinión de José Matos y esa mala opinión no cambia a pesar de los progresos que sin duda ha hecho Matos. No le perdona su prepotencia de los tiempos de Valcárcel. Y está también amargado, porque apoyó a Sánchez y ahora Sánchez no se acuerda de él y seguramente que desconfía de él, porque individuos como Sánchez no quieren a su lado sino incondicionales. Y Muelle, tú lo sabes, es un hombre superior. No hay, pues, armonía en el equipo. Pero marchan las cosas, a pesar de todo. Otro inconveniente es que Matos está metido en la política hasta las orejas. Es dirigente del Social Progresista, un partido muy activo, antiyanqui, profidelista, revolucionario que está creciendo en influencia ante el pueblo. El Rector, el Decano, los amigos de los Estados Unidos, tienen que desconfiar de él. Se complica así más el caso. Por otro lado los sociólogos, en quienes no hay nadie que valga algo, siguen intrigando para la creación del Instituto de Ciencias Sociales que absorba a Etnología y que Arqueología se funda con Historia. Y Muelle,[87] por zafarse de Matos un poco y otro poco porque cree que la Arqueología está más cerca de la Historia, no es indiferente a este plan. Pero lo detiene su convicción en la mediocridad irremediable de los actuales sociólogos de San Marcos. Sé que Palerm[88] estuvo en Lima y que habló con Valcárcel. No sé qué planearon. Valcárcel está ahora en Alemania; fue a una reunión de rectores. - Yo estoy dictando mi cursito de Introducción a la Antropología con fortuna desigual; a veces salgo muy feliz de la clase, otras algo desilusionado. Me falta información y no puedo leer por mi fatiga. Pero nunca olvido tus recomendaciones. ¿Vendrías tú un par de años al Perú si alguna Institución te pide ese auxilio para el Instituto?

Con Raquel hemos ido dos veces a Supe. Nos hace mucho bien su compañía. Querido John, no dejes de escribirme como siempre. Los más afectuosos recuerdos de Alicia y Celia y un abrazo de,

José María

Recibí los libros que me enviaste de México. Muchas gracias. Me son utilísimos. - Dorson ya recibió la separata de su artículo. Creo que está satisfecho.

---

87 Representaba a la OEA, cuya revista editó.
88 Angel Palerm: Autor de *Agricultura y Sociedad en Mesoamérica* (México 1972), e *Historia de la Etnología* (México (1974-1977 3 vols.). Creador del Centro de Investigaciones Sociales del Instituto Nacional de Antropología e Historia de México.

15

Lima, 6 de enero de 1962.[89]

Sra. Dra.
Lola Hoffmann[90]
Santiago

Queridísima amiga:

Yo tenía dinero para haberme quedado unos diez días más en Santiago para robustecer mi recuperación. Pero Rolando[91] me había dicho que su casa era pequeña y que sólo podía tenerme alojado unos seis días. Mi error fue no haberme valido de usted para persuadirles que me dejaran irme a un hotel. Porque de veras, para un hombre de la disciplina y estrictez de Rolando resultaba una incomodidad muy dura dormir en su escritorio. Por otra parte, mi exceso de sentido de responsabilidad me aturdió, porque el Director del Museo en que trabajo partía el 2 a Estados Unidos por tres meses, y yo creí que debía estar aquí antes de esa fecha.

---

89 Carta parcialmente hológrafa enviada en sobre timbrado del Instituto Panamericano de Geografía e Historia del Comité Interamericano de Folklore de Lima. El pasaje escrito a máquina va desde «(Permítame continuar a máquina...» hasta «y el filial amor de».
90 La Dra. Lola Hoffmann, chilena originaria de Riga (Letonia), fue una distinguida psiquiatra junguiana que atendió tanto a Arguedas como a Murra en los años sesenta. Ver, sobre sus trabajos, el libro de Malu Sierra: *Sueños, un camino al despertar: Dra. Lola Hoffmann* (Santiago de Chile, 1988).
91 Se refiere a Rolando Mellafe, historiador chileno.

El Director me dijo que podía haberme quedado el tiempo que considerara necesario.

Ahora, a la semana de mi llegada a Lima, me siento otra vez abatido. En Santiago y en casa de Gaby[92] me sentía como en un paraíso. Todo era afecto. Y mis entrevistas con usted me volvieron a la vida. En sus palabras encontré de veras el fondo de donde surgían las tenazas que estaban apretándome y la más dura de ellas cayó instantáneamente. Encontré en usted y en la mamá de Gaby algo de la imagen de la madre, y en Gaby a la hermana que nunca tuve. Jamás recibí tantos bienes, tanta esperanza y seguridad tan sublimemente desinteresada.

La noche víspera de mi viaje recibí dos invitaciones «muy significativas» a las que no pude aceptar. E hice el viaje de retorno un poco desgarrado. Esas invitaciones confirmaban la principal esperanza que usted me devolvió: que puedo interesar todavía. Una de las jóvenes me dijo que «era yo tierno y patético». Es decir que en Chile uno puede ser amado por el espíritu; aquí eso es muy raro. Y esa joven sólo me oyó cantar en quechua. Canto con el patetismo y la ternura de los quechua; ella se dio cuenta al instante y le interesó. ¡Eso es para mí inusitado, absolutamente nuevo! Un mundo por usted prometido y cosechado a los pocos días.

Son esos estímulos los que necesito para volver definitivamente a mi ser. Lo que ansío es ser amado con pureza; mi médico acertó cuando me dijo que los estímulos puramente intelectuales ya no influyen en mí, ya no tienen fuerza suficiente.

Queridísima doctora: al llegar tuve relación con mi esposa[93], prolongada y *excesiva*. Me hizo daño. Hacía tiempo que no tenía contacto con ella. Estoy algo obsesionado por la forma en que ocurrió. Ella se excitó muchísimo. Y luego amanecí sumamente deprimido y más alejado de ella. Pero estoy luchando con la guía que usted me dio. Sin embargo un hondo abatimiento se agita de nuevo en lo profundo.

(Permítame continuar a máquina, porque así escribo más rápidamente y no tengo la preocupación de que mi letra la fatigue).

No sé si usted sabe que en casa de Mellafe se quedó un estudiante peruano a quien yo le conseguí la beca que le permitió estudiar en Chile. Este joven me dice que los últimos días los pasó en Santiago en casa de

---

92 Gaby: primera esposa de Rolando Mellafe.
93 Errata significativa en el original: «exposa».

un amigo que tiene una casa muy grande; que él le habló mucho de mí a ese señor y le prestó algunos de mis relatos. El joven me dice que no sólo no tendría ningún inconveniente en alojarme sino que sería para él una satisfacción. Yo lo creo, porque los chilenos son así. Por otro lado, tengo la experiencia de que no soy un sujeto aburridor ni impertinente. Donde los Mellafe no volvería, de ninguna manera, a pesar del inmenso afecto que les tengo, o por eso mismo. Ese señor en cambio tiene de sobra habitaciones en su casa. - Estoy resuelto a volver por todo el mes de marzo. Tengo dinero para hacerlo. He ganado un juicio del Seguro. Pero no me hallo en hoteles. Deseo consultarle si conviene que vuelva. En Santiago volví a *asentir la vida; la alegría tanto tiempo perdida. Sentí el sol, la naturaleza; volví a tener hambre. Mi lugar está en el Perú. No lo olvido. Pero si no descanso bien siquiera un mes, volveré a caer en el pozo. Ahora, a pesar de que he vuelto a no dormir casi nada, la gente me encuentra «con otro semblante». Mi hermano que no me veía hacía dos años me dijo que parecía que estaba algo más delgado «pero con vida».

Lo que temo es que acaso no se repitan las tan felices circunstancias anteriores, que algo no suceda bien. Pero creo que debo volver por un mes. Este ambiente del Perú es duro, cruel y formidable. Esta dureza y crueldad me impulsaban antes a luchar, a entregarme de lleno a trabajar por una patria tan hermosa y tan bárbaramente castigada. Usted ha visto con sus tiernos ojos, con su serenidad que es como la luz más alta de los sufrimientos vencidos, cuán injusta es mi patria, cuán terrible para la mayoría de sus hijos. Quiero seguir luchando a favor de ellos. (Le envío por avión mi atroz libro sobre «El Sexto»; es atroz y transido de piedad). Pero ahora el espectáculo me enlobreguece, porque me siento impotente. No puedo escribir, no puedo leer sino muy limitadamente.

Le ruego escribirme unas líneas al apartado 43, o mejor a la Avenida Alfonso Ugarte 650.

Sé que con un mes de recreo en Chile, con un mes de Chile estaré nuevamente en condiciones de trabajar por el Perú. Acaso sea éste un plan o una promesa romántica; pero tengo la prueba de la primera experiencia. Santiago, tal como me trató en esos nueve días, fue un verdadero sanatorio para mí. ¡Claro que todo eso fue posible porque usted me volvió con sus poderosas manos al camino de la vida, a la que de veras había renunciado!

Le besa las manos con la gratitud y el filial amor de

José María

Estoy leyendo con deslumbramiento los poemas de (perdón, estoy ya en el correo y no recuerdo el nombre). Me parece que su publicación en Lima orientará a los poetas jóvenes, especialmente a las poetisas. Voy a escribirle a ella misma.

16

Santiago, abril, 1962.[94]

Hatun mamay Lola:

    Paqarinmi ripukusaq makiykipa chaninchasqa, ñakariy qochamanta qespisqa.

---

94 La carta es hológrafa. Aunque algunas cronologías de Arguedas no consignan este viaje de Arguedas a Chile (me refiero a E. Mildred Merino de Zela (s/f) y a Eve-Marie Fell (edición crítica de *Los zorros...*, 1990), esta carta —fechada en Santiago— evidencia la temprana amistad del escritor con doña Lola Hoffmann. En un testimonio del 26 de noviembre de 1983 (*Sábado de La República*, p.12), la hija de Sybila Arredondo, Carolina Teillier cita la última carta de Arguedas a su mujer, el mismo día de su suicidio, y en ella el novelista reitera que fue en 1962 cuando conoció a Hoffmann:

    Sybi, amor querido, amor:

    ¡Perdóname! Desde 1943 me han visto muchos médicos peruanos. Y desde 1962, Lola Hoffmann, de Santiago de Chile. Y antes también padecí mucho con los insomnios y decaimientos. Pero ahora, en estos últimos años, tú lo sabes, ya casi no puedo leer. No me es posible escribir, sino a saltos, con temor... No puedo dictar clases, porque me fatigo. No puedo subir a la sierra, porque me causa trastornos. ¡Y tú bien sabes que luchar y contribuir es para mí la vida! No hacer nada es peor que la muerte.

    ¡Quédate en el Perú!...

    Nuestro amor es uno solo con el amor a este país tan encantado y algo terrible, de tanto poder y cadenas que tiene. A través mío aprendiste a amar su música y sus danzas, su campesinado quechua, tan dulce, tan puro e inquebrantablemente fuerte.

    Te amo, lo sabes, como no es posible hacerlo más pura e
intensamente. Y quedaré en ti tal cual soy y no en la inacción,
inválido. Acaso, luego de haber cumplido con el país y por él,
con los pueblos. He dado hasta donde me era posible...

    Te besa en los ojos para siempre.

José.

Mana chanin munaykiwan, pacha tutayaypa sonqonman chayaq
ñawikiwan, muchuq kuyaq hatun mamay, qespichiwanki. Manan qonqas-
qaykichu, qanpa, B. sutinpin allin qari hina llankasaq, hatun mamay.
Gabypas sumaqta yanapawan, kirisqa wayqenta hina, qan rayku.

Kutimusqaykin «Jonastan» apumusqayki, Beatrispa, ñoqa sutipi
makikipa churaykusaq. Peruniypa sutinpi.

(Mi gran madre Lola:

Me voy mañana, fortalecido por tus manos, de los mares del dolor
casi salvado.

Con tus manos invalorables, con tus ojos que penetran la más oscura sombra del mundo, gran madre que amas a los que sufren, me has levantado. No he de olvidarte. En tu nombre y en el de Beatriz[95] trabajaré
como un mozo renovado. También Gaby estuvo a mi lado, como ante un
hermano herido.

He de volver. Te traeré «Jonás», lo pondré en tus manos, a nombre
de B., [tachadura] a mi nombre y el de mi patria.)[96]

José María.

---

95   Por cartas posteriores de Arguedas a Hoffmann, se infiere que Beatriz fue un amor chileno de Arguedas. Desconocemos su apellido.
96   La traducción literal de la carta leería así:
Mi gran madre Lola:

Me regresaré mañana, fortalecido de tus manos, de los mares del dolor casi salvado.
Con tu amor invalorable, con tus ojos que penetran el corazón de la sombra del mundo,
gran madre que amas a los que sufren, me has levantado. En tu nombre y en el de Beatriz trabajaré como un mozo renovado, gran madre. También Gaby me socorrió mucho, como a un
hermano herido, gracias a ti.
He de volver. Te traeré «Jonás», lo pondré en tus manos, a nombre de B., a mi nombre y
en el del Perú.

José María

73

17

Lima, 7 de mayo de 1962.[97]

Queridísima doctora:

He esperado de propósito que pasen unos quince días de mi estada
en Lima antes de escribirle. Le ruego que me perdone que le escriba a
máquina. Así mi pensamiento y mi estado de ánimo serán más rápidamente transmitidos.

Los últimos días que pasé en Santiago constituyeron los más felices
de cuantos he vivido, no sólo porque me fue permitido encontrar lo que
juzgué que se me había negado; el mayor bien que le es posible, según
me parece, alcanzar al hombre: el amor; sino porque, él me permitió sentir que de veras se producía en mí la resurrección de las fuerzas que me
habían hecho posible no sólo enfrentar a la vida sino enfrentarla triunfalmente. De este modo toda la teoría tan inspiradamente expuesta por usted, el análisis de mis desajustes, tan profundo, y el pronóstico de que podía volver a la vida y cómo podía hacerlo, se empezaron a cumplir, diría
que luminosamente.

Me vine feliz. Me despedí de ella[98] en el aeropuerto como quien se
encaminó a la conquista de un nuevo mundo seguro de poseer todas las
armas necesarias para realizar la hazaña. Ella me obsequió una inmensa
moneda de oro, una pequeñísima medalla de oro de la Virgen y el mejor

---

97 Carta mecanografiada en papel timbrado del Museo Nacional de Historia del Instituto de
Estudios Etnológicos de Lima. A partir de la firma es hológrafa.
98 Beatriz.

instrumento de lucha: su retrato. Le estoy hablando, querida madre, me doy cuenta, como el adolescente que aun soy y que acaso no dejaré de ser nunca. Me dijo que la moneda tenía la virtud de atraer el dinero «sin que uno hiciera nada especial para conseguirlo» y que me dedicara únicamente a escribir. También esto me parece algo ingenuo, casi el pensamiento de un niño, y ella es una mujer cabal, pero también le faltaba lo que a mí, aunque no iba para ella en eso de la vida. Cierta noche me dijo: «Tú me has hecho nacer, yo voy a morir contigo».

Cuando llegué a la casa de Lima no había nadie. Fue algo providencial como todo lo que me estaba pasando en los últimos días. Recibí una visita repentina que en otra oportunidad me habría perturbado, quebrantado y hecho delinquir. Pero como hace diez años, cuando conocí a B. en Santiago, estaba resguardado por ella, purificado por su recuerdo, por la palpitación de su vida que la sentía latir en todo mí, porque los últimos treinta minutos estuvimos tomados de la cintura, en el aeropuerto. Con el asombro casi bárbaro de esta persona, la acompañé a su departamento que está en el mismo edificio que el mío y me despedí en la puerta. La lucha en que parecían haberse consumido mis energías, lucha clavada en mi conciencia desde la niñez, había cesado: el sexo no me dominaba ya, no me arrastraba espantosamente; yo lo dominaba. Era una especie de ángel tranquilo, como había ansiado ser siempre. Tenía una promesa sin plazo fijo de llegar al paraíso y eso era absolutamente suficiente.

Y de ese modo inicié la redacción de mi tesis doctoral abandonada hace más de cinco años. Las 300 páginas de notas de campo tomadas durante mi trabajo en las comunidades de Zamora [en España], que me habían parecido insuficientes e incompletas, ahora me daban información completa para realizar un trabajo comparativo entre las tres comunidades estudiadas y las de indígenas del Perú; además, encontré datos suficientes para aventurarme a campos algo más problemáticos del desarrollo histórico del Perú. ¿Y sabe usted lo que ocurrió? Como en mis mejores tiempos llegué a trabajar hasta seis horas seguidas, de 8 de la mañana a dos de la tarde, tomando un descanso de cinco minutos a las 12. Así he avanzado bastante en el trabajo y lo que es más importante: pude encontrar un enfoque del problema; una relación profunda que estoy en condiciones de demostrar entre el proceso de desarrollo reciente de los cambios sociales en esas comunidades de Castilla y algunas del Perú. Luego, unos dos meses después iniciaría, ya tranquilo, la redacción de mi novela. Porque la situación política del país es amenazadora. Si el APRA gana las elecciones pueden —no es seguro— pero bien pueden molestarme, quitarme mi puesto para dárselo a algún aprista. Ahora que tenía la promesa de B. no estaba dispuesto a quedar sin defensa, con el doctorado me resultaría más fácil conseguir trabajo en algún otro país. Ahora mismo he recibido una propuesta de la Universidad de Aix-en Provence, para dictar una cátedra con 2,500 francos nuevos, si me gradúo. Le decía a B. que con ese sueldo y si ella se encontraba libre podríamos vivir ella, sus dos hijos y yo en Francia.

Pero ahora estoy algo inquieto; le diría que desde ayer muy inquieto y con un inicio de angustia, que ya no tenía; han pasado 16 días; le he escrito dos cartas a B. y no me ha contestado a ninguna. Empiezo a desorientarme. Y eso me preocupa mucho. Tal parece que la fuente principal de mis energías es ella. Espero, pensando en usted y en cuanto me reflexionó, que se trate de alguna circunstancia y no de nada grave. En sus ojos había un amor infinito, como no vi en ningunos ojos.

La conducta de Celia es verdaderamente increíble. Usted la ha cambiado; ha hecho que su conducta se funde en las cualidades que ella tuvo siempre, pero soterradas, dominadas por sus defectos. Acaso si la hubiéramos conocido a usted hace unos quince años, yo hubiera producido el doble y mi propia situación económica sería ahora tan buena como las de mis compañeros de promoción que no son mejores que yo pero ganan sueldos cuatro y cinco veces mayores que el que gano. No me vigila ya a cada instante; me insta a salir; me trata con generosidad. Y es cuando más he comprendido que ya no la quiero. Siento hacia ella piedad y afecto, que no me son ya suficientes para seguir viviendo. Pero ella, creo, que no me necesita ya tanto como antes e irá necesitándome, acaso, cada vez menos. Pero, no puedo dejar de confesarle que me aterra pensar que pueda olvidarme B. o que por alguna otra consideración decida simplemente olvidarme. Por ahora eso sería sumamente peligroso. Espero que eso no ocurra; sería excesivo.

En cuanto a mis molestias físicas la única que no he podido superar es el insomnio. Duermo muy poco y siempre con el «Medomina». A veces me resisto a tomarlo, pero lo tengo que hacer a las 3 ó 4 de la mañana y resulta así peor. Trataré de probar con otro específico.

¿Cómo siguió Adriana?[99] Fue la noche que pasamos en su casa inolvidable y ejemplar. Vimos un hogar verdaderamente feliz. Una pareja

---

99 La hija de doña Lola Hoffmann, botánica chilena.

verdaderamente feliz y bella. Le ruego, si le es posible escribirme unas líneas, darme noticias de la pareja.

Sentí muchísimo no haber podido tener mi última entrevista con Pancho[100]. Se parece un poco a mí aunque las fuerzas que lo sacuden acaso sean más violentas. Aprendí a quererlo mucho cuando vivimos juntos esos días en casa de Adriana. Anduve algo deslumbrado por mi descubrimiento de su talento, del mundo desmesurado que bulle en su interior y que pugna por resolverse en creación artística. No he podido aun mostrar sus grabados a los amigos pintores, porque Szyszlo,[101] que es el de mayor importancia e influencia a la vez, está en Río, exponiendo. En cambio yo convine con Javier Sologuren la edición de su cuento. No podrá aparecer tan pronto como yo lo había calculado, porque Sologuren, felizmente, ha encontrado un trabajo a tiempo completo en la Universidad Agraria y sólo trabajo los domingos en su imprentita. Este delicadísimo poeta tiene tres hijos y estaba sin trabajo. Ahora se encuentra feliz, porque le pagan bien y ha de trabajar los domingos en sus bellas ediciones. Yo le envío dos ejemplares del cuento que escribí con la idea de suicidarme. Me despedí de la vida escribiendo ese relato que, como usted verá es más un canto a la vida que a la desesperación.

Estoy pues luchando y trabajando. He bajado un poco el ritmo en esos últimos dos días porque no sé nada de B. Si no recibo carta hasta el miércoles le pasaré un cable a La Mesonette. Ella tiene clases los jueves y viernes y desgraciadamente yo no tomé el número del edificio, pero sé que es en la cuadra 20.

Y ahora voy a continuar con la tesis.

Los ríos profundos fue seleccionado para el premio Faulkner y he recibido de Gallimard una propuesta de su traducción al francés. También se está traduciendo *El Sexto*. Si recibo alguna carta de Santiago creo que me levantaré hasta alcanzar la altura de mis mejores tiempos.

Vivo con la seguridad de que usted me recuerda y se preocupa por mí como de sus hijos más necesitados de su vigilancia y consejo. Usted me modeló cuando estaba mi ser inclinándose peligrosamente a la consumación. ¿Hasta qué punto, si B. me sigue acompañando, no he de ser un

---

100 El hijo de Hoffmann.
101 Fernando de Szyszlo, pintor peruano amigo de Arguedas.

hijo cada vez más suyo, que paga a su madre con la única recompensa que ella aprecia, vivir y crear?

La besa con el más profundo amor y respeto,

José María

Un afectuoso recuerdo a su esposo. Si tiene unos minutos libres y me escribe, le ruego hacerlo a la dirección del Museo: Av. Alfonso Ugarte 650.

18

Lima, 3 de julio de 1962.[102]

Sra. Dra.
Lola Hoffmann
Santiago.

Queridísima madre y amiga:

He escrito ya 150 páginas de mi tesis. Acabo de concluir un poema en quechua a Túpac Amaru, cuya copia le envío. He escrito una serie de tres artículos en el Suplemento Literario de *El Comercio* sobre el proceso de evolución, estilización y deformación de algunas de las expresiones más directas y ahora comercializadas de nuestro arte tradicional. La divulgación de «La agonía de Rasu Ñiti» ha creado un gran entusiasmo entre los jóvenes y críticos. Me permito enviarle una nota aparecida en el Suplemento de *El Comercio*. Un escritor joven que hace poco llegó de Europa donde estuvo varios años escribió otra nota en el nuevo periódico *Expreso* y ha afirmado que se me debe considerar como el escritor de mayor categoría en el Perú. Todo esto es obra suya, en primer lugar, y de B. Pero ella es en cierta forma, para mí, obra suya; sin su auxilio yo no me habría podido acercar a ella hasta que me viera cómo soy y llegara a amar mi espíritu.

---

102 Carta mecanografiada en papel corriente. Sólo contiene una nota hológrafa, a partir de «Recibí su carta...».

Estuve algo agobiado por la tesis durante el primer mes, ahora mi preocupación es menor. Deseaba concluirla en dos meses para reiniciar mi novela *Jonás* que ahora todos me reclaman. Pero el tema y los problemas que analizo en la tesis han acabado por fascinarme: se trata de un estudio comparativo de las comunidades de la provincia de Zamora que estudié y las del Perú. No creo que pueda exponerse todo el caso en menos de 400 páginas. He decidido dedicarle a usted este trabajo. Porque la novela no sé cuando la terminaré y no sé aún claramente lo que será de mí definitivamente, en el porvenir, pues mi aliento depende fundamentalmente de lo que le pase a B. y de lo que pueda ocurrirme como consecuencia.

He tenido algunos altibajos y los he superado. No he podido realizar mi relajación, con su voz, porque sólo esta semana voy a comprarme una grabadora. Tenía algún dinero que he guardado férreamente para volver a Santiago en octubre.

Creo que al principio B. pasó por unas dos semanas de lucha. No me escribió sino al cabo de 17 días. Y lo hizo en forma sumamente discreta, algo indirecta. Yo no podía soportar ese lenguaje y me rendí en forma alarmante. Por fortuna, a la semana siguiente me llegaron dos cartas que expresaban un inmenso amor y en el lenguaje más bello que he leído jamás. Así continuaron las cosas. Cada carta suya significaba para mí una aurora y una especie de nuevo renacimiento. Sus cartas y la contemplación de su fotografía purifican mi alma y mi cuerpo en forma que constituye un milagro. ¡No sabía lo que era el amor, queridísima mamá; no lo sabía! Sus palabras y su imagen ahuyentan al principal demonio que me aterrorizaba y corrompía o pretendía corromper mi alma: las tentaciones sexuales cuya conclusión no me producían sino asco al mundo. Ahora ella, como una esposa lejana e intocable todavía, pero que es mía, me purifica, me causa un regocijo indefinible, me ha hecho ver la vida de nuevo como bella y como una mesa[103] inacabable que debemos realizar. Por su parte ella me asegura que está viviendo la adolescencia que no había llegado a conocer.

Pero ha ocurrido algo doloroso. Parece que su marido sorprendió una de mis cartas, aunque cree ella que no la leyó. E hizo algo indigno este señor: llamó a sus hijos y delante de ellos obligó a B. a mostrar la

---

103 Posiblemente se refiere a la mesa ritual en que el campesino andino le hace el pago a la tierra por sus mercedes.

carta que tenía en su cartera. Nuestro ángel protector le había hecho sentir el peligro, pues había salido por unos minutos con otra cartera a la calle y en cuanto llegó trasladó la carta a otro sitio seguro. Parece que el señor ése es bastante poco digno. Contando con la evidencia le dijo cosas duras a B. y pretendió deshonrarla ante sus hijos. Pero, naturalmente, fue él quien salió mal parado. Ella no negó que mantenía correspondencia conmigo y me dice que sin decirlo todo lo dijo, pues lo que hay entre nosotros no es nada que pueda avergonzar a nadie ni mucho [menos] deshonrar, por el contrario. Lo que hubo de doloroso fue que ese señor cometió la infinita cobardía de querer afrentarla delante de los hijos. Desde la carta en que me cuenta este incidente, de fecha 15 de junio, no he recibido ninguna otra y estoy sumamente preocupado. Ella me asegura que pase lo que pase no dejará de amarme y yo lo creo. Sin embargo, ha repercutido en mí profundamente el hecho de que haya sufrido, de que haya pretendido escandalizarla. Espero con cierta angustia su próxima carta. Pero eso no ha disminuido mi ritmo de trabajo. Sólo ayer, en el correo, cuando me dijeron que no tenía carta, los demonios se despertaron algo en mi cuerpo, pero yo les hice frente. Como usted recuerda, madrecita, había en mí una tendencia suicida a entregarme a esos demonios cuando más deprimido me encontraba y cuánto más difícil me parecía afrontar la vida.

Hay algo que me preocupa: no puedo dormir. El específico «Medomina» era muy eficaz; con media pastilla solía ser suficiente. Ya en Santiago empecé a requerir una y con poco efecto. Mi médico de acá me recetó «Vesparax»; dormí, pero amanecí no sólo algo atontado sino inquieto, como angustiado. Preferí no tomarlo más. Ahora tomo una pastilla de «Medomina» antes de acostarme y, generalmente, tengo que tomar media más a las dos o tres de la mañana, y duermo unas cuatro horas, pero no profundamente. Cuando no he dormido sino muy poco mi voluntad de trabajo se reduce al mínimo. Hice la prueba de darme un baño algo caliente y me arrebató la cabeza y dormí menos aún. Ese es mi peor mal. Y me pregunto ¿por qué no puedo dormir bien si ya no tengo angustia? Estoy tratando de convencerme a mí mismo de que no necesito más sueño; pues, a veces, duermo poquísimo y trabajo bien, sin embargo. El «Dormopan» me hacía también dormir, pero aquí no existe, quizá tenga otro nombre. A B. le prometí que alcanzaría a dormir sin soporíferos, y le estoy mintiendo. Me preocupa tomar estos específicos para dormir, creo que me minan la salud física. Ya no tengo esa formidable agilidad de antes.

Otro milagro es el de Celia. Es otra mujer ahora. Ayer nomás me decía: el día que tú quieras tu independencia yo me iré a un pueblo de la sierra, de maestra de infantes. Parece que lo dijo con sinceridad. ¡Este es un milagro increíble! Siento por ella frecuentemente una piedad sin límites; pero ya no la quiero. Me atiende con la mayor solicitud, casi no me cela. ¿Cómo ha hecho usted este milagro? Me ha dicho que le va a escribir uno de estos días.

Le ruego decirle a Pancho que las ediciones de Javier Sologuren casi se han interrumpido porque, como ya le dije a él, Javier ha conseguido un buen trabajo en la Universidad Agraria. Me ofreció sin embargo editar el cuento. Pero también me lo ha pedido Wáshington Delgado para *Letras Peruanas*. Supongo que habrá recibido ya el número que le envié por avión en el que se publicaron dos de los poemas de Ximena.

Yo le voy a escribir a Pancho. Están considerando la posibilidad de hacer una exposición de los grabados en el Instituto de Arte Contemporáneo, pero Pancho sólo firmó unos cuantos. Ya veremos cómo se soluciona esta deficiencia.

Comprendo cómo debe usted extrañar a Adriana y a los niños, y el propio Pancho los debe extrañar. Hernán comió en nuestro pequeño departamento y fuimos muy felices de estar con él. Lástima que no hayamos podido ver a Adriana; inspira tanta serenidad y el misterioso regocijo que la belleza pura transmite adonde quiera que esté.

Queridísima mamá: éste su hijo está trabajando bien; sólo en estos días anda algo pensativo y un poco triste; será hasta cuando reciba carta de su única esposa.

La besa con el más profundo amor y respeto,

José María

Un afectuoso recuerdo a su esposo. A Pancho le voy a escribir. Ahora estoy con las clases de la Universidad. No me quisieron dejar; ahora soy profesor nombrado por concurso.

Recibí su carta. Muchas gracias. Si le es posible le ruego enviarme unas líneas siempre a Alfonso Ugarte 650.

19

Lima, 15 de agosto de 1962.[104]

Querido John:

Por fin, durante mis dos meses de estadía en Chile pude, con el auxilio de una prodigiosa psicóloga, salvarme de mis principales trastornos nerviosos que los médicos peruanos no habían hecho sino acrecentar. La médica chileno-austriaca[105] que me curó, la Dra. Lola Hoffmann[106] es el ser humano más extraordinariamente generoso y sabio que he conocido. Me atendió casi diariamente durante cerca de 60 días y no me quiso cobrar ni un centavo. - Regresé con mucho optimismo, sin angustia, sin la depresión mortal que me afligía. En menos de tres meses he escrito cerca de 300 páginas de mi tesis, cuatro artículos sobre folklore y un poema en quechua[107] que te envío con Don Luis.[108]

He avanzado las tres cuartas partes de la tesis.[109] Pero no podrá ser tan profunda como lo había planeado, porque necesitaría unos seis meses dedicados exclusivamente a estudios históricos y comparativos. Modesta-

---

104 Carta mecanografiada en papel corriente.
105 Chileno-letona.
106 Con la Dra. Hoffman también realizó Murra trabajo psicoanalítico.
107 El poema bilingüe *Tupac Amaru Kamaq taytan-chisman: haylli-taki /A nuestro Padre Creador Tupac- Amaru. Himno-Canción* fue publicado en Lima en 1962 por Ediciones Salqantay.
108 Se refiere a don Luis E. Valcárcel.
109 Se trata de su tesis doctoral sobre *Las comunidades de España y del Perú,* publicada por la Universidad de San Marcos en Lima en 1968.

mente voy a mostrar tres comunidades de Castilla, en la provincia de Zamora. Una de ellas, con tierras de cultivo y pastos que son repartidos anualmente y en la que hay una casta de señoritos formada por burócratas y comerciantes (Bermillo de Sayago); otra comunidad, La Muga, donde las tierras fueron «quiñonizadas», parceladas, luego de una lucha entre ricos y pobres labradores, siendo ésta una comunidad sin castas; y la otra (San Vitero de Aliste), una comunidad más conservadora, pero en la que la lucha de ricos y pobres se había desencadenado ya. Trataré, luego de intentar un estudio comparativo con nuestras comunidades indígenas, aunque a través de todo el estudio establezco semejanzas y posibles derivaciones de costumbres e instituciones. Me graduaré en octubre, si Dios quiere, porque para el año entrante me han prometido una cátedra sobre el Perú en la Universidad de Aix [en-Provence, Francia] con un sueldo formidable, si me gradúo.

El poema a «Túpac Amaru», lo escribí en los tristes días en que se mataba comuneros. No estoy aún decidido a difundirlo. Te ruego que, si te es posible, me pongas unas líneas dándome tu opinión acerca de si podría ser interpretado como un llamado a la rebelión. El Dr. Valcárcel, que es tan prudente y lo ha sido durante toda su vida, cree que no, pero yo siento algún temor. No deseo ser en mi patria un «apestado comunista». Soy un hombre libre; tengo discrepancias irremediables con los comunistas y, por otra parte estoy en la lista negra de la Embajada de los Estados Unidos.

El Instituto va caminando entre tropiezos y limitaciones de todo orden. Muelle está muy alejado, corroído por un escepticismo que me parece patológico; Matos tiene un gran sentido de empresa pero está muy lejos de ser un hombre de ciencia; yo soy un novelista a quien su buena voluntad no podrá jamás suplir su falta de formación académica. Por otro lado, la depresión y angustia de un año o algo más, me han dejado con el entusiasmo muy disminuido.

Parece que, al fin, tu libro será concluido, queridísimo John. Lo anhelamos, lo necesitamos y lo reclamamos.

Yo tengo la ilusión de continuar la traducción de Avila, pero también me atenacea la continuación de mi novela *Jonás*, en la que he trazado el proyecto de mostrar el Perú de hoy y de su tormentoso cambio en los últimos veinte años. La novela está empezada. Todos me dicen que la concepción de la obra es completa. No quisiera perder de nuevo la salud sin concluir ese trabajo. Yo soy novelista o narrador; es mi vocación. Pero me he contratado con la Universidad Agraria para dictar cuatro horas de quechua y no sé si me quedará tiempo para escribir. Tengo muy poca capacidad de trabajo.

Raquel sabe cómo te recordamos siempre y de qué modo te queremos y admiramos. Me reconforta saber que en Estados Unidos te aprecian. Eso desmiente muchas cosas terribles que se dicen de ese país. - Te abraza fraternalmente,

José María

Quizá vaya en septiembre a Alemania. Recibí una invitación que guardé sin abrir el sobre durante unos diez días. Temo que mi respuesta haya llegado algo tarde.

20

Lima, 31 de agosto de 1962.[110]

Sra. Dra.
Lola Hofmann
Santiago

Queridísima madre:

He pasado unos días verdaderamente espantosos. Hace casi dos meses que no recibo carta de B. Le envié un cable y me contestó: «Escribí 6 y 7. Te adoro». Fue suficiente esa noticia para sentirme completamente recuperado. Pero esas cartas tampoco llegaron. Cablegrafié nuevamente, anunciándole al mismo tiempo mi viaje a Alemania y me contestó el mismo día en cable: «Extrañada, nueva carta 25. Feliz viaje. Te adoro». Hoy he ido al correo y tampoco esa carta del 25 ha llegado. Esperaré hasta mañana día en que depositaré esta carta para usted. El largo silencio de B. viene desde cuando su marido descubrió que nos escribíamos. Por pedido de ella misma escribí una carta a su casa, consultándole acerca del texto del haylli a Túpac Amaru, y desde entonces sólo recibí una maravillosa carta, tres días después de que yo le escribí una seguramente ya angustiada carta.

Despertaron nuevamente los demonios que me estaban devorando. Ella los tenía atados. Yo se lo decía en mis cartas sin explicarle cuáles

_____

110 Carta mecanografiada en papel corriente. Contiene una nota hológrafa a partir de «1o de septiembre».

86

son estos demonios. Si ella hubiera podido escribir tan sólo una carta quincenal yo habría alcanzado a salvarme del todo. Tenía su foto en mi escritorio y me venía de ella la paz, la ilusión, la energía, la luz y el calor del mundo, que ahora los siento nuevamente fríos. Anoche durante unos instantes hasta anhelé morir. Mi médico me ha recetado unas píldoras contra la astenia. Pero creo que nada de lo mío puede curarse con píldoras sino con vida. Y ella es la vida para mí, la única. Afirma que me adora. Debiera ser suficiente. Pero he padecido siempre de una inseguridad trágica cada vez que he amado así, porque siempre he perdido. Sé que ella es distinta. Pero no me ha explicado hasta qué punto el incidente con su marido ha agravado las cosas o si se han aquietado. Esto me tiene muy angustiado. Lo único que sé es que si voy tengo que estar de incógnito. Temí por unos días que ella me dijera que no vaya. Pero felizmente no ha ocurrido eso. Me ha escrito con largos intervalos al final de los cuales empezaba a flaquear y me encendía en cuanto recibía una carta suya. Ahora va a hacer casi dos meses que no he recibido sino dos cables. Ella es fuerte y como usted bien lo definió está integrada; yo soy débil y sin ella veo el rostro de la muerte. En estos días, especialmente anoche, he comprendido que con una concepción así de las cosas acabaré por perderme y por tanto por perderla. Voy a hacer un esfuerzo sobrehumano, recordándola a usted, para defender mis energías. Porque en siete días he perdido cuatro kilos de peso y me he demacrado. Había aumentado seis kilos, desde que me vine de Santiago.

Por fortuna me ha llegado la invitación de la revista *Humboldt* para asistir a un coloquio de escritores latinoamericanos y alemanes.[111] Del Perú vamos dos, Alberto Escobar que ya está en Alemania y yo. Se examinará el tema de «el escritor y los problemas del mundo actual». Espero, de vuelta, alrededor del 10 de octubre, volar directamente a Santiago. - No he concluido la tesis. Ya tengo más de 300 páginas y me lamento de no haber reiniciado la novela, porque a veces temo que me ha de faltar el aliento. Me defiendo recordándola a usted, su sobrehumana energía y bondad. B. me ama, pero ¡cuán lejana está! Y es el único amor correspondido, maravillosamente correspondido que he conocido; los demás también estuvieron aun más lejanos. Yo tenía la ingenua esperanza de irme a Chile y vivir cerca de ella, pero ahora con el asunto de su esposo no será posible. - Recibí también una hermosa y dulce carta de Gaby que sé que

---

111 El coloquio tuvo lugar del 16 al 23 de septiembre.

está ahora concurriendo al taller del doctor. Ojalá siga recuperándose algo más. A veces me siento algo culpable ante ella. Pero sin duda que la amo mucho.

Yo debo partir el 15. Temo que no haya tiempo de que pueda usted ponerme unas líneas que me harían mucho bien.

Otra cosa que me causa angustia es el haberme desligado totalmente de C.[112] y ella ahora se porta con una abnegación extraordinaria. Si ella hubiera sido así desde el principio yo hubiera producido cinco veces y no tendría esos desequilibrios en grado peligroso.

Me sentí tan recuperado, tan vuelto al mundo, a mi vuelta de Santiago y asistido por la imagen de B. que aumenté, como le dije, de peso y me sentía como que la vida empezaba de nuevo y con más promesas. ¿Acaso es injusto que me haya postrado de esta manera? Ha contribuido también no poco una gripe muy dura que tuve últimamente. Ahora la mayor esperanza que aliento es volver donde usted y orientarme bien respecto de B. Sé que cuento con su amor pero desearía también no perder la ilusión de que alguna vez puedo unirme a ella y concluir mi novela.

Queridísima madre mía, si usted me escribe unas líneas, pueden aún alcanzarme; si no, dejaré encargo en la oficina de que me lo envíen a Hamburgo; si cree usted que no hay posibilidades de que la carta me alcance, le ruego escribirme unas líneas al Consulado del Perú en Hamburgo. Allí estaré del 16 al 26 de septiembre y luego nos harán conocer algunas ciudades. Quisiera ir en mejores condiciones que las [que] ahora tengo. Estoy algo como espantado. Sé, sin embargo que si B. me ha escrito y recibo su carta mañana, se me ahuyentarán casi todos los fantasmas.

1° de septiembre:

Acabo de recibir una maravillosa carta de B. ¿Qué soy, madre mía? ¿Por qué me ataca esta desconfianza sacrílega? Bien lo dice B.: «Acumulas ternura y como no tienes alguien próximo en quien depositar ese dulce calor termina por sofocarte y desde ese momento no ves claro...». Y, luego: «Sé que nuestro amor será eterno —extraña pretensión ya que en este mundo todo es perecedero— pero a pesar de todo *lo creo*». Estoy sumamente bendito y alzándome. ¡La adoro, madre mía y ella a mí! ¿Por

---

112 Obviamente, se refiere a Celia Bustamante, su primera esposa.

qué, entonces, me asaltan desconfianzas y desmayos? ¡Ya no más, ya no más! Reciba un beso en sus dos manos, todo mi amor y gratitud. Concluiré la tesis y me sentiré feliz de escribir su nombre en la dedicatoria.

José María.

21

[¿Septiembre de 1962?][113]

Queridísima madre:

Ayer navegué sobre el Rhin. Hubiera deseado hacerlo de rodillas. Era un dios, un dios grande. Todo lo que la civilización ha hecho por encubrir su divinidad no ha logrado sino exaltar su aire, su profundidad mítica. Es tan dios como el Apurímac o el Wilcamayo. Después he visto esta ciudad.[114] Y ahora le escribo de Rottenburgo. - Anoche ensayaba el organista en la catedral. No sé qué se me reveló más estéticamente, si Dios o la santidad del ser humano. - De Munich voy a escribirle a Pancho. Necesito hacerlo. Yo iré a Santiago antes que a Lima. Podré besarle las manos; descansar con la dulzura sin fin de su palabra.

José María

---

113 Postal hológrafa sin fecha, escrita desde Alemania. Por ello y por la mención de Pancho, que tanto le preocupa para estas fechas, tal parece que la postal es de septiembre de 1962.
114 Debe tratarse de Würzburg, nombre que consta en la capción del paisaje de la postal.

22

[¿Octubre de 1962?][115]

Queridísima madre:

Fue triunfal la noche de ayer. Usted ve al hombre como si fuera hechura suya.

Beatriz ha de venir al medio[día] a arreglar los bolsillos de mi saco alemán que se desfondaron. La voy a invitar a un almuerzo frío. Tendré unas horas de hogar sacrosanto.

Vino el Sr. Calderón y me encargó que no se olvidara del jardinero.

Le besa las manos

José María

Para la Dra. Lola

Dijo también el Sr. Calderón que probablemente un matrimonio francés tomaría la casa desde mañana. Que avisará. La visitaré a la hora del desayuno.   J.M.

---

115 Carta hológrafa escrita en papel corriente. Guardada dentro de un sobre aéreo alemán en que Arguedas añade una nota (que comienza: «Para la Dra. Lola...»), también hológrafa. Por su contenido, parece escrita desde Santiago. Por lo tanto debe ser de octubre de 1962, ya que en la carta del 31 de agosto de 1962 dice: «Espero, de vuelta, alrededor del 1O de octubre, volar directamente a Santiago».

23

[¿Octubre de 1962?][116]

Querida mamá Lola:

Me acaban de llegar las cartas y la revista que le envío.
He pasado un día muy pesado. Felizmente mañana la veo. Esta lucha contra la muerte es la más brava de todas. Pero tengo buenos aliados.

La beso en sus manos,

José María

---

116 Carta hológrafa escrita en papel aéreo. No tiene fecha, pero —por el papel empleado y su anuncio de visitar a doña Lola al día siguiente— colegimos que está escrita desde Santiago en octubre de 1962. Pero no lo podemos asegurar, ya que el tono de la misma es muy fúnebre en un momento en que tiene a Beatriz a su lado.

24

Lima, 13 de noviembre de 1962.[117]

Queridísima madre:

Acabo de concluir el último capítulo de la parte principal de la tesis, es decir, el estudio completo de la comunidad de Bermillo. No me falta sino comparar esta comunidad con otras dos. Se trata de unas sesenta páginas más. He dejado mis clases en San Marcos y es muy probable que concluya el trabajo en los primeros días de diciembre y me gradúe antes de fin de año. Me despediré luego de la etnología y dedicaré el resto de mis energías a la novela.

He luchado valientemente con la depresión de los primeros días y he vencido. Durante unos seis días no podía escribir ni leer; la pastilla de Medomina me causaba náuseas; con baños a las 4 de la mañana lograba dormir unas horas y me puse a trabajar olvidándome férreamente de mis males. Y seguí adelante. Hoy he trabajado de 9 a 2 de la tarde, cinco horas seguidas. Estoy salvado, nuevamente. Beatriz me escribió una maravillosa carta: «Te sentí tan dulce y poderoso, tan grande... pero también algo así como indefenso», me decía. Hay mucho de verdad en esto. Ella conoce, acaso tanto como usted, lo que hay en mí de luz y de sombra.

No tengo más remedio que darle una especie de mala noticia con respecto a Pancho: hablé con el Director de la Escuela de Bellas Artes y

---

117 Carta mecanografiada en papel corriente. Sólo la posdata —y como siempre, la firma— es hológrafa.

aceptó con mucho entusiasmo extenderle una invitación para que trajera una exposición de grabados de los alumnos de la Escuela de Santiago. Le dije que le llevaría varios grabados de Pancho, para que los viera. Pero en el Instituto de Arte Contemporáneo donde los dejé, con la posibilidad de una exposición, han cometido una confusión lamentable: enviaron los grabados de Pancho al Japón, confundiendo el paquete con el que contenía los grabados de un artista japonés cuya obra se expuso en Lima. Ahora necesito con urgencia un par de grabados. ¿Sería posible que me los enviara por avión? Yo los acondicionaría aquí sobre un cartón. Ojalá sea posible. Dígale también que anoche comí con el Director General de Gobierno; que decididamente no habrá ningún inconveniente para que recorra el país con toda libertad. Supongo que ya sabrá que no necesita visa para ingresar al Perú, sin embargo que llame por teléfono al Consulado Peruano. Yo lo espero con todo afecto. Haremos un programa cautivante para su conocimiento de la costa.

Reciba usted el cariño y el recuerdo de cada instante de su buen hijo,

José María.

Muy afectuosos saludos a su esposo.

25

15 de noviembre de 1962.[118]

Querido John:

Fue una verdadera lástima que no recibiera tu carta en Berlín. Allí había unos veinticinco escritores con suficiente prestigio, aunque algunos muy inmerecidamente. Habríamos podido conseguir la firma de la mayoría de ellos a favor del documento que me has enviado. Lo que comprendo muy bien, tratándose de ti, es que de hecho no hubieras utilizado mi firma. Mi posición con respecto a todos esos problemas es idéntica a la tuya y me habría halagado tener una muestra de confianza de tu parte incluyendo mi nombre en un reclamo que me habría honrado. De ahora en adelante, te ruego hacerlo siempre.

En estos días se ha realizado una interesante polémica entre Comas[119] y un tal señor De Zavala y Oyague. Fue interesante porque ese señor consideraba la raza como un conjunto de «caracteres espirituales», y que la lengua, el catolicismo y el acto de persignarse, constituían lo distintivo de la «raza española»; que el Perú no progresaba a causa de los elementos negativos de los indios, negros y mulatos y que la solución era

---

118 Carta mecanografiada en papel timbrado de la Comisión de Historia del Comité Interamericano de Folklore del Instituto Panamericano de Geografía e Historia de Lima. Con nota hológrafa al margen: «Debemos editar...».
119 Juan Comas: de origen catalán, refugido en México después de haber sido Secretario del Ministerio de Educación durante el gobierno de la República.

traer inmigrantes europeos.[120] Todo esto lo dijo comentando un buen artículo de Comas sobre el día de la raza. Comas le respondió, aplastándolo; Bonavia y Emilio Mendizábal, lo acabaron de enterrar. Pero no se ha enterrado a don Zavala de Oyague, «descendiente comprobado y puro de la raza española», sino a los muchísimos cretinos que piensan como él y que gobiernan todavía el Perú.

A propósito, has de venir ahora en un momento verdaderamente importante de nuestra marcha hacia adelante. Están ocurriendo acontecimientos increíbles, que suponíamos que ocurrirían dentro de muchos años más. Nos sentimos felices y estimulados con la noticia de tu viaje al Perú. Aquí, todos los que te conocieron, te necesitan.

Yo he terminado el estudio monográfico de Bermillo de Sayago, me ha dado unas 400 o algo más de páginas, me falta únicamente el trabajo comparativo con La Muga y San Vitero. En La Muga los labradores liquidaron la propiedad comunal y se lanzaron por el camino de una sociedad individualista; en San Vitero, la lucha de pobres y ricos se había desencadenado. Creo que con unas 60 páginas más habré concluido con la tesis, que me tiene angustiado. Luego me lanzaré como un león a continuar la novela. - Ya sabes que Gallimard está editando en francés *Los ríos profundos;* hoy recibí un cable de una editorial alemana para la publicación en alemán.

Te abraza,

José María

Debemos editar *Folklore Americano* en enero o febrero. ¿No te sería posible auxiliarnos enviándonos algún trabajo ya publicado que conviniera que se difundiera en América Latina?

---

120 Se trata del mismo argumento eurocentrista que esgrime para la Argentina Faustino Domingo Sarmiento en su *Facundo (Civilización o barbarie)*, de 1845.

26

12 de diciembre de 1962.[121]

Querido John:

Estoy seguro de que me habrás perdonado que te remitiera la separata de tu artículo sin haberte escrito ni una sola línea, sino esas simples palabras a mano en la carátula.

Me encontraba sumamente angustiado con la tesis y no tengo cuando terminar. A la fecha ya he escrito 600 páginas y creo que me faltan por lo menos 50 más. Me he metido en camisa de once varas y, por otra, he descubierto en mis apuntes de campo un material mucho más rico de lo que esperaba. Los temas me llevan siempre lejos. No estoy seguro, a causa de mi deficiente formación académica, de si tantas páginas eran indispensables. Pero tienen un curso no sólo ligado sino necesariamente dependiente, unas de las otras. En unas 700 [sic] páginas describo dos comunidades de Zamora, en su región más conservadora y pobre: Sayago. Una de ellas tiene el 60% de sus tierras de arar comunales, con reparto anual y de todos los pastos; la otra, hace cuarenta años que parceló todas sus tierras, y el proceso comparativo de ambas es cautivante. Y en las formas de todos los aspectos de la cultura hay relaciones igualmente cautivantes con las del Perú. Mi trabajo está basado en algo de estadística comparada; en estudios de casos y en la observación verdaderamente

---

121 Carta mecanografiada en papel timbrado del Museo Nacional de Historia del Instituto de Estudios Etnológicos de Lima. Con nota hológrafa: «Acabo de escribir...».

participante que hice de cada detalle de la vida de esos pueblos, con los cuales me sentí íntimamente ligado.

Nos alegra saber que tu viaje al Perú es seguro. Creo que de una u otra manera auxiliarás al Instituto que ha pasado un año atroz de crisis y de persecución. Hoy mismo el Museo es una olla de grillos. Lanning, que es algo desequilibrado pasionalmente, ha armado allí un desbarajuste bárbaro, que no sabemos aún de qué manera conjurar. Por fortuna estuvo Comas. El salvó el año.

Raquel viene con mucha frecuencia a la casa, por fortuna. Con ella hablamos casi inevitablemente de ti. Recordamos cuánto bien haces a las personas que están cerca de ti y que son capaces de aprender no solamente tu sabiduría, sino la generosidad y el poder de tu vida que se irradia en todas direcciones.

Te abraza fraternalmente,

José María

Acabo de escribir las últimas líneas de la tesis, 13.[122]

---

122 Se refiere a que terminó la tesis al día siguiente de escribir el texto de la carta, es decir, el 13 de diciembre.

27

Lima, 21 de diciembre [de 1962].[122]

Queridísima madre:

He concluido la tesis. Estoy escribiendo la introducción. Dentro de pocos días tendré la felicidad de escribir en la primera página: «A la Dra. Lola Hoffmann a quien debo la resurrección de mi capacidad para el trabajo».

La tesis ha de alcanzar algo más de 700 páginas. Nunca he escrito tanto. Al día siguiente me bañé; no lo hacía por temor a resfriarme. Me jabonaba constantemente y, de repente, caí. Me había roto una costilla. Estoy fajado.

He recibido una sorprendente carta de Gaby; revela una animación que no percibí nunca en sus cartas. Este documento comprueba cuanto me decía usted acerca de ella en su última carta, y me siento muy feliz por esta comprobación. La quiero fraternalmente y me vine muy herido por el estado lamentable en que la dejé. Pero ya sé que en el ser humano pueden operarse milagros.

Le incluyo un artículo que escribí sobre uno de los conflictos sociales más cruentos y reveladores que han ocurrido últimamente. Ese artículo ha tenido una acogida excepcional. También debo darle la noticia

---

122 Carta hológrafa escrita en papel corriente. En la fecha no consta el año, pero por el contenido de la carta (sus alusiones a la conclusión de la tesis) podemos inferir que se trata de 1962.

de que tres de los mejores narradores jóvenes de Lima han decidido editar una revista con el título de *Agua* por considerar que ese mi primer libro abrió un periodo nuevo en la literatura peruana, y porque mi conducta constituye un ejemplo para los jóvenes. ¡Me emocioné mucho y pensé en usted y en B.! Ella me escribe cartas que son limpias, purificadoras y estimulantes como la luz. Celia sigue siendo ahora *otra*: muy tolerante y generosa.

¿Cuándo viene Pancho? Me alegró tanto saber que estudia disciplinadamente. Mi cariñoso recuerdo al Doctor. Y el amor constante para usted de

José María

28

Lima, 18 de enero de 1963.[123]

Queridísima doctora, queridísima madre:

Le escribo unas líneas muy apresuradas. Hoy he cumplido 52 años y la estamos recordando especialmente.

No sé si los periódicos de Santiago han dado cuenta del régimen de terror que ha impuesto la Junta.[124] Jamás hubo una represión más cruel e indiscriminada. No conviene que venga Pancho todavía. Se han examinado minuciosamente todos los archivos políticos; y aunque a Pancho lo apresaron y expulsaron por un error, figura en los archivos. Luis Nieto está en una horrenda prisión de la selva, y a nadie le es permitido enviar a sus hijos o esposos presos ni siquiera alimentos.

Ya le escribiré más detalladamente.

Reciba de Celia y de mi parte toda nuestra gratitud y afecto

José María

---

123 Carta hológrafa en papel corriente.
124 Las elecciones presidenciales de 1962 fueron anuladas por una Junta Militar.

29

Barranca, 24 de enero [de 1963].[125]

Querido John:

Estoy en Supe por unos días. Me vine porque estaba casi completamente desmoralizado. Las mecanógrafas han cometido tantos errores al copiar la tesis que poco faltó para echarme a llorar. ¡He pagado como 1,600 soles y más de 150 páginas tuve que hacerlas copiar de nuevo! La nueva ha suprimido palabras y aun frases íntegras y tengo que hacer copiar otra vez no sé cuántas páginas. Las que son aceptables tienen de 3 a 10 y aun 15 errores por página. Sólo las primeras 150 páginas que copió la vieja y lenta mecanógrafa del Museo tienen de 2 a 6 faltas y cambios monstruosos de palabras. ¡Y son 620 páginas! Pero tengo que [ILEGIBLE] y no dejarme abrumar. Lo único que lamento es que ya la tesis se me ha hecho obsesiva y temible a la vez.

Las primeras 400 páginas contienen algunas repeticiones, las últimas las encuentro buenas: los informantes y los personajes de los casos tienen dimensiones y animación de personajes de novela. Algunos tienen una gran vida. Y creo, te lo puedo decir a ti, que representan a la España actual [ILEGIBLE] y palpitantemente y que los informes sobre las comunidades de Sayago iluminarán bastante la historia de nuestras comunida-

---

125 Carta hológrafa escrita en papel corriente. Aunque la fecha no lleva el año, por lo que narra sobre la corrección de la tesis sabemos que es de 1963. Barranca está cerca del puerto de Supe, donde las hermanas Bustamante habían heredado una casa donde iba la familia de vacaciones.

des. ¡Lástima que una estupidez de la burocracia de la Unesco me impidiera permanecer más tiempo en Sayago!

Te agradezco conmovido por el artículo. Tu interés por el Perú es tan profundo que te da tiempo para un trabajo así, a pesar de que debes estar atiborrado de trabajo. El Congreso de Historiadores es en agosto y te van a invitar oficialmente. El Dr. Valcárcel cree que si alguna institución norteamericana pusiera una parte del dinero para la edición del documento, una tercera parte, por ejemplo, aquí podría conseguirse el resto. Muy importante lo de Zuidema.[126] ¿Viste mi pequeño trabajo sobre los himnos en el No. 3 de *Folklore Americano*? ¡Qué profundidades de nuestro pasado y presente pueden ser revelados en la literatura quechua colonial! Ojalá haya salud para ocuparse de eso.

Querido John: he terminado la corrección de la tesis. Raquel me ayudará a pasar las correcciones. Si no me gradúo en marzo, ¡pierdo mi cátedra en La Molina! ¡4,000 soles por cuatro horas y la seguridad de dedicarse al quechua!

Un gran abrazo,

José María

---

126 Tom Zuidema: antropólogo holandés, autor de *The Ceque System of Cusco: The Social Organization of the Capital of the Inca* (Leyden, 1964; hay una edición reciente en castellano: Lima, 1995), *La civilisation Inca au Cusco* (París, 1986) y *Reyes y guerreros: ensayos de cultura andina* (Lima, 1989), entre otros libros.

30

30 de marzo [de 1963].[127]

Queridísima mamá Lola:

He sufrido una inesperada crisis depresiva. Era demasiado paradisíaca la vida que llevé el último mes en Santiago. Aquí, el calor todavía denso, el sufrimiento atroz, tanto en la Universidad como en la ciudad entera; los compromisos de trabajo, pequeños pero inaplazables, me han desesperado un poco. Encontré también delicada a Celia, de su afección visual y de su salud, pues no ha descansado casi nada en las vacaciones. Felizmente he recibido un adelanto sobre la edición alemana de *Los ríos profundos* que me permitirá salir de Lima y continuar con la novela. Creo que eso me levantará el ánimo. Temo únicamente la especie de debilitamiento súbito en que he caído. Aunque la crisis es por causas evidentemente psíquicas.

Opino que no conviene aún que venga Pancho. No llegó a mostrarme el tenor de la resolución con que fue obligado a salir. Ojalá que no diga que es por agitador social y menos que por comunista. El no es ni lo uno ni lo otro, pero la Junta sigue apretando a los comunistas con mano de hierro.

El Dr. Pesce,[128] por quien han reclamado casi todas las institucio-

---

127 Carta hológrafa escrita en papel corriente. En la fecha no consta el año, pero su alusión a su reciente estadía en Santiago, así como su preocupación por Pancho y la situación de represión que vivía el país, hacen posible fecharla en 1963.
128 Hugo Pesce, médico y dirigente del Partido Comunista.

nes médicas del mundo, sigue preso, a pesar de que no se le ha probado ningún cargo. Hay dos enfermos graves y ancianos que continúan detenidos. Una prisión por orden de la Junta sería casi imposible arreglar y crearía otro antecedente más peligroso todavía. Se vigila estrechamente a los «extranjeros», especialmente a los jóvenes, que entran al país. Me duele hacer esta advertencia, pero creo que debo hacerlo por lo mismo que tanto quiero a Pancho, a usted y al Doctor.

Reciba muy afectuosos saludos de Celia y el cariño tan profundo como respetuoso de su hijo

José María

31

Lima, 11 de febrero de 1964.[129]

Of. No. 104-Ms.

Señor John Víctor Murra
Ciudad

Con fecha del 10 de los corrientes, se ha expedido la siguiente Resolución Suprema No.058:

«Visto el adjunto Oficio No.16-PNA- del Patronato Nacional de Arqueología comunicando el acuerdo tomado en sesión del día 21 de enero en atención a la solicitud presentada por el Dr. John Víctor Murra, en el sentido de dar permiso al Instituto de Investigaciones Andinas de New York, para efectuar excavaciones en Huánuco durante los años 1964 y 1965; y - CONSIDERANDO: Que el Estado debe propender al mejor conocimiento del pasado patrio y estimular, por tanto, los estudios arqueológicos; y - De conformidad con el artículo 8 de la Ley 6634 y el Decreto que lo reglamenta, asimismo, con el Artículo 2 de la Ley 12956; - SE RESUELVE: - 1.- Autorizar, al Instituto de Investigaciones Andinas de New York, en la persona del Dr. John Víctor Murra, para efectuar excavaciones en las provincias de Huánuco, Ambo, Dos de Mayos, Hua-

---

129 Transcripción de Resolución Suprema, mecanografiada en papel timbrado de la Casa de la Cultura del Perú en Lima, con el sello de Arguedas como Director de la misma al lado de su firma.

malíes, Departamento de Huánuco. - 2.- La expedición del Instituto de Investigaciones Andinas de New York que presidirá el Dr. John V. Murra, estará integrada además por el Dr. John Cotter. - 3.- Los trabajos autorizados se realizarán durante los años 1964 y 1965. 4.- Terminadas las excavaciones, el Dr. John V. Murra presentará al Patronato Nacional de Arqueología un informe que resuma los resultados obtenidos, e igualmente copia de los planos, mapas, fotografías y diarios de trabajo. -5.- Estará también obligado el recurrente a consolidar las partes de los monumentos que pudieran sufrir deterioro, y a volver a su lugar o el que mejor conviniere los desmontes respectivos; debiendo emplear como auxiliares y obreros a personal peruano, y correrá por su cuenta el pago de jornales y la indemnización correspondiente en caso de producirse accidentes de trabajo. -6.- Los especímenes encontrados serán inscritos debidamente y pasarán a la Casa de la Cultura del Perú para su distribución entre los museos del Estado, no pudiendo otorgarse permiso de exportación sino para los ejemplares dúplices, de conformación con el Artículo 9 de la Ley 6634. 7.- La supervigilancia de los trabajos autorizados, queda a cargo de la Dirección de la Casa de la Cultura, debiendo el patronato Departamental de Arqueología, colaborar al mejor cumplimiento de esta Resolución. - Regístrese y comuníquese. - RUBRICA DEL SEÑOR PRESIDENTE. - (FDO). - MIRO QUESADA. - Ministro de Educación Pública».

Que transcribo a usted, para su conocimiento y demás fines.

Dios guarde a Vd.

[firma de Arguedas]

[sello]

JOSE MARIA ARGUEDAS
Director de la Casa de la Cultura del Perú

CNC
TGV
Mus.rmj.

107

32

7 de mayo de 1964.[130]

Querido John:

Nuevamente me llega el estímulo de tu generosidad; el ejemplo formidable de tu energía. Ha llegado a tiempo. La oposición, especialmente APRA y *La Prensa* han minado gravemente el personal de la Casa El ataque es ahora combinado; la calumnia diaria por los periódicos y el intento de rebelión monstruosa, de desmoralizar al personal. Rodolfo Holzmann[131] ha salido de la Secretaría General por causa de un inmundo suelto de *La Tribuna* y la confabulación organizada de los empleados. No pudieron soportar su disciplina para el trabajo por hacer cumplir a los demás sus obligaciones. Ahora está fuera. Creyeron quitarme el brazo derecho. Pero con Abelardo Oquendo nos hemos distribuido el trabajo. Sin embargo, lo grave es que las dos señoritas que tenía en mi Secretaría, y a quienes desafiando las prohibiciones de la ley, ascendimos casi diez categorías, han sido las principales cómplices de la confabulación. Las he retirado de la Secretaría y estoy actuando ahora con cierta energía, con semblante impersonal y no con ese afectivo —y equivocadamente estimulante— de antes. Tal parece que el respeto y la consideración no despierta en la bu-

---

130 Carta mecanografiada en papel timbrado de la Casa de la Cultura del Perú. La posdata —a partir de «Hemos escrito...»— es hológrafa. Anota Murra que no hay correspondencia personal entre ambos durante el período que va del 24 de enero de 1963 hasta el 7 de mayo de 1964 por causa de sus muchos viajes (de Murra).

131 Rodolfo Holzmann: musicólogo alemán refugiado en el Perú. Murra lo menciona en su «Semblanza de Arguedas» del Otoño Andino de 1977 en Cornell (ver *Apéndice*).

rocracia sino algún desconcierto y un cauce libre para el desahogo de su resentimiento contenido. Y en vez de mejorar ya no saben cómo comportarse: oscilan entre la insolencia, la gratitud y el ocio. Y la violencia que hago a mi naturaleza para adoptar una conducta que vuelva a esta gente al orden anterior —que detesto— me ha malogrado la salud. - No podré, pues, continuar en el cargo sino hasta fines de este mes, y únicamente, para dejar en marcha la edición del libro sobre Chucuito,[132] si no me iría antes.

Hemos pedido con urgencia presupuestos. Apenas los tengamos enviaré a la imprenta los originales que la encantadora e inteligente Sra. Brown me entregó en la oficina. Felizmente se perfeccionó el trámite de la reforma de los Museos. Ya les entregué los nuevos nombramientos a todos. Eso está consolidado.

El prólogo que has escrito lo revisé con la misma señora Brown. Al principio juzgué como inadmisible que yo lo firmara, pero luego he reflexionado y, luego de algunas correcciones lo entregaré como mío. Yo no habría sido capaz de precisar como tú la importancia del documento, porque no conozco ni tengo condiciones para juzgar con exactitud todo su mérito. Te agradezco, John, por esto que haces a favor de este país. Te mueve una iluminación contagiosa por el descubrimiento de la verdad y por el amor al ser humano. Yo no quiero perder ese amor y esa fe que es casi la única fuente de mis energías; por eso me voy de este antro de personas malogradas a quienes estoy en el deber de auxiliar de la única manera que me es posible: describiéndolos. - Abonaremos a la srta. Benavides por su trabajo así como a Caycho. Felizmente el libro se paga con la contribución de tu instituto, así, cuando me vaya, no podrán detenerlo y seguiremos vigilando su impresión. Waldemar ha de venir. Ya hice reconocer oficialmente al Centro; dentro de pocos días recibirá los primeros cien mil soles. Veremos qué hacemos después. Yo hice crear un puestecito de mil soles para mí en la Escuela de Música y Danzas Folklóricas. Espero que no se nieguen a nombrarme. Bastará con que cobre un mes y podré retirarme con los 9 mil que gano, para el resto de la vida. - Te abraza

José María

Raquel anda preocupada porque no recibe carta tuya. Hemos escrito ya a las personas que indicas, de los Estados Unidos.

---

132 Se refiere a la *Visita hecha a la provincia de Chucuito...* [1567], de Garci Diez de San Miguel (Lima, 1964).

33

28 de octubre de 1964.[133]

Querido John:

Tu carta me llegó con una oportunidad excepcional. Estaba bastante apabullado por una frustración casi inesperada y dolorosa; una pequeña muerte contra la cual me encontraba luchando fieramente; tu carta me auxilió. Hay algo de común en nosotros; no podía explicarlo si es necesario hacerlo, de qué depende, pero ¿no será, entre otras cosas, del nunca satisfecho afán de vigilia por los que sufren y por una cierta aguda y acaso no colmable sed de ternura? En ti tales fuentes te llevaron a la sabiduría como un medio de alcanzar esas dulces y poderosas aspiraciones; por ese motivo tu sabiduría está tan inclinada siempre a servir para la buena comprensión de los demás, y comprensión activa, piadosa, no sólo espectante. Estoy saliendo de la lucha con relativamente buena fortuna. Ya hablaremos de esto, pues, es a la única persona, aparte de la *humilde* hermana paterna que tengo, a quien siento la necesidad de comunicarle mis trances íntimos, cuando se hacen peligrosamente agudos. Pero no te escribo por esto solamente sino por otras dos cosas:

Me llamó Caldwell para darme la noticia de que me invitaba para una visita por dos meses a los Estados Unidos.[134] Esta noticia me sor-

---

133 Carta mecanografiada en papel timbrado con la siguiente dirección: «Plaza Bolívar - Pueblo Libre/Apartado No.1992/Teléfono 34O55/Lima - Perú» (Se trata del Museo Nacional de Historia). La despedida es hológrafa.
134 Señala Murra: «Durante muchos años la entrada a los Estados Unidos le fue prohibida, pero cuando el primer intento de suicidio, el entonces Ministro de Educación le prometió gestionar el viaje y lo logró».

prendió y me produjo una emoción muy grata: estaba frente a un hombre valiente por razón de su rectitud e inteligencia. Sentí como que me quitaban unos grilletes de los pies. Debo hacer yo mi propio itinerario. Viajaré en abril. Le dije a Caldwell que te pediría consejos para el itinerario, lo mismo que a Carlos Cueto.[135] ¡Qué te parece esta noticia? Yo sé que los «comunistas» dirán que me he vendido al imperialismo. Nada de eso me importa. No soy sectario; por fortuna he alcanzado a liberarme de todo tipo de sectarismo, de estos y de los otros, igualmente deformantes: el de las antipatías personales. Trato de juzgar con objetividad.

La otra noticia es que ayer visité al Dr. Valcárcel por pedido de él mismo. Ya está levantado; creo que se siente mejor de lo que realmente está. Lo encontré fatigado. Pero este «wiraqocha»[136] a quien le debemos mucho, no deja de ser un señor muy cusqueño antiguo: egoísta, avaro e imperial: me dijo que no «era necesario que se nombrara a nadie para Director del Museo de la Cultura», que él se reencargaría muy pronto del cargo, porque sabía que lo iban a nombrar Director emérito, y me consultó sobre cómo era conveniente nombrar a Mendizábal en lugar de Hurtado, puesto que Hurtado no podía continuar en el puesto por haber cumplido 70 años. ¡Fue providencial esta entrevista! Porque yo ya había aceptado que se me nombrara para el Museo de la Cultura y si no se hizo efectivo el nombramiento fue por un caso fortuito. Acabo de enviar un oficio urgente a Silva pidiendo que, mientras nose pruebe mi ineptitud para desempeñar el cargo que ahora tengo no se me remueva de él. Valcárcel habría recibido mi nombramiento para sustituirlo como una traición. El se consideraba dueño, con los Matos, del Museo. Me dijo que los Matos estaban dirigiendo muy bien el Museo y que la parte administrativa la conducía con acierto Delgado - este caballero va media hora cada tres días al Museo -. Me quedaré, pues aquí, mejor. Estoy tranquilo, planeando reformas y publicaciones. - El 5 viajo a México hasta el 16. ¿Tú vienes? Si no vinieras te haré una visita por unos cuatro días. Y charlaremos. Gracias.

Un abrazo,
José María

---

135 Carlos Cueto Fernandini fue Ministro de Educación en el Perú. A Cueto y a John V. Murra le dedicaría Arguedas su poema bilingüe de 1966: «*Huk doctorkunaman qayay* »Llamado a algunos doctores».
136 Quechua: señor (se trata del quechua bastante posterior a la invasión, fueron los españoles lo que se hicieron llamar así).

34

12 de diciembre [1964].[137]

Querido John:

Hace algunas semanas te escribí. Sé por Gaby que has estado saliendo frecuentemente al campo. Quiero darte algunas noticias:

La imprenta Quiroz, que no se ha portado bien, se ha comprometido a instancias mías a entregar el libro antes de Pascua. He hablado con Silva y hemos convenido que convendría hacer la presentación de la obra en una mesa redonda de historiadores y antropólogos. Para entonces sería indispensable que estuvieras presente. Se ha convenido que la fecha podría ser entre el 27 a 29 de diciembre, porque los días anteriores a la Pascua son muy inadecuados. Te ruego contestarme o a Silva indicando si no tendrías inconveniente para estar presente en ese acto.

Hemos concluido de corregir el texto de la mesa redonda, con Alberto.[138] A él le parece muy interesante todo el material. Pero la Srta. Jacquelin ¿...? una lingüista francesa que ha estudiado el quechua, que es bella e inteligentísima, nos ha sugerido que acompañemos el texto, además de un cuerpo de conclusiones, con un prólogo que intente lograr ser una guía para el lector común, especialmente para los maestros. Creo que la idea es buena y yo he de ensayar redactar el texto que luego corregiríamos con Alberto y tú, si es posible.

---

137 Carta mecanografiada en papel timbrado del Museo Nacional de Historia. Murra añade el año en la fecha.
138 Posiblemente se refiera a Alberto Escobar.

Te escribí hace muchas semanas dándote la inusitada noticia de una invitación a mi favor para visitar los Estados Unidos y rogándote que me auxiliaras en fijar el itinerario del viaje, pues debo ser yo quien lo decida.

Me acaban de llegar algunos ejemplares de *Todas las sangres*. He leído el libro a trozos y me removió todo. ¡Anhelo muchísimo que tú lo revises! Tiene 470 páginas en letra menuda.

Me dice Gordon[139] que es posible que vengas en diciembre. Yo voy a Tacna por unos cinco días. Salgo el miércoles.

Con el afecto fraternal y el constante recuerdo de tu amigo,

José María

---

139 Se trata de Gordon Hadden, antropólogo que trabajó en la investigacioón de Huánuco con Murra y, después, como cooperante del Cuerpo de Paz, en el Museo Nacional de Historia, cuando Arguedas era Director.

35

Lima, 7 de marzo [de 1965].[140]

Querido John:

Pasaste por Lima muy de prisa. No se sabía bien qué día habías partido, pues supimos posteriormente que el primer avión no pudo salir a causa del mal tiempo.

Hoy es el noveno día de la operación. La intervención misma fue buena. Me molestó algo la sangre durante los dos primeros días, pero fueron esos precisamente los mejores porque no tuve mucho dolor y pude concluir de escribir en quechua y traducir el cuento *El sueño del pongo,* que es uno de los más bellos e interesantes que conocía. Se lo oí a un indio de Qatqa pero no pude grabarlo. Lo he reconstruido ahora a manera de un ejercicio de escribir una narración en quechua. Creo que la experiencia ha resultado buena. Me apena no enviarte una copia por haber sacado sólo dos y quiero imprimirlo para llevarlo a los Estados unidos. Sólo tiene cuatro páginas y media. Apenas la imprenta haya parado el material, te enviaré copia de ambos textos.

He padecido mucho en los cinco posteriores días de la operación, por el espantoso calor de nuestro departamento y por el dolor nocturno que no me dejaba dormir, y no podía tomar siquiera somníferos porque el dolor era más fuerte que el efecto del que suelo tomar. A pesar de eso y como quien bebe candela tomé diluida la amarguísima pastilla. Sólo hoy, domingo me siento algo mejor. Pero iremos adelante.

---

140 Carta mecanografiada en papel corriente. Murra añade el año en la fecha.

114

Te agradezco mucho por tus indicaciones, especialmente por el dato respecto de San Francisco. Cueto y Szyszlo[141] me han dado algunas recomendaciones para Washington donde no conozco a nadie. Es curioso cómo tengo una gran ilusión por este viaje. Creo que voy a recibir de él lo que precisamente ahora necesito. Lo que me apena mucho es saber que no voy a poder ponerme en contacto bien directo con el pueblo y con la gente a causa de mi bestialidad para aprender idiomas. Estoy seguro de que, como no saben o a los que no saben el castellano, me provocará hablarles en quechua y así lo haré porque en la parte fonética se reflejará mejor mi pensamiento y estado de ánimo. Aunque sea una locura pienso tomar un profesor por los últimos días aquí y hacer ejercicios de aprender el «inglés básico» en dos horas diarias. Espero, queridísimo John, que todavía me escribirás unas líneas indicándome con quienes me vas a hacer auxiliar en algunas de las ciudades que ya han sido definitivamente fijadas de acuerdo con el plan que hicimos. Me interesa especialmente Cornell, Yale y el monstruo de New York donde no deseo pasar el tiempo únicamente con peruanos y latinoamericanos.

Y ahora, a lo grande. No he podido leer nada del texto manuscrito de Avila en el libro de Galante. Necesitaría de la ayuda de un paleógrafo que supiera algo de quechua. A última hora me parece que no habrá más remedio que cotejar unas diez páginas a manera de muestreo de la transcripción de Galante con el microfilm o el propio texto facsimilar de Galante. Si le encontramos fallas, la labor de cotejo total será imprescindible y laboriosísima, si no le encontramos fallas en el muestreo me lanzaré a traducir y luego veremos qué hacemos con la publicación del texto quechua que debería aparecer con la propia ortografía del manuscrito. Pero ésa, no siendo yo paleógrafo, sería una labor de romanos y la edición facsimilar resultaría quizá muy costosa. En fin, tal es el problema. - No he podido hablar detenidamente sino una vez con Zuidema[142] y ninguna con Parker.[143] Pero Parker está a la mano. En principio hemos quedado con Zuidema en ir a Puquio a todos los pueblos de la antigua provincia de los Soras en el transcurso de los meses de julio y parte de

---

141 Se trata del pintor peruano Fernando de Szyszlo.
142 Mencionado en carta del 24 de enero de 1963.
143 Se refiere al lingüista Gary J. Parker, autor de varios libros sobre el quechua, entre ellos *Ayacucho Quechua Grammar and Dictionary* (1969).

agosto. - Espero mejorar más para volver a escribirte. Un abrazo muy cariñoso.

José María

Afectos de Celia, Alicia y también de Raquel y Rosa. Ya[144]

---

144   La nota final de la carta termina inconclusa.

36

17 de marzo [de 1965].[145]

Querido John:

Verdaderamente no encuentro palabras con qué expresar mi emoción al tiempo de leer tu carta. Acaso deberé escribir un cuento *realista*
para describir al hombre, al mismo tiempo más de carne y hueso y más
irreal que he conocido. Yo sé que si resultara indispensable que vinieras
a darme una mano y te llamara, tú vendrías. Tu carta me llegó en un día
muy oportuno. Estoy luchando ferozmente con fuerzas desiguales contra
fantasmas y contracorrientes de los que no me quejo mucho, pues a ello
debo en buena parte lo que hice, pero que ahora me cierran el camino y
han hecho de la vida un campo algo indeseable. - Te agradezco especialmente por tu relación de los amigos psiquiatras. A ciertas personas nos
pueden auxiliar mucho. - Además, aún en Lima soy algo como huérfano;
me han enseñado a depender y depender para la menor cosa; en los Estados Unidos los amigos y amigas tuyas me acompañarán un poco de otro
modo. De allá volveré a un departamento donde trataré de ensayar la vida
solo. Las mujeres son tan bellas, tan profundamente necesarias pero tan
temibles, tan avasalladoras, tan tiranas. Les tengo miedo ahora mucho
más que a la soledad.

Parece que hay indicios feos de que ya no es el Departamento de

---

145 Carta mecanografiada en papel timbrado del Museo Nacional de Historia. Murra añade
el año en la fecha.

117

Estado el que me veta sino la policía interior del Perú. Fui abyectamente expulgado a mi vuelta de Italia por dos policías destacados para expulgarme. Adler no quiere confirmarme ninguna fecha para los Estados unidos. No sé cuándo estaré ni en uno ni en otro lugar. Todo anuncio lo deberé hacer por telegrama desde Washington. - Anoche casi me embriago con cerveza. Estuve tres horas sufriendo en una boite a la que fui de casualidad con un amigo que me instó a ir. Una «copetinera» muy linda y que habla quechua me acompañó. Estuve con ella y sufrí. Si no me pasaran estas cosas no aprehendería quizá el agua transparente en que me parece que contemplo la imagen de las cosas acaso con más hondura que otros. Me siento feliz y orgulloso de tu afecto. Tu carta es bien explícita. Ella me guiará bien. A mi vuelta se volteará mi vida y también entonces me ayudarás.

Un abrazo,

José

Una Srta. Karen,[146] alumna de Rowe va a mecanografiar Avila de las fotos que he mandado hacer en la Biblioteca tomándolas del microfilm de Tom.[147]

---

146 Se trata de Karen Spalding.
147 Parece referirse a Tom Zuidema.

118

37

[¿6? de abril de 1965].[148]

¡Qué inconmensurable es el ser humano! Me siento en Nueva York tan feliz como en día de Navidad en una aldea andina. Tengo la impresión de estar en un universo que no parece hecho por el hombre. Es tan poderoso como el Amazonas. Ya le escribiré. Le recuerdo con todo amor

su hijo José

---

148 Postal hológrafa dirigida a doña Lola Hoffmann, con paisaje de los rascacielos de Nueva York y timbre de la cadena de los Hoteles Hilton. No lleva fecha, pero sabemos que Arguedas estuvo en los Estados Unidos entre abril y mayo de 1965. Por su entusiasmo asombrado ante la ciudad puede que sea del primer día de su visita, en que también le escribe a Murra. Por lo tanto le damos la fecha tentativa del 6 de abril de 1965.

38

6 de abril de [1965].[149]

Querido John:

Llegué anoche a New York. Estuve cuatro días en Washington. He escrito mi artículo sobre esta ciudad: «Washington, ¿una capital imperial?». Me han atendido bien. Tengo un intérprete que me acompaña y viajará conmigo. El jefe de la oficina encargada es un sujeto inteligente, muy agudo y enérgico. No tenía, o dijo no tener el proyecto de itinerario propuesto. Escuchó todas mis sugerencias; me hizo preguntas bien acertadas. El mismo día de mi partida, dos horas antes, me citó. No estaba en su oficina y dejó el itinerario bastante cambiado e inapelable:

New York, del 6 al 17. *Syracuse,* del 17 al 19. *Ithaca*, del 19 al 20 (yo pedí 7 días). *Bloomington*, del 23 al 30 (hay un congreso de etnomusicología). *New Orleans* (no lo pedí), del 30 de abril al 4 de mayo (ahí está Gilbert Chase, según veo en el itinerario). *Austin* ¡del 4 al 5! (yo pedí 5 días). *Albuquerque,* de 5 al 10 (no lo pedí). *Los Angeles,* del 10 al 16. Riverside, del 16 al 22. *San Francisco*, del 22 al 31.

Las conexiones con personas parece que están hechas. Pero escribiré en seguida.

De Washington escribí a la srta. Bard y a la Dra. Elman. No pude dar por teléfono con ninguna de ellas. Hablé con Harriet; dice que está muy ocupada cuidando niños tarde y mañana. Pero ha ofrecido presentar-

---

149 Carta hológrafa en papel timbrado del Hotel Waldorf-Astoria de New York. Murra añade el año en la fecha.

me a una chilena que trabaja con ella. Escribí a Mintz,[150] de Washington. Voy a llamarlo ahora. Está programando una entrevista con Lanning. Trataré de ver a [ILEGIBLE]. Desgraciadamente no ha llegado aún Luis Loayza. Ando pésimo de la garganta. La «campanilla» se me descuelga hasta la lengua y gangueo a ratos; tengo fuerte dolor.

He caminado anoche tres horas por New York. Algo nuevo bulle en mi espíritu y en mis nervios. El contraste (complementario con Washington) es quizá lo más intranquilizador que he visto nunca. Washington me dio la impresión de la capital de un imperio, ciudad que va creciendo a medida que se la contempla; toda ella hecha de silencio, de masas de edificios y de espacios. Ciudad única a la que no entendí de primera vista. - De ánimo, voy raro. Soltero a los 54 años, bajo de fuerzas. Debo eliminar a Sybila. No quiero que me devoren, en todo caso es preferible que yo mismo me devore. Le he llegado a temer a las mujeres, mucho. Celia y Sybila son la causa.

La Dra. Hoffmann viene en la segunda quincena de junio a Lima. Ella tiene un gran interés en hablar contigo. Me permití referirme a ti con el afecto y la admiración que sabes que te profeso.

(No admiten elección de hoteles. Los invitados van a la cadena Hilton).

Celia se portó admirablemente. Le he rogado que esta relación de profundo afecto y respeto se prolongue por siempre. Yo volveré a casa de mi hermana para buscar después un departamento. - Le dejé a Raquel mi platita en una libreta de ahorros, siete mil soles. Supo Celia que había hablado con Raquel e inmediatamente habló de ella con enojo. Jamás sabremos qué mueve a una mujer devoradora.

¿Recuerdas a las ardillas que juegan en los grandes parques de Washington? En cierta forma son mejores que el obelisco y el capitolio. Te abraza y te estima

José

Dirección para escribirme:

> Council on Leaders and Specialists
> 818 18th St., N. W.
> Washington D.C. 20006

---

150 Se trata de Sidney Mintz, antropólogo norteamericano, autor de *Worker in the Cane - A Puerto Rican Case History* (New Haven, 1960).

39

Querido John:

La perspectiva de las cosas y del mundo cambia cuando se la contempla desde este país; diría que se *aclara* mucho más. Le decía a Alberto Escobar que, aquí se ha aplicado, hasta donde puedo asegurar, todo lo descubierto por el ingenio humano. Se ha aprovechado al máximo la técnica, y el país tan fabulosamente rico ha producido riquezas que han hecho correr las de una gran parte del mundo hacia acá. Creo que es lógico que el norteamericano defienda su modo de vivir, pero como ya lo necesario para sostenerlo no sólo depende de los Estados Unidos se ve en el aprieto de tratar de imponer normas a muchos otros países. Inevitable en los imperios de toda la historia. ¿Qué haces? ¿Cómo es por dentro esta gente? En Cornell fraternicé con muchos de ellos. Jack Lambert y su mujer son como lo mejor de lo mejor del mundo. [ILEGIBLE] es un fenómeno de amor, fuerza y sabiduría; Patricia Bard es tímida, dulce, inteligente. ¡Qué bueno es el mundo! No sé por qué sufríamos. A ti te quiere la gente muchísimo siempre ¡ese Mintz, cómo se preocupa por tu trabajo! Está seguro de que cuando hayas publicado tu libro ambos haréis *grandes cosas*.

Hoy, en Bloomington, me siento algo deprimido. Trabajé algo en

---

151 Carta hológrafa en papel timbrado del Indiana Memorial Union, de Indiana University en Bloomington.

Cornell. Di las charlas en la noche —que es malísima hora para mí— dos horas cada una con el debate. Creo que resultó útil.

Aquí, anoche bebíamos hasta tarde en casa de un antropólogo joven —estilo Mangin— de quien no me acordaba. ¡Qué buena gente! Invitó como a diez personas. Estuvo un historiador sueco que parece muy inteligente. Me ha dado una referencia de documentos sobre el Perú que hay en la Biblioteca de Indiana.

Desde allá me has seguido auxiliando y casi protegiendo. Acaso lo merezca, en todo caso lo necesito.

De Celia he recibido pésimas noticias que ojalá sean un poco exageradas. Me dice confidencialmente que Alicia está en la clínica con síntomas casi inequívocos de cáncer. La operaron hace cuatro días. Me habla en tono de reproche, lúgubre y duro. ¿Qué ha de ser de mí, a la vuelta? En esa casa ya no funciono. ¿Cómo aclarar las cosas si Alicia realmente tiene cáncer? ¿Cómo? Y yo todavía no es tiempo de que me muera. Perdona esta frase que suena mal en la espléndida primavera de Indiana y de la que había empezado a florecer dentro de mí. Te abraza,

José.

Me acompaña un intérprete: un joven argentino, eficiente, muy formalista y algo pituco.
Vi a Newman. Hablé con él un rato. Me dio cita a las 9:30. Ha olvidado mucho el castellano. Me dio un buen contacto con un editor. El antropólogo de anoche se llama Paul Doughty.[152] Quedé mal con la Dra. Elman. Le escribo ahora.

---

152 Paul Doughty: antropólogo norteamericano, doctorado por Cornell. Trabajó en el proyecto de Vicos en Ancash. Actualmente enseña en la Universidad de Florida en Gainesville.

40

4 de mayo [1965].[153]

Querido John:

Hace unas horas llegué aquí. Me dio una gran alegría ver en el aeropuerto a Schaedel.[154]

Veo que no has recibido aún mi carta en que te daba cuenta de toda mi permanencia en New York. ¿Qué pasaría? Te la envié al apartado 61 de Huánuco. Todavía es inexpresable mi experiencia de los Estados Unidos. Es más aleccionadora, más orientadora que la de Europa. Fue buena a idea de enviarme a New Orleans, ¡qué ciudad! Anoche escuché tres horas un conjunto de jazz que Chase me recomendó a última hora. [ILEGIBLE] el que tocaba el bajo de metal, joven y gringo. En un barrio de una obscenidad indescriptible esta isla luminosa, el gran corazón de un pueblo creo que endurecido por el poder y el afán infatigable y aparentemente irrefrenable de acumular poder.

Los Estados Unidos constituyen, creo, un peligro descomunal para América Latina pero acaso el único camino de su salvación. Dije que sería implacable, defendiendo el poder adquirido más súbitamente que [¿es-

---

153 Carta hológrafa escrita en papel timbrado del Hotel Driskill de Austin, Texas. En la fecha no consta el año.

154 Richard Schaedel: arqueólogo norteamericano, autor de *Arqueología chilena* (Santiago, 1957), «The huaca El Dragón» (*Journal de la Société des Américanistes*, 1966) e «Incipient Urbanization and Secularization in Tiahuanacoid Peru» (*American Antiquity*, 1966).

tos? *¿otros?*] imperios, y a los pocos días se produjo lo de Santo Domingo.[155] ¡Tenemos tanto de qué hablar!

Pero estoy medio destrozado por dentro. Celia me escribe cartas lacerantes en que el abismo de la soledad, la amargura y quizá algo o mucho del amor se muestra devorante. Ella sabe cómo atemorizarme, paralizarme. Estuve casi diez años estéril, hasta el viaje a Chile. Yo le he contestado casi irreflexivamente, con gran desesperación. Nadie ha conseguido desesperarme como ella. Pero soy sufrido. Reaccioné cuando comprendí que estaba nuestra relación convertida en fuerza paralizadora. Y yo la quiero, siento infinita piedad por ella. No sé qué será de mí con esta enfermedad de Celia.

Las Universidades de Cornell y Bloomington [son] gigantes. Nada falta aparentemente; sólo que para un latino eso se siente demasiado ajustado. Todos están apremiados de tiempo. No hay tiempo para la vida. Quizá escriba un folletito sobre estas experiencias, si es que [¿Chato?] no me liquida. Y Celia podría auxiliarme más que nunca, como parecía que lo iba a hacer. Podría darme fuerza sin fin con sólo mostrarse generosa. Pero ¿es que la mujer puede ser generosa en el sentido en que lo necesito? ¿Puede serlo el hombre?

Yo no sé si superaré la gran crisis; estoy gastado por 26 años de opresión, a veces dulcísima y más a veces cruel e implacable.

Matos me habló por teléfono a New York. Me dijo que todo marchaba bien en el Museo. Te ruego hablar con Alberto.[156] ¿Cómo habrá seguido? Estoy algo abatido. Estuve formidable; pero en estos días he recibido un bombardeo fuerte de [¿Chato?].

En Bloomington Paul Doughty se portó maravillosamente.

La reunión de etnomusicólogos fue buena. Pero no enviaron a Roel sino a Pinilla,[157] que no hacía falta. Roel había comprobado lo mucho que le falta estudiar. Carlos Vega estuvo gracioso. Seeger y Merrien? y otro

---

155 Se refiere a la invasión norteamericana de Santo Domingo en 1965, que impidió la presidencia de Juan Bosch mediante la imposición de una junta militar de gobierno. La oración no resulta clara del todo.

156 Escobar.

157 Se refiere a Josafat Roel Pineda, quien colaboró con Arguedas en el trabajo de campo de Puquio conducente a la publicación de tres versiones del mito de Inkarrí en «Puquio, una cultura en proceso de cambio» (*Revista del Museo Nacional*, Lima, 1957); y a Enrique Pinilla, musicólogo que trabajó en la Casa de la Cultura del Perú cuando JMA era Director.

norteamericano, muy buenos. En Yale almorcé con Kubler. En Columbia charlé mucho con Lanning. Ojalá ya hayas recibido mi carta.

Te abraza,

José

Di orden de devolver la edición del cuento del pongo.[158] Al final hay una errata horrible: en vez de «lameos el uno al otro» han puesto «Llameos». Pero si puedes aún detener la distribución del folleto, hazlo, por favor, llamando a Celia. La supresión del parlamento no hace mucho daño; esa errata de «Llameos» sí es fatal. Habrá que corregirlo a pluma. La otra que la dejen y que Celia no devuelva los libritos. Los distribuiremos aunque sea gratis. Ya está pagado.

Te ruego decirle a Gaby que le escribí a tu apartado. No tengo la dirección de su casa.

Ojalá te alcance esta carta.

---

158 Se trata de *El sueño del pongo*, relato oral quechua que Arguedas transcribe de memoria en esta edición bilingüe publicada por Ediciones Salqantay en Lima en 1965.

41

Lima, 22 de julio de 1965.[159]

Querido John:

He demorado y cavilado mucho en escribirte porque estoy pasando por una crisis que en lugar de resolverse a favor se agudiza más y más. Tengo la impresión de que me estoy embotellando en forma peligrosa. Verás:

Me resultó insoportable vivir solo. Fui al Congreso de novelistas de Arequipa y de allí pasé a Santiago para consultar con la Dra. Hoffmann. Ella me aconsejó que me trajera a Sybila. Así se arreglaron las cosas para su viaje. Ha zarpado ayer y debe llegar el domingo. Pero ya en Lima, empecé a temer en forma sorprendentemente angustiosa la llegada de ella, por la responsabilidad que significan los dos hijos, por el temor de mi salud siempre precaria, por la juventud de ella, por la resistencia de los amigos a recibir a una mujer que no es todavía esposa. El temor se fue agudizando de tal modo que perdí el sueño; la familia de Celia y algunos amigos a quienes quiero mucho me han empezado a hacer la guerra desde ahora, no todos, pero muchos. La historia vulgar de esta clase de medios tan convencionales y crueles. Que he dejado a Celia porque está ya vieja y enfermiza y yo con más dinero y prestigio; que he traicionado toda mi vida ejemplar. La cosa me ha afectado. Estoy como huido.

---

159 Carta mecanografiada en papel timbrado del Museo Nacional de Historia de Lima.

Unicamente Matos y Alberto Escobar han comprendido bien las cosas y están dispuestos a auxiliarme. Luego, el afán de buscar casa; todas las más o menos apropiadas costaban más de lo que puedo pagar; tomé desesperado una que es muy encerrada; en seguida comprar cama, muebles, todo. Pasé un cable a Sybila rogándole que no viniera, que yo iría a Santiago hasta que se venciera el plazo para un matrimonio legal; deseaba convivir con ella algún tiempo para comprobar allá si era posible una unión que me devolverá la ilusión de vivir. Nada. Está en camino. He comprado catres y colchones, hay que adquirir centenares de cosas. Y Celia está muy abatida; Alicia me ha mandado a decir que habría sido mejor que la asesinara; uno de mis cuñados ha ordenado a sus hijos que me escupan si me ven en la calle; sus hijos me han visto y me han besado. Mientras tanto, mi dolor se acrecienta, la neurosis se hace más profunda. Amanezco con dolor de cabeza; las medicinas no hacen efecto. Pero no estoy aún de rodillas. Estoy peleando. Creo que la Doctora se equivocó o bien me ha puesto ante una situación definitoria: o resucito de veras o me aniquilo de veras. No puede continuar la situación de antes: una esposa que no lo era y una amante a quien no podía consentir que siguiera en tal condición. Si renunciaba a Sybila se me caía el mundo pero gana[ba] un tipo de tranquilidad ansiosa; ahora la intranquilidad viene de muchas otras direcciones. En fin, en un mes más estaré acaso salvado o destruido. Mientras tanto dicto mis clases con gran fatiga pero no sin cierta ilusión. Me gusta. - La vida que he hecho tenía que desembocar en esto. Creo que ha tardado en llegar esta hora. Me compensa saber que algo hice hasta hoy. - Creo que una charla contigo me hará bien. Me dice Karen que llegarás el 20. Espero tu llegada como el amanecer. Los otros amigos no tienen la experiencia ni la bondad tuyas, aunque me quieran,

José María

42

Lima, 13 de junio [de 1966].[160]

Querida mamá Lola:

Me animo a escribirle. A la salida del hospital me sentía bastante
recuperado. Había decidido morir y me salvé en forma excepcional. Con
el auxilio de un psiquiatra del propio hospital tomé decisiones que parecía que iban a consolidar mi conducta. Pero todo se ha ido echando abajo, derrumbándose. Y ahora me encuentro más confundido que nunca.
Antenoche, sábado, hablé con John.[161] Y él me demostró que mi caso no
es sencillo. Estoy sin saber bien qué hacer. Todos los pronósticos del psiquiatra no se cumplen. Voy a tratar de arreglar papeles en pocos días e ir
a verla. Ya una vez usted me devolvió la energía y la ilusión de vivir e
hice lo mejor que he ofrecido en trabajo. Ahora me parece que estoy algo
peor. Y tengo una gran promesa de trabajo. Hay la posibilidad de que me
paguen un sueldo muy cuantioso para ocuparme de lo único que quizá
puedo hacer bien para ganar sueldos: recopilar folklore. Pero no tengo
fuerzas ni ánimo, nuevamente. John me ha asustado un poco, pues cree
que debo tratarme muy seriamente durante un largo tiempo. Me queda

---

160 Carta escrita a máquina en papel corriente. La fecha no lleva el año, pero la alusión a su
estadía en el hospital tras su primer intento de suicidio (el 11 de abril de 1966) establece claramente que se trata de dicho año.
161 Se refiere a Murra, quien estaba en Lima cuando el primer intento de suicidio de
Arguedas e incluso se quedó esa noche en la casa del novelista cuidando a los hijos de Sybila
mientras ella atendía a su esposo en el hospital.

aún la estimación por las cosas que todavía puedo hacer. Pero, como no duermo, como estoy atenaceado por vacilaciones tan agudas, que afectan tanto a terceras personas, me angustio cada vez más. Acaso pueda alcanzar a ser auxiliado por usted durante unos días y luego volveríamos juntos al Perú. Aquí, en dos días, le haríamos ver algunas cosas buenas que no la fatiguen y que le hagan descubrir por usted misma algunas muestras de lo hondo que es este país.

Reciba el abrazo [y la] esperanza de

José María

Muchos recuerdos a don Pancho y Pachín.

43

10 de octubre de 1966.[162]

John:

Anoche hablé con Matos.[163] Sánchez[164] firmó. La ceremonia[165] se realizará como estaba previsto. Ha de ser un acto académico. En principio, tú deberías pronunciar un discurso. Dadas las circunstancias se ha convenido en que hablarás oralmente sobre el tema elegido. Tu discurso será grabado y sobre la base de la cinta que se te enviará o que recogerás escribirás después tu discurso, que deberá ser publicado dentro de seis o siete meses.

El programa de la actuación es el siguiente:

Palabras del Decano
Palabras del Director del Departamento (Matos), quien se referirá a tu labor magisterial en el Departamento
Palabras de un estudiante del CEA (Villarán)

---

162 Carta mecanografiada en papel corriente. La fecha es hológrafa. No lleva firma.
163 Se refiere a José Matos Mar.
164 Luis Alberto Sánchez, Rector de la Universidad de San Marcos, firmó el diploma de Profesor Honorario concedido el 11 de octubre a Murra.
165 Se trata de la investidura de John V. Murra como profesor honorario de la Universidad de San Marcos, celebrada el 11 de octubre de 1966. En el acto estuvieron presentes, entre otros y además de Arguedas: Carlos Araníbar, Duccio Bonavía, el padre Pedro Villar Córdoba, Luis G. Lumbreras, Rosa Fung, Luis E. Valcárcel, Fernando Silva Santisteban, Alberto Escobar, Emilio Mendizábal, Jorge C. Muelle y José Sabogal.

Breve discurso del suscrito sobre tu personalidad
Tu discurso sobre la «Colaboración interdisciplinaria en el campo de la investigación antropológica»

Me dijo Matos que también Valcárcel va a decir unas palabras.
La ceremonia debe durar una hora. Tú dispondrás de 30 a 40 minutos.
Ahora soy yo quien está en aprietos con lo del discurso.
Tú debes estar tranquilo pues todo será, con respecto a ti, como dijimos ayer. Me dijo Matos que el Rector Sánchez deseaba saber a las nueve de la mañana el tema sobre el cual ibas a hablar. Ojalá que el título que le hemos puesto te parezca correcto.

44

29 de octubre de 1966.[166]

Querido John:

Me llega tu carta luego de dos días de trabajo y de preocupación extremados a consecuencia de los errores de traducción que cometí en los dos suplementos.[167] Trabajé todo un día con Torero[168] y vamos a concluir la revisión mañana. Voy a tener que hacer imprimir de nuevo el texto íntegro de los «suplementos». El quechua en que están escritos es sumamente enredado; es lenguaje escrito y no predominantemente oral como el de los 31 capítulos. Y aparecen allí palabras como «pana» que no significa hermana sino que es una conjunción y otros términos del quechua de la zona.

La traducción, desgraciadamente, tiene defectos. Debió haberse hecho en equipo, calmadamente, consultándonos los unos a los otros, especialmente, los tres: tú, Torero y yo. Torero domina el quechua antiguo mejor que el actual. He consultado con él también las objeciones que haces. Es algo desagradable recordar que cuando trabajaba en la traducción

---

166 Carta mecanografiada en papel corriente. A partir de parte de la despedida («y extraña...») es hológrafa. También es hológrafo un añadido al punto tres, la alusión a las páginas 52-53.
167 Se refiere a los Suplementos de *Dioses y hombres de Huarochirí* (1966).
168 Alfredo Torero: lingüista peruano, autor de numerosos ensayos sobre la lengua quechua y también del libro *El quechua y la historia social andina* (Lima, 1974). También profesor —como Arguedas— de la Universidad Nacional Agraria de La Molina.

yo había renunciado ya a seguir viviendo y trabajé bajo la presión de la angustia y del apresuramiento; aparte de eso, el manuscrito es por muchas razones un material difícil y demasiado importante. No creo que una sola persona pueda traducirlo con la mayor aproximación posible. Si yo hubiera recibido una siquiera mediana formación antropológica y, además, hubiera sabido algo de lingüística, de paleografía y de dialectología quechua, podría haber hecho la traducción como es debido. Pero me dejé cautivar por la parte mítica y mágica, y ahora que analizo la traducción sobre frío y con algo más de información especial sobre su importancia, me causa algo de terror y de admiración al mismo tiempo por la obra que hice. Fue una audacia que felizmente cometí. Porque, con todos sus defectos, la traducción es un medio de comprender cuán necesario es emprender otra verdaderamente cuidadosa, hecha con calma, con efectiva consulta.[169] Creo que, por lo mismo que han de tener que señalarse los defectos de mi traducción, se deberá hacer la otra. Me parece que debes señalar con toda precisión los errores que admito al hacer tu nota. Fue una lástima que no la leyéramos como tu dices, pero tú andabas apurado y yo atingido por mis traumas y conflictos. Pero, basta de palabras y voy a contestar a tus observaciones:

1.- línea 3, pgs. 34-35: la palabra *rico* está demás. Se explica aunque no se justifica su uso porque *ya entonces,* cuando se escribe el manuscrito se tiene el concepto de riqueza, a la manera española. Figura la palabra en el contexto.

2.- La traducción que subrayas acerca del empleo de esta palabra es correcta, allí se usa el término castellano *rrico*. No significa esto que no pueda hacerse, acaso, una traducción más ceñida aún al significado de capac y apo.

3.- «Habitantes de este ayllu» (p. 52-53): se refiere a Cupara que formaba parte de una *reducción* reciente. El texto quechua dice *caycuna* (estos), habría sido más cabal traducir «pertenecientes» en lugar de habitantes. Me parece que, con todo, el ayllu, cualquiera que sea su definición étnica, habitaba un determinado territorio, aunque acaso sus integrantes podían estar en uno u otro lugar. No es, pues, muy exacta la traducción;

---

169 Una nueva versión del manuscrito de mitos quechuas recogidos por el padre Avila hacia 16O8 en la región de Lima es la publicada por Frank Salomon en colaboración con George L. Urioste: *The Huarochirí Manuscript: A Testament of Ancient and Colonial Andean Religion* (The University of Texas Press, 1991).

no fue debidamente medida y pesada la palabra castellana elegida en cuanto a las implicancias que podía dársele.

4.- «Amiyocta, llatayocta...». Aquí no hay duda de que se trata de algo que *tiene ami y llata*, no como posesión sino calidad y característica; es como si dijéramos *sonqoyoqta o varayoqta*, p. 59.

5.- Pp. 62-63. Al afirmar en la traducción que «*tenían* yuncas» se reafirma lo que en otro capítulo se dijo de que el ayllu o se extendía hasta tierras de yungas, que es lo más seguro, o que había gente yunga entre ellos. No hay indicación expresa de posesión, aunque, como en el caso del número 3, acaso habría sido mejor usar otro término.

6.- Pág. 67, línea 3... «chay *ranti* taquichen» significa que los hacían cantar, el *huaylla, en lugar* (a cambio) de la otra danza que bailaban los huacas y que el grupo a que se alude no lo sabía. Para insistir en todas las veces posibles en el sentido que tenía la palabra ranti, la traducción debió hacer resaltar esta significación.

7.- La palabra *huacasa* que aparece en la pág. 67 en vez de *huacsa* es correcta, porque en la ortografía de esta palabra y de algunas otras se invierte el orden de las letras.

8.- Págs. 76-77: dice la frase quechua: «checacunata*chicnircan*». *Chicniy* (Chiqniy) es exactamente odiar; esta gente sabía sentir odio, odiaban. En cuanto a la palabra «menosprecio» ella figura en castellano dentro del manuscrito y así figura en el texto quechua. Se les menospreciaba como a un *huaccha,* así afirma el relato. Y sin duda que a los wakchas se les menospreciaba; tú mismo admites que el linaje mayor podía haber menospreciado al menor.

9.- Hemos analizado con todo cuidado, con Torero (he consultado con él todas sus observaciones) la consulta muy importante acerca de *ichoq* y *allauqa*. Hemos admitido que es posible que haya sido utilizada para designar ayllus que ocupaban posiciones de lugar laterales a la manera de *urin hanan.* Pero Torero no recuerda haber encontrado en todo el texto que leyó ningún indicio claro. El caso que citas (pág. 77) no lo demuestra. El párrafo es bastante oscuro. Se encuentran las palabras *allauca* y *ichoc.* Yo no sabía, al tiempo de traducir que *allauca* significaba derecha, porque desgraciadamente conocí al pueblo de Allauca, de la provincia de Yauyos. Torero justifica mi traducción como simplemente deductiva. Hay que hacer un estudio detenido de ese párrafo. La palabra *representación* de la pág. 89 es, asimismo, deductiva y justificable.

10.- Un lamentable error es el caso que señalas de las 82-83. *Ura alloca* es Alloca de abajo. Habría que comparar, sin embargo, con el manuscrito mismo. Debimos empezar por allí, por revisar la versión paleográfica. Con respecto a la palabra *caca* también hay error, pero en una nota que hicimos sobre este término y sobre *masa e ipa,* en el primer «suplemento», el caso queda mejor esclarecido. Hay en el suplemento ése un buen trozo que delimita algo el alcance de los masa. Dentro de cuatro días te enviaré la nueva versión de los «suplementos».

Finalmente, con respecto a la palabra *sapaçica* hay una cierta incertidumbre. En el texto dice que era maíz Inga sacado del sapaçica; por ignorancia yo traduje depósito.

Ya no hay más remedio que tomar la traducción como un aceptable borrador de traducción. Así lo he de hacer constar en el prólogo, prometiendo otra edición en que todo esté debidamente medido, pesado, confrontado. Esta clase de documentos requieren, de veras, de un equipo y creo que desperdiciamos la buena oportunidad, porque ese equipo estuvo formado en Lima, como acaso será difícil que se vuelva a integrar. Temo por Torero más aún que por mí. Creo que está muy enfermo. - Puedes, pues, comentar la traducción conforme a tus buenos conocimientos y declarar que he aceptado como traductor los errores. Estoy pronto a responder de inmediato a otras observaciones. - Te abraza y extraña,

José.

Es posible que *ami* y *llatahuanqui* tengan relación con *sullca*. Hemos analizado de nuevo con Torero el endemoniado trozo de la pág. 76, que tiene relación con las palabras no traducidas en que figura *añasi*. Allauca es nombre del ayllu. 30 octubre.

45

Lima, 16 de diciembre de 1966.[170]

Querido John:

Al poco de haberme operado recibí tu carta última. Me ha conmovido la historia de tu viaje a París a ver a tu hermana. Andamos buscando siempre alguna hermana, y en esa apetencia jamás por entero satisfecha residen nuestra felicidad y nuestros quebrantos. Este período postoperatorio ha resultado de lo más sorpresivo: estuve muy mal del estómago los primeros días, luego me sentí muy bien y ahora de nuevo mal. Ayer pasé un día promisor. En la ruta a La Molina volví a sentir los árboles y el canto de los pájaros en todo el pecho, como algo vivificante. Pero en la noche el maldito estómago y otros temores absurdos me estropearon de nuevo la vida. Es que durante estos últimos quince días he estado sin poder comer, ni leer, ni escribir, ni dormir ni... Todo feo, todo mal. Aparte de los achaques «psico-somáticos» maltrata la inestabilidad de todo. Cueto está amenazado de una censura parlamentaria, si ella se produce desaparecerá del presupuesto la partida para el convenio con la Agraria y yo quedaría excedente. Por otra parte resulta riesgoso mantenerse independiente. No soy un pro-norteamericano incondicional. Proclamaré cada vez que se me obligue a ello todo lo bueno y malo que pienso y he experimentado en los Estados Unidos. ¿En qué país sumamente poderoso no hay para los débiles grandes promesas y grandes amenazas? Yo no he

---

170 Carta mecanografiada en papel corriente.

podido adular jamás a los poderosos. A ellos hay que, por el contrario, cantarles sus lados oscuros, hacérselos ver. Es la función de quienes no hemos de hipotecar nuestro pensamiento por monedas o baratijas. Lo haré siempre, aunque el no dormir, el no poder digerir, el no poder leer apriete la garganta.

En cuanto al Dr. Avila, el libro siguió complicándose. A Matos le han dado más dinero. Llegaron los microfilms de Madrid. Se comprobó que Loayza[171] había cambiado palabras, suprimido frases, absurdamente del texto castellano de Avila. Sybila ha hecho la paleografía de ese texto. Y vamos a tener que volver a imprimir nuevamente toda esa parte del libro. Yo he escrito de nuevo el prólogo. Ya todo el material está completo. Falta llevarlo a la imprenta. Saldrá en enero. En cuanto a la traducción, ella no es de fiar. Debió haberse hecho en equipo, con Torero, y palabra a palabra, midiendo, pesando cada palabra. Pero acaso no se habría acabado jamás. La que ha de publicarse es, como dices, una base, no tan mala. Si me recupero plenamente la revisaremos con Torero y la segunda edición podrá ser firme, puesta a prueba por ti y por Zuidema, por ejemplo. Este primer borrador dará una visión de su valor total. Felizmente he tenido espacio para hacer la advertencia, con ejemplos precisos, uno de ellos tomado de una de tus objeciones, de que la traducción no es perfecta, no es la deseable.

Y ¿cómo van las cosas? Te hablo como a un hermano. Es satisfactorio poder dirigirse a un hombre que sabe tantísimo más que uno como a un igual. Yo he alcanzado tu altura por los padecimientos y por la humildad, por las amargas píldoras que debemos tomar casi diariamente. Y así conocemos a la gente. Y en este país cruel no me rindo ni me rendiré, porque los crueles están en todas partes. Me voy a comprar un gato siamés esta tarde, en una suma alta. Tiene ojos azules y una rarísima piel blanca con jaspes negros. Podemos comprar algo de felicidad; la inocencia de los animales puede darte tanta dulzura como la caricia de una mano o la mirada comprensiva de un hombre o una mujer de la mayor inteligencia que ha conservado su bondad.[172]No ando muy bien ahora,

171 Francisco A. Loayza, editor de «Religión en Huarochirí. Crónica escrita por el Presbítero Francisco de Avila, en el año 1608», en *Culto Libre entre los Inkas,* Francisco A. Loayza, editor (Colección Los Pequeños Grandes Libros de Historia Americana, Director F.A. Loayza, T. XVII), Lima, Imp. Miranda, 1952.
172 Pasajes como éste iluminan el sentido del fragmento de *Los zorros...* en que Arguedas recupera momentáneamente el anhelo de vivir al acariciar a un cerdo enorme en la sierra.

John. Pero no dejo pasar más tiempo sin escribirte. En marzo iré por un mes a México, quizá con Sybila. Estaré mejor para entonces. Te extraño a veces fuertemente; no hay quien te sustituya en muchas cosas. ¿Te escribió Lola? Le di tu dirección.

Recibe un fuerte abrazo de

José María

Sybila y Sebastián y Carolina[173] te recuerdan mucho.

---

173 Sebastián y Carolina Teillier son los hijos del primer matrimonio de Sybila.

46

Lima, 1 de febrero de 1967.[174]

Querido John:

Gordon[175] me acaba de entregar un ejemplar de la visita de Iñigo

---

174 Carta mecanografiada en papel corriente. El último párrafo es hológrafo, asimismo lo es la fecha que encabeza la segunda página de la carta. Fue publicada, sin el párrafo final, en el Dossier de la edición crítica de *Los zorros...* (1990: 378-380) y de igual manera por Alberto Flores Galindo en *Buscando un Inca: identidad y utopía en los Andes* (1986). Flores Galindo hace la siguiente anotación al fragmento publicado: «Fuente: Archivo José María Arguedas, Horizonte. Hace algunos años, me permitió publicar esta carta Sybila vda. de Arguedas, en la revista *Allpanchis,* Cuzco, 1981, Números 17-18, pp.164-166». Por su parte, en su ensayo «*El zorro...* en la correspondencia de Arguedas» (p. 279), Sybila Arredondo de Arguedas cita el fragmento de esta carta que va desde «He estado quince días en Chimbote» hasta «con que el licor está formado», eliminando algún pasaje. Tanto Flores Galindo como el Dossier citado dan la fecha del 10 de febrero, aunque la viuda de Arguedas fecha la carta el 1 de febrero. La vacilación en cuanto a la fecha se debe a que en el original Arguedas encabeza la carta el «1 de febrero de 1967» y en la segunda página de la misma anota a mano: «10-11-67». El fragmento dado por Flores Galindo carece de algunas frases que constan en el original.

En una nota introductoria a la reproducción de esta carta en el Dossier de la edición crítica de *Los zorros...*, la editora Eve-Marie Fell apunta:

En misión a Chimbote para recoger datos folklóricos, Arguedas descubre el mundo fascinante del gran puerto y decide cambiar de orientación en su investigación. Es un momento clave en la concepción de la novela; ya no se va a tratar del crecimiento del puerto de Supe sino que se ensancha la perspectiva a Chimbote bajo un nuevo título, *Pez grande.* Aparece también en la segunda parte de la carta la angustia económica y la disyuntiva de la que Arguedas no logra escapar: enseñar para mantener a su familia, sacrificando la novela, o escribir y quedar sin recursos.

175 Gordon Hadden.

140

Ortiz. Me complace que en la primera línea figure mi nombre. Bien sabes que no soy afecto a la propaganda pero como un ser humano que tiene corazón me alegra mucho permanecer en buena compañía en documentos que no han de perecer. Me entusiasmó ver la carátula; gocé fojeando[176] el libro; leí tu presentación;[177] leí algunas páginas más y comprendí que este documento debe ser importantísimo para los historiadores y para todos los que intentan estudiar al hombre peruano y me apenó pensar en que yo no lo leeré sino a trozos. Hace años que tengo una incurable fatiga para la lectura, especialmente para esta clase de documentos que requiere de mucho tiempo y que por eso únicamente son leídos por quienes luego nos darán en materiales más próximos a la escala intelectual de ahora lo que hay de sustancia en esas obras. Con este volumen tu vinculación al Perú se fortalece y se hace más evidente. Dentro de unos quince días, a lo sumo, aparecerá Avila y bien sabes que sin ti no existiría ese libro.[178] Pero nada de esto te exime de la principal obligación de afecto que tienes con nosotros. Se me ocurre que tu lucha contra las inexplicables o, mejor, casi invencibles fuerzas, que te agarrotan las manos para escribir tu obra principal son como las que yo enfrento para aceptar la felicidad; para encontrar la dicha en aquello que luego de ser disfrutado, por fuerza de materiales los más oscuros del subconsciente se convierten en fuente de la más perturbardora depresión. Estuve bastante mal; por fortuna Sybila es una mujer maravillosa. No puede nadie imaginarse de qué modo me auxilia y limpia mi alma, a pesar de que cuando estoy metido en las sombras la veo a veces como causa de muchas de mis angustias. Estoy peleando fuerte. Me haces falta. No tengo ni un solo amigo que padezca o que haya padecido y que pueda acompañarme. Mi psiquiatra es un cholo gordo y formidable de salud. Me dice casi siempre las mismas cosas; carece de sutileza, de arte, pero en cambio tiene fe en mí.

He estado 15 días en Chimbote. Es casi exactamente como Lima; tiene como 40 barriadas; el 70% de la población es de origen andino; la masa de inmigrantes serranos es proporcionalmente mayor que la de

176 Probablemente Arguedas elige «fojeando» en vez de «hojeando» por ponerse a tono con la antigüedad del expediente al que alude.

177 Se refiere al ensayo introductorio de Murra a la *Visita de la provincia de León de Huánuco...* de Iñigo Ortiz de Zúñiga [1562]: «La visita de los chupachu como fuente etnológica» (Huánuco, 1967).

178 Ver Memorando del 4 de agosto de 1959 de Murra a Arguedas y a Gabriel Escobar citado en la nota 1.

Lima y no tiene la tradicional aristocracia criolla; esta masa que vive separada aún de la costeña, se acerca a ella por canales menos dolorosos de transitar que en Lima. He trabajado afiebradamente durante esos quince días, creyendo siempre que la muerte andaba a mis espaldas; pero, salvo en Huancayo, nunca sentí tan poderosamente el torrente de la vida. ¡Qué ciencia es la etnología! Soy un intuitivo, pero *aprehendo* bien lo que he oído a gentes como tú y huelo los problemas y antes de analizarlos, los vivo. Sybila estuvo conmigo y los chicos, ocho días. Trabajamos fuerte. He logrado entrevistas grabadas que creo honestamente que ninguno otro hubiera podido obtener. Bravo[179] se ha quedado muy impresionado con este material y ha autorizado con entusiasmo que continúe el trabajo, pues yo tenía un cargo de conciencia insoportable, pues el dinero era para folklore y yo estaba haciendo un trabajo de etnología. Te voy a dar algunos cabos:

> Hemos conseguido datos sobre 3,645 pescadores y 3,840 obreros. He logrado hacer cinco entrevistas con hombres de procedencia andina sobre su vida en Chimbote y de antes de que llegaran al puerto. Uno de los entrevistados, don Hilario Mamani, es patrón (capitán de una lancha bolichera de 120 toneladas), fue analfabeto hasta los treinta años. Es ahora una especie de líder, muy *suigéneris, casado dos veces con mujeres costeñas. Se aseguraba que no sería posible que nadie le arrancara una confesión grabada sobre su vida. Yo lo hice en gran parte y es un documento inestimable.

> He logrado formular algunas hipótesis. No hay en Chimbote clubes provinciales; la organización es barriadas. Costeños y serranos, a pesar del activo intercambio social y comercial permanecen todavía como estratos diferenciados; los serranos tienden a acriollarse y lo hacen sin las grandes dificultades que en Lima porque el medio social es mucho más accesible. La masa de serranos ya aclimatados son obreros y pescadores; los recién llegados se ocupan en trabajos más directamente relacionados con las necesidades de esa masa asalariada: mercados, carguío, sirvientes de hoteles, etc. Pero como el Mito de Chimbote sigue difundiéndose, mito como centro de enriquecimiento del serrano (muchos han logrado llevar vida de derroche), la avalancha de serranos continúa y hay gente que

---

179 Bravo Bresani: Decano en la Universidad Nacional Agraria de La Molina.

A partir del nombre de Bravo da comienzo la segunda página de la carta, encabezada de puño y letra de Arguedas con la siguiente fecha: «1O-II-67».

vive en la más pavorosa miseria. Total, que se abrieron perspectivas insospechables para un informe etnológico general sobre Chimbote y materiales para mi novela. Se llamará *Pez Grande*.[180] Estoy muy animado a pesar de que el insomnio no me deja reaccionar bien.

En cuanto al proyecto sobre la celebración del cuarto centenario de la visita de Garci Díez de San Miguel no encuentro posibilidades de que aquí llegue a entusiasmar al punto de que consigamos fondos y ambiente suficiente. Te informo que el propio Cueto suprimió del presupuesto la partida para el mantenimiento del Convenio. En parte ha sido bueno, porque ya me han considerado en el presupuesto de la misma Universidad. Ya no estaré constantemente angustiado ante la posibilidad de que me quede sin empleo, pero, por otro lado, no tendré fondos para investigación. De los 250,000 del año pasado quedan unos 120,000 que emplearemos este año en comprar unos muebles indispensables y en financiar mi permanencia por unos cinco meses en la sierra para la recopilación de mitos, leyendas y cuentos, y de información general, de la que hablamos. Lo que me angustia desde ahora es cómo voy a hacer para conseguir al año entrante unos siete meses libres para escribir la novela. Si alcanzo a mejorar, podré escribir una narración sobre Chimbote y Supe que será como sorber en un licor bien fuerte la sustancia del Perú hirviente de estos días, su ebullición y los materiales quemantes con que el licor está formado. Mi mejor psiquiatra es Sybila, pero me gustaría visitar a Viñar[181] de Montevideo. Será cuando me saque la lotería, mañana viajo a Puno.

---

180 El título definitivo de la novela sería *El zorro de arriba y el zorro de abajo*.

181 Marcelo Viñar: psicólogo uruguayo. La viuda de Arguedas cita en su ensayo «El zorro... en la correspondencia de Arguedas»(p. 282) un fragmento de la carta que el novelista escribe a Viñar el 11 de enero de 1968:

Había empezado a escribir una novela hace tres años, o algo más. La formidable y casi mortal experiencia de mi encuentro con Sybila, el descubrimiento del inenarrable puerto de Chimbote, el contacto vivo con algunos pueblos de la sierra, hicieron que cancelara el proyecto de esa novela. En *Marcha* se publicó el capítulo II. Hace unos dos meses pude lograr, creo, el trazo nuevo definitivo, la concepción general nueva del libro. Entonces le escribí a Losada.

Las editoriales Siglo XXI y Seix Barral, de México y Barcelona respectivamente, me habían ofrecido anticipos por la novela que estaba escribiendo. No acepté ninguna propuesta porque el plan había sido desarmado. Losada contestó a mi carta mediante un cable.

Le dije a don Gonzalo que había logrado armar de nuevo el plan de la obra, pero que no tenía fuerzas suficientes para escribirla: que tenía la esperanza de rearmarme a mí mismo con un tratamiento con usted, que no se trataba sino de una *esperanza* y que, siendo así, lo que él

143

John: José partió hoy a las cinco de la mañana y me encarga terminar esta carta y enviártela. En realidad no veo que me falten más que los saludos. De todos modos aprovecho para felicitarte y dejo pendiente mi contestación a tu carta. Un abrazo de *Sybila*.

pudiera ofrecerme para viajar a Montevideo, y permanecer en la ciudad un mínimo de tres meses, constituía una inversión altamente riesgosa [...].

Puedo escribir un buen libro, si me recupero. He pasado, realmente, increíblemente, de la edad del mito y de la feudalidad sincretizada con el mito a la luz feroz del siglo XXI.

47

Chimbote, 20 de febrero de 1967.[182]

Querido John:

Espero que junto con esta carta recibas un ejemplar de *Dioses y hombres de Huarochirí*. Sybila debe enviártela desde Lima.

Esta es la segunda vez que me encuentro en Chimbote. Vine con el objeto de explorar en la inmensa colonia ancashina la difusión del mito de Adaneva[183] y a tratar de encontrar otros materiales semejantes. Pero quedé fascinado por la ciudad. Es una Lima de laboratorio. Grabé algu-

---

182 Carta mecanografiada en papel corriente. La posdata es hológrafa. Publicada —sin la posdata y sin un largo fragmento, que va desde «Siento, sí...» hasta «lo limitan.»)— en el Dossier de la edición crítica de *El zorro de arriba y el zorro de abajo* (199O, pp. 38O-381), a partir de una copia del Archivo de Sybila Arredondo de Arguedas. En su ensayo de la edición crítica citada (p. 28O), la viuda de Arguedas publica un fragmento de esta carta que reproducimos aquí en su integridad.

Señala Eve-Marie Fell en su nota introductoria a esta carta en el Dossier citado:

Se confirma ya la ruptura del convenio de investigación folklórica firmado entre el Ministerio de Eduación y la Universidad Agraria; la situación profesional de Arguedas no queda muy clara, como lo subraya angustiado al final de su carta.

El viaje a Puno, para presidir el jurado del Tercer Gran Concurso Folklórico, es motivo de la redacción de un largo informe etnológico, «Las danzas y el cambio social en Puno», que queda inédito. Marca una etapa importante en la estructuración de la novela que prepara: «aniquilado» por el reencuentro con el altiplano pero estimulado en su proyecto, Arguedas abandonará pronto el plan sobre Supe y Chimbote. Dedicará todo el año 1967 a armar y desarmar el plan de una novela totalmente distinta.

183 Recordemos que José María Arguedas publicó en 1956 la primera versión conocida del mito de Inkarrí en la *Revista del Museo Nacional* de Lima.

nas entrevistas y me desvié por entero a la etnología. Como el dinero con que vine estaba destinado a folklore, al cabo de quince días regresé a Lima y tuve una charla de casi dos horas con Bravo Bressani, que ya sabes que es el Decano, y con Ratto, Jefe del Departamento de Humanidades.[184] Bravo se entusiasmó sinceramente y me autorizó de muy buen grado a abandonar el tema folklórico y a seguir informándome sobre el tipo de relaciones que se establecen aquí entre los diversos tipos de gente andina y costeña criolla. El tema me queda grande, y mucho más para el tiempo de que dispongo: 32 días. - He obtenido algunos datos excelentes: la biografía grabada de un patrón de lancha de Yunguyo, que fue analfabeto hasta los 30 años; ahora es una especie de líder singularísimo de los pescadores. Sybila debe estar copiando la entrevista. Te la enviaré. - Pero tuve que interrumpir mi permanencia aquí para ir a Puno a presidir un jurado de un concurso folklórico. Desfilaron 2,500 bailarines y 300 músicos; presencié los carnavales en la ciudad y el campo. Mi psiquis, mi emotividad tan zarandeada[185]no pudo resistir bien. Medio que me quebré en Lima. He llegado aquí hace cuatro días y sólo hoy me siento algo alentado. Estuve pésimo; ayer llamé al médico y no me sirvió de nada. Tú bien sabes cómo se hunde uno hasta el cuello en esos instantes. Y yo, seguramente como todos los deprimidos, tengo zonas aparentemente incurables en mis dolencias: la mujer me hace mucho daño cuando estoy abatido. Y no he logrado aún apreciar, o mejor, ser feliz con aquello con que la mayoría de los hombres son felices. Felizmente Sybila es muy sabia y ahora estoy seguro de que me quiere mucho. - Bueno, dejemos esto a un lado. - Siento, sí, también en tus cartas algo de (¡qué diría!) ansiedad. No pareces plenamente realizándote. Quizá la reunión que planeas te haga bien. Seguramente es una de las tareas que sabes hacer como pocos o acaso como ninguno: promover, suscitar, despertar entusiasmo, mostrar derroteros; es decir la labor de maestro. - Creo que la reunión sería verdaderamente útil siempre que trascienda, que lo que se hable y se acuerde sea bien dicho, bien presentado, bien distribuido. En cuanto al Perú, Matos es un problema y también Núñez del Prado.[186] Matos porque seguirá siendo por muchos años el agente principal de la antropología, vive

---

184 Luis Alberto Ratto, como Arguedas, trabajaba en la Universidad Nacional Agraria de La Molina.

185 Errata en el Dossier: «zarandeando».

186 Oscar Núñez del Prado: antropólogo cusqueño, autor de *El hombre y la familia, su matrimonio y organización político-social en Q'ero* (Cuzco, 1957).

de ella, pero se aleja de su centro, al parecer, inorgánicamente, según la dirección de ciertos intereses y ni siquiera de los principios o ideas; y está tan habituado o tan cebado en esta forma de actuar que no puede saberse bien si va a capitalizar una lección y oportunidad tan excelente. ¿Ha de actuar según lo aconsejen los resultados de la reunión? ¿No se apartará de ellos si se presenta el caso de beneficiarse, en prestigio o económicamente, siguiendo otra orientación? Pero, por eso mismo acaso conviene machacar sobre él. - Fue una lástima que no estuvieras en el grado de Mendizábal. Emilio le dio una lección muy clara de cómo Matos anda confundido y equivocado; se la dio en pleno grado, y con el agravante de que Matos presidía el Jurado. Me acordé mucho de ti. Matos sostuvo que las técnicas textiles y sus usos, en la comunidad que había estudiado Mendizábal, eran únicamente supervivencias aisladas, *restos*. Mendizábal le demostró que tal concepto no era aplicable a las culturas, pues ellas constituyen un todo, una estructura; que él no había estudiado restos arqueológicos sino una cultura y, allí mismo, con serenidad, demostró las conexiones vitales que existían entre la textilería, la organización social, el arte, la política... Pero hay que llevar a Matos; por su actividad tan grande ha alcanzado vinculaciones fuertes afuera y en el Perú; no se le puede dejar de lado. - El caso de Núñez del Prado es, creo, más claro. Núñez ya no enseña. Se ha retirado de la Universidad; está dedicado a la antropología social aplicada con una especie de misionerismo entre sentimental, ingenuo y acaso algo egoísta, en tanto que parece que constituye un refuerzo a su fatiga. Puedo estar equivocado, John; yo quiero mucho a Oscar, pero me parece que ésta es la verdad. El Cuzco por ahora parece que está casi muerto. Creo que podrías hacer que inviten a Lumbreras, Matos y Mendizábal. A Emilio le hace falta una experiencia como esa. Bien sabes que Emilio no ha sido muy grato conmigo, a pesar de que he sido algo así como un padre para él; pero hay que quitarle los fuertes rezagos de provincialismo que le hacen daño, lo limitan.

Tus planes de más largo alcance son todos perfectamente factibles, hasta diríamos que de urgencia. Sería muy conveniente que te vinieras de este lado de la América a alentar con tu excelente formación científica y tu insustituible don de maestro sustentado por ideales que podríamos calificar bien con la vulgar palabra de «nobles», a coordinar los trabajos de etnología, por lo menos de la América andina. Para entonces tu libro habrá sido publicado o estará en prensa, y esa obra, además de acrecentar tu influencia en el campo mismo de la investigación, te concederá una autoridad mucho mayor de la que tienes para pedir, tanto a los que dan capitales como a los que pueden dar talento, y trabajo. ¿No es cierto? Yo había trazado ya una línea general de mi nueva novela; pero el viaje a Puno me ha casi aniquilado. Increíble. Recibí toda la voz, la presencia del hombre actual del altiplano y su inmensa fuerza me enardeció y luego me dejó como exhausto. Es que llevo demasiados años de intranquilidad. Pero si venzo las dos o tres obsesiones que todavía me agobian, haré una gran novela, John, realmente una gran novela, a mi vuelta del viaje que debo hacer a Apurímac, Huancavelica y Ayacucho. Necesito, para eso, recuperar mi energía y... tener algún dinero hacia enero de 1968.[187] Porque el Ministerio suprimió la partida para el proyecto. Felizmente me han considerado en el presupuesto de la Universidad. Gané allí. Bueno, John, un abrazo muy fuerte.

José.

Alejandro Ortiz se sentirá muy contento si le escribes. Su dirección:

55 Bvd. Jourdan
Maison des Provinces de France 6O4
París XIV

---

187 En la copia de esta carta que consta en los archivos de Sybila Arredondo de Arguedas se mantiene la errata de «1967». En la carta original, que conserva Murra, Arguedas mismo corrigió de puño y letra el número del año, superponiendo un «8» al «7» mecanografiado.

48

13 de marzo [1967].[186]

Querido John:

Anteayer regresé de Chimbote y esta noche salgo para México invitado al II Congreso Latinoamericano de Escritores. Espero que hayas recibido mi carta anterior y el libro sobre Huarochirí. En la carta anterior me refería muy detalladamente a tu consulta sobre la reunión de profesores de antropología en Viena. Me complace haber coincidido en forma general con respecto a la no conveniencia de invitar a Oscar o mejor a la poca utilidad que tendría su asistencia. En cuanto a Emilio, él está remplazándome en la cátedra a la que no he de volver; tiene, pues, un curso muy importante: el de las culturas regionales del Perú.

Chimbote es más que otros lugares un universo inacabable. Como carezco de un verdadero entrenamiento en el trabajo de campo y, además, de una orientación teórica clara, frecuentemente me sentía abrumado por la magnitud del problema. Creo, sin embargo, haber visto más o menos claras algunas cosas, por ejemplo, el tipo de relaciones o los tipos de relaciones que se han establecido entre la gran masa de campesinos bajados de la sierra de Ancash, de Cajamarca y de Libertad, especialmente, con los costeños. El concepto que unos tienen de los otros. Me de-

---

186 Carta mecanografiada en papel corriente. Murra añade el año, que no consta en la fecha. La viuda de Arguedas ha reproducido un fragmento de la misma en su ensayo «*El zorro*.. en la correspondencia de Arguedas» (p. 278), sugiriendo que debe ser de enero de 1967. Como podemos ver por el original, es de fecha posterior.

cía el pescador criollo costeño más famoso de Chimbote: «el serrano es mejor que el costeño para el trabajo; demora en aprender lo que hay que hacer en la mar, pero cuando aprende le toma el gusto al trabajo: trabaja porque le gusta; es obediente; va para adelante; el costeño, en cambio, es bien tramposo para el trabajo; si puede ganar la plata sin hacer nada lo hace y goza; en eso es una mierda... Pero... yo ¡carajo!, no puedo ver al serrano... son como los judíos. Cuando un serrano llega a ser patrón de lancha toma para el trabajo solamente a sus compadres, a sus parientes, a sus paisanos; nada para el costeño; estamos en partes separadas...» Este pescador tiene fama de no mentir y de cumplir siempre lo que promete hacer. Ha gastado, dicen, y él lo confirma, cientos de miles en las cantinas y prostíbulos; él, incluso, habla de millones. Es uno de los personajes más impresionantes y fuertes que he conocido. En cambio, un vendedor ambulante de mercado dijo: «¿el costeño...? ¡Ah... como hacendado habla... nadies le puede parar... si es serrano; mandando siempre...». Un patrón de lancha puneño, de Yunguyo, está seguro de que los costeños son corrompidos, débiles, tramposos, porque se han criado comiendo comidas ensuciadas y agua llena de pestilencias. Casi todas estas declaraciones las tengo grabadas. Creo que puedo hacer un trabajo medianamente útil. Para la novela he recogido material invalorable. - Pero no ando bien de salud todavía. Me retuerzo en luchas estúpidas para desgarrarme de mis antiguos amigos, de mi antiguo medio que antes me torturaba más que me auxiliaba y ahora añoro eso. Sybila padece algo pero está muy por encima de este pequeño drama. Quizá llegue a trabajar no impulsado únicamente por motivaciones románticas sino de orden más grande. Mientras, me he agotado bastante. Pero sigo de pie y decidido. Por unanimidad se le dio beca de la Casa de la Cultura a Neira. Porque si no concluye su ciclo se quedará no solamente trunco en cuanto a su carrera académica sino, a mí me parece, en cuanto a su verdadera formación universitaria. El sigue siendo todavía una especie de entre político y periodista ambicioso, pero sin duda ha picado el borde de la verdadera ciencia. Con un año más puede quizá convertirse en un profesor y estudioso; por ahora lo encuentro muy como embriagado de la terminología, lo cual es sospechoso. Ojalá que entre de veras a la ciencia y no pretenda utilizar su máscara para otros fines. - Me causó mucha preocupación mi larga conversación con Fuenzalida.[187] El se va de todos modos a Inglaterra. Creo que será

---

187 Fernando Fuenzalida: antropólogo peruano, autor de «El mundo de los gentiles y las tres eras de la creación» (*Revista de la Universidad Católica*, Lima, 1977).

un buen investigador. Habría sido excelente darle la beca a ambos. Está algo amargo y desconcertado. Con la sospecha de que Neira acudirá a la política él ha movido a senadores, ministros, Belaundes [sic] para hacerse recomendar ante Muelle y Valcárcel, y eso le resta fuerza en vez de ayudarlo. Ojalá se presente al año entrante y esa beca todavía exista. Se la ganaría con toda seguridad. Mi larga charla con él creo que lo calmó. Tomamos té; charlamos sobre el Perú, sobre las grandes dificultades que agobian a los pocos honestos hombres dedicados al estudio; hablamos de ti. Se fue bastante tranquilo. Sin embargo, me parece que le ha tocado algo del veneno del mal ambiente general y universitario. Sentí los efectos de ese veneno y por eso lo retuve, un poquito a la fuerza. Porque yo no estoy amargado, ni estoy escéptico, a pesar de los casi seis meses que tengo de fatiga por falta de sueño, por una tensión incesante que, en lugar de amainar, yo mismo atizo como una especie de esos condenados de los cuentos del valle del Mantaro. Pero si atizo el autoinfierno y abro al mismo tiempo una boca para que la llamarada salga, la condena tendrá efectos iluminadores. Lo que he visto en Chimbote y en Puno es algo muy grande, John, muy grande. El hombre es un personaje fenomenal y el mundo es demasiado hermosos para estar quemándose uno a causa de contemplar y sentir esa complejidad grande, fuerte, sin lanzar la llama a todas partes y con todo lo que uno pueda. Ojalá encuentre en México un sujeto tan bueno como Viñar en Montevideo. Lo dudo. Pero más se necesita la ayuda de uno mismo. Yo estoy bien apretado, porque a esta altura de la vida, felizmente, estoy obligado a cambiar la parte más vulnerable de mis bases, la parte que hace doler más. Tú sabes mucho de esas cosas. Yo vacilo y cambio con demasiada frecuencia; me toma de las manos y de los cabellos Sybila que es una roca fuerte que mira horizontes fenomenales. Espero que hayas escrito unas líneas a Ortiz que se siente muy sorprendidamente feliz de saber que le vas a escribir. - Te abraza,

José

49

[marzo de 1967].[188]

Sra. Dra.
Lola Hoffmann
Pedro de Valdivia 2156, fondo
Santiago
Chile

Querida mamá:

Renuncié a la Dirección de la Casa de la Cultura por defender al
Ministro. Ahora he venido en representación de él a la inauguración de
un gigantesco Museo. No he podido ayudar a Gaby como era debido; lo
haré a mi vuelta. He vuelto a caer en la cárcel de Celia, luego de haber
perdido la ilusión en B[189] y sentido temor por S.[190] Estoy luchando con
tremendo esfuerzo y me siento perplejo por dentro. No sé adonde iré a
parar. Lo que me sostiene es mi fervor por el Perú y por el ser humano
entre quienes hay ejemplos maravillosos de fortaleza, generosidad y sabiduría como el suyo. Le besa las manos

José

---

188 Postal hológrafa con foto de la catedral de ciudad de México. No lleva fecha, pero sabemos que Arguedas estuvo en el Congreso Latinoamericano de Escritores de Guadalajara entre
el 14 y el 31 de marzo de 1967.
189 Beatriz, su gran amor de 1962 (ver cartas de este año a Hoffmann).
190 Se refiere a Sybila Arredondo, su segunda esposa, que se había radicado en Lima desde
1965.

50

14 de abril [1967].[191]

Querido John:

Ando muy angustiado. Debiera estar mejor que nunca y sin embargo estoy peor. No recupero. En México vi a un psiquiatra y me dijo que requería tratamiento detenido. Esas pastillas con que pretendí eliminarme, la ceguera frente a Sybila —que es gran mujer— y su falta de audacia o no sé qué para conducirse más explícita conmigo parece que minaron en forma aguda mi ya gastada resistencia. Pero el Gordo (León Montalván)[192] dice que estoy en realidad mejor. No sé nada de ti desde que te envié el libro de Avila.[193] Mendizábal ha dicho —no sé si sinceramente o no, él es algo raro— que no le interesa la enseñanza sino la investigación. Si fuera cierto no [¿convendría?] llevarlo a Viena. Iría yo. Te envío copia de mi plan para el informe sobre Chimbote. Es una ciudad increíble. Un gran remolino.

Te abraza,

José.

Sé por Raquel que estás escribiendo el libro.

---

191 Carta hológrafa en papel corriente. No lleva el año, pero Murra lo añade.
192 Su psiquiatra peruano.
193 Se refiere a *Dioses y hombres de Huarochirí,* que se publicó en Lima, Museo Nacional de Historia e Instituto de Estudios Peruanos, 1966.

51

3 de mayo de 1967.[194]

Querido John:

Recibí tu carta en la mejor oportunidad. Me reconfortó saber que mi plan para el trabajo de Chimbote te parece aceptable; también me hizo bien saber que iré a Viena o, mejor, que se ha insinuado para que se me invite. El día que recibí tu carta estuve con el ánimo en los pies. Lo que me ocurre es algo bárbaro. El bueno y paciente Dr. León está empezando a perder la constancia: tengo una mujer que me quiere mucho, que comprende infinitamente la casi inescrutable complejidad de mi desbarajuste psíquico y es ilimitadamente paciente; pero yo me siento peor cada día. Afirma el doctor que esta agudización de los síntomas de depresión se debe a que se aproxima la fecha de mi matrimonio. Tiene razón. Extraño de manera torturante la protección dominante de mi antigua casa, la carencia del «peligro» de relaciones sexuales que allí disfrutaba; por otra parte la ruptura con Celia la he extendido a muchos amigos que gané durante el período de mi matrimonio con ella; esta actitud parece ser insensata, pero es inevitable, y la ausencia de estos amigos me crea un estado de soledad y desconcierto. He estado ojeando *Todas las sangres* en estos días porque en la Facultad de Ciencias Sociales lo han elegido como lectura obligatoria y yo debo [dar] una charla sobre el libro el día 15. ¡Qué profundo, casi insondable dolor hay en muchos de esos personajes! Don

---

194 Carta mecanografiada en papel timbrado de la Universidad Agraria de La Molina en Lima.

Bruno, la Kurku, el Gálico, Anto, el que vuela los buldózeres con una carga de dinamita que lleva en las manos... el gran eucalipto de los Brañes en cuyas ramas y hojas toda la desolación de los oprimidos canta... Yo fui tocado por un gran dolor en un período en que lo que uno come y ve se convierte en parte de la materia carnal; mi comida estuvo espolvoreada de dolor, de orfandad y de ternura. Luego fui malamente castigado por la negación del amor de la mujer y del espanto por la mujer. ¿Qué más me faltaba? Sybila sabe todo esto, me tolera por eso. Celia lo sabía y creo que la historia le causaba algo de amargura y de amor maternal, de esos amores maternales frustrados. Y como mi materia está dispuesta siempre a beber sin saciarse el dolor, allí estuve veintiséis años, escribiendo de vez en cuando bajo la protección sofrenada contra la mujer. Eso no podía satisfacerle a ella ni a mí. Ahora tengo una *mujer* y la deseo, la amo y le tengo miedo. Me ataca el ansia de volver a la antigua estaca donde estuve encadenado. Y el médico me mira con expresión de impotencia y de impaciencia al mismo tiempo. Fue una lástima que no pudiera quedar unos meses en Montevideo con Viñar, que es más poderoso. - Ahora estoy casi paralizado, dice el doctor que por autodecisión subconsciente. Y tengo un material fenomenal para escribir una novela de este tiempo. Pero me neutralizan los fantasmas de que te hablo y la preocupación por el porvenir de mis hijastros. Sybila me reta, me grita que ese es un problema de ella y no mío; que cuando yo muera, si lo hago por mi gusto, ella no respeta muertos, que ha venido a este mundo a vivir y no a velar muertos. Es cosa grande. Yo la comprendo pero me causa miedo. Cuando haya muerto a ese miedo me echaré a volar por aires que no me detendrán así estén envenenados. Te hablo a ti en mi lenguaje, querido John, porque somos semejantes, en quechua diríamos wawqemasiy, yawarmasiy.[195] Me casaré el 13. Uno de mis testigos va a ser Paul Doughty. Sybila está trabajando como jefe de la librería de Moncloa.[196] En resumen: que durante este tiempo lo único que he hecho es luchar contra mí mismo. Espero que algo saldrá de esta pelea. Y sólo a través de ella he comprendido cuán terribles fueron las corrientes que me indujeron aquella noche, luego de casi dos semanas de espera casi tranquila, a tomar esas pastillas. El mundo es hermoso acaso mucho más para quienes no podemos disfrutar tranquila y vegetativamente de él. Me

---

195 Wawqemasiy, yawarmasiy: mi hermano compañero, mi compañero de sangre.
196 Se refiere a Francisco Moncloa, quien tenía una librería en la Plaza San Martín en Lima.

estimula saber que preferirías ir a Cornell a aprender quechua[197] que ocuparte de encuentros en los que se tratará de dar orientaciones y de desentrañar problemas. El conocimiento del quechua sería para ti una fuente de compensaciones y un instrumento que te llevaría a descubrir tantas regiones y detalles, el significado de símbolos cargados de significado. La palabra *yawarmasiy* expresa identidad por la sangre, de quien habla con la persona a quien se dirige la palabra. Si consiguieras de veras seguir el curso con Solá y Cusihuamán,[198] después, sobre la base de un vocabulario bien asimilado y el conocimiento de la estructura de la lengua podríamos charlar con inmenso provecho en quechua. Fue una lástima no habernos reunido diariamente aquí durante unos meses. Pero aún es tiempo.

Yo le dije a Aguirre Beltrán[199] que creía que era mejor darle una oportunidad a un profesor joven y en pleno ejercicio y crecimiento para la reunión de Viena. Le dije lo mismo que a ti. Luego comprendí que la decisión fue tomada un poco bajo el peso de la depresión que lo conduce a uno a considerarse de ningún valer. Puede, también, que Aguirre Beltrán esté algo decepcionado de mí. Ocurrió algo muy desagradable: me envió una carta a mi antigua dirección de Miraflores. Esa carta la recibí hace pocos días. En la carta, de fecha 22 de febrero, me anunciaba que me enviaba un pasaje por la Canadian para ir a México y visitar algunos lugares donde el Instituto realiza planes de estudio y promoción. Yo no recibí la carta. Había convenido con Juan Rulfo[200] en que iría unos

197 En el Departamento de Modern Languages de la Universidad de Cornell en Ithaca, New York, Donald Solá creó un programa de quechua; allí estudió Murra dicha lengua.
198 Donald Solá, norteamericano de origen puertorriqueño, es autor de *The Structure of Cuzco Quechua,* y co-autor —con su colaborador en el programa de quechua de Cornell, Antonio Cusihuamán— de *Spoken Cuzco Quechua.* Ambos libros son de 1967 y han servido como instrumento didáctico en los cursos de dicha lengua en Cornell. Cusihuamán también es autor de *Diccionario quechua Cuzco-Collao y Gramática quechua Cuzco-Collao,* publicados ambos en 1976 por el Ministerio de Educación de Lima.
199 Gonzalo Aguirre Beltrán: antropólogo mexicano. Ha estudiado la población negra de México. Fue Subsecretario de Educación y Director del Instituto Indigenista Interamericano de México. También Rector de la Universidad Veracruzana en Jalapa. Con Juan Rulfo le consiguió una beca de dos años en México a Arguedas para poder psicoanalizarse sin los problemas económicos que enfrentaba cuando lo hacía en Santiago de Chile, donde no devengaba sueldo. La generosa iniciativa de Aguirre Beltrán y Rulfo no prosperó: Arguedas no se decidió a viajar.
200 Del novelista mexicano Juan Rulfo, autor de *Pedro Páramo,* hablará Arguedas con respeto y admiración en el Primer Diario de *El zorro de arriba y el zorro de abajo.*

diez días antes del Congreso de Escritores para viajar a esos lugares por cuenta del Instituto. El pasaje no era necesario puesto que los organizadores del Congreso no lo proporcionaban. Ahora vive en Los Angeles. No recibía ninguna noticia ni del Congreso ni de Aguirre. Faltando seis días para la iniciación del Congreso recibí una llamada de la Canadian en que me anunciaban que tenían un pasaje para México. Yo creí que era de los organizadores del Congreso. Llegué a Lima el mismo día en que Aguirre Beltrán viajaba a Lima. Lo visité, le entregué el libro sobre Huarochirí. No le dije nada de los planes de viajar por México, porque no había recibido su carta. Y en el Instituto tienen mi dirección postal. Al tiempo de despedirnos, me dijo Aguirre que procurara ir donde su segundo, el Dr. Sodi, a mi vuelta de Guadalajara para organizar una gira. En Guadalajara me dio una gripe muy fuerte, con 39 de fiebre y como estaba muy fastidiado me vine a Lima sin visitar a Sodi. Total, quedé pésimo ante quien estimo y perdí una oportunidad. Le he escrito a Aguirre Beltrán una carta muy minuciosa explicándole esta desventurada circunstancia. - Buen John, te he dado mucha lata ya. Te escribiré más cuando me sienta mejor. - Anoche casi vencimos en las elecciones de Decano de Letras de San Marcos. Alberto Escobar obtuvo 31 votos contra 25 de Estuardo Núñez,[201] le faltaron 3 votos para ser elegido. Creo que a la semana entrante lo conseguiremos. Será una pequeña revolución en este revuelto mundo en que los peores mandones reinan. Un abrazo.

José.

---

201 Crítico e historiador de la literatura peruana.

52

3 de julio de 1967.[202]

Querido John:

Regresé de Chile donde estuve siete días. Fui a la presentación de los libros de la colección «Cormorán» de la Editorial Universitaria. Figura *Los ríos profundos*. - Durante una entrevista que me hicieron por televisión tuve la evidencia de que podré recuperar mi ánimo de antes de las píldoras. Acepté la invitación por hablar con Lola[203] y estar unos días en esa ciudad que siempre me estimuló mucho. Y andaba en un estado del más absurdo abatimiento, depresión verdaderamente peligrosa. He vuelto mejor. Lola está mejor que antes; más ágil, más enérgica, y muy lúcida. Yo sé a medias lo que me pasa. Las invalideces de la niñez creo que fueron como amamantadas durante los 25 años de matrimonio en que estuve tan bien atendido por las dos señoras, generosas, muy protectoras y autoritarias.[204] Eso me dejó como necesitado de muletas hasta la médula. Y creo, querido John, que no tuve realmente mujer. Ahora lo comprendo. Fue una amalgama increíble de madre, hermana y tutora. - Y de pronto ¡afuera, a vivir como hombre! Cuán difícil es. Ando angustiado, atemorizado, incierto, completamente inestable, pero deslumbrado con los descubrimientos que hago; sin paz, con la mente atenaceada de tanto analizar, descubrir, entrar en bárbaro conflicto con mucho de lo pasado. Y el psi-

---

202 Carta mecanografiada en papel corriente. La posdata es hológrafa.
203 Lola Hoffmann.
204 Se refiere a su primera mujer, Celia Bustamante, y a su hermana Alicia.

quiatra entiende sólo una pequeña parte de todo este remolino. Y se fatiga uno casi hasta la muerte. Pero en Santiago, me interrogaron, frente a estos focos tremendos de la televisión dos jóvenes amigos, inteligentes, inspirados, puros ¡y me desperté del todo! Hablé de nuestro maravilloso mundo de los Andes, de cómo se aprende tanto a amar y llegar a la materia misma de todas las cosas, a través de la lucha del odio con el amor, lucha en que el amor es más grande, porque está sustentado por la sabiduría. Se trata de un amor lúcido, iluminante. Mis interlocutores y los propios fotógrafos, los técnicos de la televisión, quedaron como fascinados. Y la entrevista se excedió en once minutos. Me dice el Dr. León que eso es prueba de que mi ánimo sólo está perturbado y cubierto de cenizas que pueden ser removidas. - Te escribo rápido. Creo que la respuesta al cuestionario no ha sido buena. La hice muy a la carrera; no la hice reposar un poco. - Matos no estaba presente. Acaso esté resentido con la información algo exagerada que doy sobre el bajo nivel de los profesores. Pero en casos como éstos, principalmente, hay que ser absolutamente honestos. Se dice que Lumbreras es un buen profesor, acaso lo sea. De lo que me arrepiento algo es de la afirmación demasiado categórica de que no son buenos porque no recibieron cursos europeos o norteamericanos. - Contéstame una pregunta: ¿Cuánto necesitaría para estar unas dos semanas en Rumanía y los pasajes? Estoy invitado a una reunión de novelistas en Caracas, pero si me alcanzan las pocas reservas que tengo me animaría a ir contigo a Rumanía. - Tu carta me pareció formidable. Yo tengo una contradicción constante en este tiempo. Pero si salgo del atolladero, haré algún buen trabajo. - Te envío el artículo que he escrito sobre los mitos quechuas posthispánicos para la revista *Amaru*[205] que hace Emilio Adolfo Westphalen.[206] Si te es posible te ruego ponerme dos líneas también sobre este trabajito. Tengo mucho deseo de verte y charlar contigo. Nunca he estado más asustado y seguro de mi ignorancia académica. Amen. Un abrazo,

José

Saludos cariñosos de Sybila y de los niños.

---

205 Revista de la Universidad Nacional de Ingeniería del Perú.
206 A Westphalen y a un músico andino le dedica Arguedas *El zorro de arriba y el zorro de abajo*. La dedicatoria lee así: «A E.A.W. y al violinista Máximo Damián Huamani, de San Diego de Ishua, les dedico, temeroso, este lisiado y desigual relato».

53

3 de noviembre de 1967.[207]

Querido John:

Ayer tomé té en casa de Raquel. Voy de vez en cuando. Raquel me hizo leer tu carta. Me alegró muchísimo comprobar cuán bien estás. Creo que es la carta mejor que conozco de ti en cuanto transmite una tranquilidad completa, un estado de verdadera felicidad hasta donde tal cosa es posible. Debes estar muy fuerte físicamente y centrado de ánimo para que al cabo de tantos meses de viajes, de tantos ajetreos abrumadores, te hayas podido acostar a descansar y hayas escrito en pleno descanso. Yo no sé desde mi accidente lo que es *descansar*.

Como lo habías previsto mi caso se agudiza. Tuve una semana espléndida. Volví a sentir lo que es estar sano, lo que representa planear firmemente para el futuro, comer a gusto, estar sentado con felicidad al lado de tu mujer, contemplar el mundo como una morada a la que ningún trance terrible que ocurre a los demás, ensombrece. En ese estado perdido hace tanto tiempo escribí algunos de mis libros. Pero duró sólo una semana. Mi médico me prometió la sanidad ya definitiva. Estaba completamente equivocado. Mis desequilibrios tienen focos combinados y tenaces. No sé si los podré vencer.

---

207 Carta mecanografiada en papel corriente. Tiene algunas notas hológrafas: «hace diez años en Puquio» en el tercer párrafo, «Me refiero al curso...» en el antepenúltimo párrafo, y la posdata tras su firma.

5 de noviembre.

Desistí de continuar la carta y mientras tanto recibí tu carta. Muchas gracias por la nota. Estoy algo mejor. Asistí ayer a una formidable fiesta de los residentes de San Diego de Isua en Lima. Compitieron cuatro danzantes de tijeras. De pura casualidad estuvo Canales (Illapa chakin), de Puquio, a quien vi bailar la Agonía de Qaqa Ñiti hace diez años' en Puquio y pude concebir definitivamente el cuento sobre el dansak'.[208] Me acordé mucho de ti.

Cuando estuvieron los estudiantes de antropología en México me hicieron dar una conferencia sobre indigenismo. Estuvo mala en la parte que pensé que expondría más lúcidamente. ¡Y ocurrió algo inverosímil! Como yo dijera en el curso de la charla, que había aprendido a cantar como indio cuando era niño, un mexicano me pidió que cantara, al final de la charla. ¡Y lo hice! Desde el solemnísimo estrado canté la cosecha de alberjas. Fue escuchada la canción con indescifrable y sorpresivo fervor. Y al final la sala estalló en aplausos. Lo que no pude explicar bien con palabras, un poco a lo Guaman Poma,[209] lo dije con el lenguaje menos preciso pero más iluminado del arte. - Luego, unas tres semanas después, fui llevado a dar una charla sobre el mismo tema a la Facultad de Arquitectura de la Universidad Nacional de Ingeniería. Fui temblando de miedo, como un condenado a muerte. Y di una charla muy buena. Me pidieron también que cantara, pero les dije que en la Agraria había cantado porque no había podido hablar bien y que no era ése el caso. Concluyó muy bien. La tesis final es que la cultura quechua está condenada. La colonia aisló espacial y culturalmente al indio pero no inculcó en el país un prejuicio racial implacable ni mucho menos. Mariátegui[210] se planteó la posibilidad de liberar al indio mediante un régimen socialista que haría una reforma agraria profunda y una reforma de la educación también profunda. Los antropólogos demostraron que efectivamente se podía hablar de una cultura quechua. En mi conferencia de la Facultad de Arquitectura quedó demostrado que existe una religión, un arte y una lengua

---

208 Alude a su cuento de 1961, «La agonía de Rasu-Ñiti». El relato figura en la edición ampliada de *Agua* que publicó Milla Batres en Lima en 1974.

209 Escritor y artista indio, autor de la *Nueva corónica i buen gobierno*, carta a Felipe III ilustrada con 398 dibujos a tinta de su propia mano. La edición crítica del texto ha sido publicada por John V. Murra y Rolena Adorno en Siglo Veintiuno de México (1980).

210 En su *7 ensayos de interpretación de la realidad peruana* (Lima, 1928).

propias de los campesinos quechuas. Pero las vías de comunicación modernas se abrieron hacia la costa sin que se hubiera hecho una reforma de la tierra ni de la educación y cuando los grupos que dominan al país tradicionalmente están más fuertes que nunca. Ellos han resuelto convertir a los quechuas y aymaras en carne de fábrica y en domésticos. Los planes de desarrollo de la integración del aborigen constituyen instrumentos encaminados a desarraigar definitivamente al indio de sus tradiciones propias. Los hijos de los emigrados ya no hablan quechua; en la sierra están tratando de romper las comunidades; antropólogos famosos como Matos predican con terminología «científica» que la cultura quechua no existe, que el Perú no es dual culturalmente, que las comunidades de indios participan de una subcultura a la que será difícil elevar a la cultura nacional. Los quechuas y aymaras seguirán, pues, condenados a ocupar el último lugar en la escala social. Pero no les matarán toda el alma. Los sirvientes influyen. Ayer nomás conté en una tienda de venta de discos de Chosica ¡dos mil seiscientos cuarenta títulos de música serrana!

Estuvo Viñar en Lima, de pura casualidad. Vino a un congreso de Facultades de Medicina, en representación de Uruguay. Es un personaje maravilloso. Me buscó. Desgraciadamente sólo hablé con él dos veces. Estuvo a comer en la casa y se quedó allí hasta las 11PM. Me dio mucho aliento aunque me hizo entrever que lo que tengo es complicado. Confirmó mucho de lo que piensa respecto de mi caso mi médico limeño, León Montalván. Pero León es un artesano. Sabe también lo que tengo, pero no sabe bien ayudarme. Y ahora con la baja del dólar (se está cotizando a 43 y dicen bajará hasta 50 y aún a 70) no tengo ninguna esperanza de viajar ni a México ni a Uruguay. A veces le doy la razón, otras veces me caigo.

Oye, John. Te envío copia de la carta de Ortiz.[211] Creo que hay que ayudarlo. Se le podría facilitar el aprendizaje del quechua en Cornell. Yo he avanzado mucho enseñando el quechua. Sólo que la maldita neurosis hace que amanezca muchas veces sin ganas ni de respirar. Pero ¿crees que podrían ayudarme de la Ford para ir a Cornell no a aprender quechua sino a aprender cómo se enseña? Yo, luego, podría enseñar eso mismo en el Perú. Llevaría los ejercicios que estoy aplicando con buen éxito. Me refiero al curso del que hablamos con Frankel.[212]

---

211 Se refiere a Alejandro Ortiz Rescaniere, autor de *De Adaneva a Inkarrí (Una visión indígena del Perú)*. (Lima, 1973).
212 Peter Frankel: representante de la Fundación Ford, que ofrecía becas a peruanos.

¡Cuánto nos ha alegrado lo de Gordon![213] Mándanos su dirección. Que sigas bien, John. Y no dejes de escribir unas líneas.

José

Desde octubre ya no recibo sueldo de la Universidad Agraria. Felizmente tengo unas reservas y me siento aliviado porque me pagaban mucho y hacía poco.

---

213 Se refiere a Gordon Hadden, ver anotación previa.

54

Que sigas bien, John. Y no dejes de escribir unas líneas.

26 de diciembre de 1967.[214]

Querido John:

Espero que hayas recibido el cable el mismo día que llamaste por
teléfono. En la oficina de teléfonos la congestión era tal que me dijeron
que no podría establecerse una comunicación con Nueva York sino en
tres horas más. Yo le había cablegrafiado a Solá[215] el día anterior, exten-
samente, agradeciendo y aceptando. Pero le decía también que lo único
que me preocupaba era mi salud.

Las clases de quechua han marchado para mí con resultados verdaderamente superiores a todo cálculo, porque he tenido sólo siete alumnos.
Seguí el método aconsejado por Torero[216] y experimentado muy imper-
fectamente en un incompleto semestre anterior. A pesar de los estados de
gran abatimiento que he pasado y de que por esa desgracia hasta se me
secaba la boca en forma muy incómoda, la clase fue muy buena. He improvisado, clase a clase, los ejercicios; quiero decir improvisado en el
sentido de que los he redactado uno a uno, según los resultados de la clase anterior; tres de estos ejercicios fracasaron y los he eliminado de la
colección. El método resultó formidable: se leía el ejercicio y luego se
establecían diálogos sobre el tema del ejercicio, con las mismas palabras

---

214 Carta mecanografiada en papel timbrado de la Universidad Agraria de La Molina en
Lima.
215 Se trata de Donald F. Solá.
216 Se refiere a Alfredo Torero.

al principio y luego incorporando todo lo que según el tema y el aprendizaje personal de cada alumno era posible emplear como léxico y composición; algunos alumnos, como un joven Stecher, llegaron a tener un dominio sorprendente. Sólo que, por la naturaleza de la imperfección del método, aprendieron mucho más a traducir que a hablar. En la última semana sólo nos dedicamos a hablar y se corrigió bastante el defecto. Creo que, realmente, mi intervención en las clases de Cornell sería decisiva para mí y seguramente útil para la marcha de la clase. Tengo el dominio vivo, genuinamente folk de los quechuas del Cuzco y de Ayacucho, más del segundo, tengo una conciencia bastante lúcida del valor cultural de los vocablos, de los conjuntos, de las vinculaciones del quechua con el castellano. ¡Ojalá esté mejor de salud!

Te envío copia de la última carta de Ortiz. Creo que hemos encontrado en él un elemento muy valioso y es indispensable que aprenda el quechua. Ya le escribo rectificando la fecha del curso.

Conviene que estés enterado de algo con respecto a mi posible participación en Cornell. Fui invitado tres años consecutivos a La Habana para formar parte del jurado de novela en el concurso anual de la Casa de las Américas, no acepté porque era funcionario oficial, pero este año he aceptado. Debo salir el 8 de enero y volver como el 10 de febrero. No sé si este hecho influiría en la decisión de Cornell y en la negativa de una visa. Creo que es indispensable tener la experiencia directa de la revolución cubana. Por otra parte es posible que ese viaje me haga bien. Voy con Sybila. Para ese jurado se ha invitado siempre a una personalidad de gran prestigio; el jurado ha de estar conformado con otros dos novelistas que tampoco creo que tienen militancia política: García Márquez, el autor de *Cien años de soledad*[217] y por Onetti,[218] el gran novelista uruguayo. No sé si el Departamento de Estado continuará siguiendo frente a los intelectuales latinoamericanos la política de no hostilidad sino, más bien, de procurar ganar su buena voluntad, que ha sido la ultima política. Quizá me puedas informar sobre este delicado asunto. Me vuelvo viejo y quiero ver lo que hay en Cuba. Qué luz se puede encontrar allí

217 Gabriel García Márquez, novelista colombiano y Premio Nobel de Literatura, publicó *Cien años de soledad* en 1965. Es también autor de *El coronel no tiene quien le escriba* (1961), *Crónica de una muerte anunciada* (198O), *El amor en los tiempos del cólera* (1985) y *El general en su laberinto* (1989), entre otros libros.
218 Juan Carlos Onetti: novelista uruguayo, autor de *El pozo* (1939), *La vida breve* (1954) y *El astillero* (1961).

con respecto al porvenir del ser humano, especialmente de América Latina.

Las cosas en la Agraria no van muy bien. Hace tres meses que no me pagan sueldo, porque el Ministerio no ha cumplido con entregar la suma que se comprometió; yo logré hablar con el actual Ministro y pareció muy bien dispuesto a ordenar que se pagara por lo menos los tres últimos meses, con la que la situación habría quedado arreglada. Pero creo que tanto ese señor como Relaciones Exteriores se disgustaron conmigo por algo de que no tengo la culpa. Voy a contarte porque tiene interés:

Se reunió en Lima, del 27 de noviembre al 5 de diciembre una comisión de expertos nombrados por la Unesco para presentar un plan de estudio de la cultura latinoamericana a través de las artes, considerando la literatura como el arte con el que debía iniciarse el estudio. Vinieron buenas gentes, diecinueve. Un embajador peruano, encargado de asuntos culturales me dijo —yo fui nominado por la Unesco— que creía él conveniente que se designara a Leopoldo Zea[219] presidente de la reunión. Yo le contesté que me parecía muy bien. Me dijo que la invitación de los expertos era a título personal y no por su nacionalidad. Yo soy amigo de Zea. Pero al día siguiente cambiaron de opinión y sugirieron a los expertos que se designara presidente a un señor de Mello Franco, del Brasil, porque era hijo de un canciller brasileño que había sido muy amigo del Perú e intervenido en el caso con el Ecuador. Los expertos más independientes consideraron esta segunda insinuación como impertinente y decidieron elegirme a mí. Por mucho que hice, no pude eludir la designación y fui elegido por unanimidad. Esto parece que disgustó a los ministros que no creo que sean capaces de entender que yo no busqué esa designación y que por el contrario traté de eludirla. La reunión resultó muy buena. Me recordó la de Viena. Por otro lado, aquí en la Universidad y en la Facultad la política juega mucho y no me siento cómodo con estos ajetreos. Hay un fuerte grupo de profesores que procuran defender la independencia de la Universidad y otros que están dispuestos a someterla a la influencia y al servicio más que del gobierno de la llamada «oligarquía» que siempre ha tenido poder de decisión en la Agraria; se tiene también una sensibilidad cada vez mayor respecto de los norteamericanos; esta susceptibilidad llega a ser frecuentemente exagerada y capaz de hacer co-

---

219 Leopoldo Zea: escritor y crítico mexicano, autor de *Características de la cultura nacional* (1969).

meter injusticias. Yo estoy en una situación especial; defiendo la independencia de la Universidad cada vez que es necesario pero al mismo tiempo permanezco libre de fanatismos y creo que se debe aprovechar la cooperación extranjera, la que se ofrece de buena fe. Anhelaría, ahora, una situación con menos tensiones; si estuviera sano me sentiría muy bien en mi lugar, sin temer a ningún bando. Amo mi país, amo su independencia, pero al mismo tiempo amo el mundo y tengo temple suficiente para proceder sin pasiones medianas. ¡Qué situación tan interesante, tan importante para quien sea dueño de todas sus facultades!

A veces siento como que las cosas cambian con tal velocidad que la adaptación es cada vez más difícil y hasta dolorosa. Soy de los tiempos del romanticismo y lo mágico, Sybila es en cambio acerada y sensible a la vez. Si logro despegar, reintegrarme, puedo escribir algo de veras interesante.[220] Por ahora, la falta de sueño, la forma punzante, demasiado honda con que las preocupaciones me alarman y me quitan el sueño y hasta la capacidad de reflexión, me tienen atado.

Esperemos que sigamos trabajando como sea y donde sea. Un abrazo,

José María

---

220 Un mes antes le había escrito a su viuda lo siguiente:

[...] encontré el encadenamiento de la verdadera lava que había escrito en los tres días pasados y escribí hoy más que ningún día, seis páginas a máquina. Tengo ya escritas 19 páginas del tercer capítulo, con lo que este capítulo tiene ya 24 páginas y anda como por la mitad de su curso. Mi angustiosa permanencia en Chimbote, donde creí estar viviendo al margen, agonizando por no participar de veras en el movimiento de la ciudad, convertido en un resorte de ella, no fue así. Tengo la ciudad, creo, en mi entraña. Y la vuelvo, pero no triunfalmente como en *Todas las sangres*, sino con cierta angustia; aunque cuando concluye la hora, me levanto de la mesa convertido en un titán, en el sentido de haber conquistado mi sitio entre los vivos. El dolor de pecho y espalda me siguen; me aplana al amanecer porque me dura largo, pero mientras escribo lo olvido totalmente. [...] La novela ya está bullendo en sus profundidades aun no más intensas y difíciles; pero he ligado ya el mundo de los conceptos, de las ideas generales, de los simbolismos con la anécdota y los símbolos [...]

Una lectura en voz alta es muy esclarecedora. Desde ese día se agudizaron las mañanas pésimas, pero me había dado cuenta de los lados muy flacos de esas páginas y de sus verdaderamente excelentes aciertos. Verdaderos grandes aciertos en cuanto al planteamiento general de las anécdotas y lamentable debilidad en su realización. Ya he rehecho hasta la página 75; son 80. [...] La novela bulle ahora bastante. Si requiere un año, le debamos un año.

(«*El zorro...* en la correspondencia de Arguedas», p. 282).

55

17 de marzo de 1968.[221]

Querido John:

Mientras estuve en Cuba me sentí bastante bien. Ese es un país en que todas las gentes a quienes traté y observé no desean sino trabajar para la felicidad del ser humano, para el desarrollo de las cualidades que el hombre tiene como hermano de sus semejantes. Detestan cualquier forma de aprovechamiento egoísta de las energías ajenas. Así soñé siempre que debía ser el hombre.[222] Pero, ya en Lima volvía hundirme en las negruras de la depresión. Vivo en medio de ciertas contradicciones que no puedo resolver, y esas contradicciones me devoran constantemente las fuerzas. He decidido irme a Montevideo. Ojalá que no sea tarde y que sea acertada la decisión. Antes de viajar a Cuba le escribí a Losada. Le dije que había cierta posibilidad de que pudiera escribir una novela,[223] pero que mi salud estaba perturbada desde el accidente mortal que sufrí; que si aún así consideraba una inversión aventurada pero no sin cierta

---

221 Carta mecanografiada en papel corriente.
222 Sobre su experiencia en Cuba hablará en el primer Diario de *Los zorros....* A los pocos años de Arguedas escribir estas palabras saldría a la luz un libro igualmente deslumbrado por la experiencia de la revolución: *En Cuba*, del poeta nicaragüense Ernesto Cardenal. El caso cubano ganaría la adhesión de un importante sector de la intelectualidad latinoamericana, en el que se cuentan nombres como los de Cortázar, Carpentier, Vargas Llosa y García Márquez.
223 Se trata de su novela póstuma, *El zorro de arriba y el zorro de abajo*, publicada por Losada en Buenos Aires en 1971.

posibilidad de éxito, me pagara los gastos de permanencia, de viaje y de curación en Montevideo. Me contestó por cable aceptando y me escribió una maravillosa carta. Tengo todo por la buena calidad de este editor. Pero durante mi permanencia en Cuba me nombraron Jefe del Departamento de Sociología en la Facultad de Ciencias Sociales de la Agraria. Ya soy ahora allí profesor principal. Por eso no he podido emprender el viaje. Debería, por convenio con Bravo Bresani, aguantar hasta fines de marzo, pero quizá no pueda. Cada vez duermo menos, me duele más la cabeza, la angustia se acrecienta. Sin embargo no me he convertido en un escéptico. Hay gente formidable en todas partes, y este país necesita mucho de sus pocas buenas personas. Yo creo ser una de ellas. Necesito recuperarme; estoy obligado a hacerlo. El Dr. Viñar me ha contestado generosamente también. A los neuróticos algo mesiánicos suelen amarnos, a veces más de lo que merecemos.

Mientras tanto he acabado de corregir las galeras de mi tesis sobre España.[224] Te envío copia del prólogo. He trabajado bastante en esta tarea. Creo que ahora el libro será útil. Por fortuna no soy tan exigente como tú o quizá soy más apetente que tú de publicaciones. Anteanoche en casa de Alfredo Torero escuché un llanto general de amigos por tu decisión de no hacer publicar tu libro.

Bueno, querido John, no podré ir al curso de quechua. Lo siento muchísimo. Habría podido, de estar sano, hacer un curso útil sobre novela indigenista. En mi clase de San Marcos comparé con buen resultado *Los perros hambrientos*[225] y *Los ríos profundos*. Ojalá haya otra oportunidad. Estuve tan fastidiado que no he visto a Raquel. Recibe saludos de Sybila y un abrazo de,

José María

---

224 Sobre dicha tesis, publicada con el título de *Las comunidades de España y del Perú* por la Universidad Nacional Mayor de San Marcos en 1968, ver Murra: «Semblanza de Arguedas», en el *Apéndice* de este libro.
225 Novela de Ciro Alegría (1939).

56

26 de abril de 1968.[226]

Querido John:

Pasado mañana salgo para Montevideo. Me quedaré unos días en Santiago y charlaré con Lola. Me alojaré en casa de Angelita, mamá de Gaby.

Estoy muy mal. No puedo escribir nada. En la Universidad Agraria me siento fuera de lugar; no sé casi nada de libros, teorías, métodos. En la casa [¿sudo?] pésimo; los dos niños me tratan como a un extraño o, más exactamente, como a una especie de proveedor impersonal de bienes y servicios. Sybila es un personaje superior que sin duda me quiere y con quien mis relaciones se han cargado de angustia. No tengo amigos a quienes [ILEGIBLE] a fondo. Me voy. En la soledad quizá escriba y me levante o me acabe de hundir.

No fui a México porque tenía una gripe atroz. Quizá haya sido mejor.

La situación del país es la más sombría. Acabo de almorzar con Cueto. Cree que el golpe militar de [ILEGIBLE] está dado. A mí no me pagan en la Universidad Agraria seis meses seguidos. Y no me van a pagar.

Pero tengo un buen proyecto de novela, *El zorro de arriba y el zorro de abajo*. Si alcanzo a escribir diez páginas, no me para nadie. Uno

---

226 Carta hológrafa en papel corriente.

170

de los personajes será Bravo Bresani: es una especie de zorro bellaco, «erudito», infantil, un nonato, un espécimen académico peruanísimo, un doctor. Ya verás. No faltará Matos; él parecerá «arriba» y «abajo». Estoy lleno de furor y piedad. Tú también estarás, como un «gringo» que sufre [ILEGIBLE] de los personajes será Bravo Bretes es una especie de zorro bélico erudito, intanul, un nonalo, un espécimen académico peruanísimo, un doctor. Ya verás. No faltará Matos, el panegía «arriba» y «abajo». Estoy lleno de furor y piedad. Tú también estarás, como un «gringo» que sufre [RECIBE].

57

12 de junio [de 1968].[227]

Querido John:

Me quedé aquí, con Lola y Angelita. Viñar desconfiaba del tratamiento, por haberse hecho amigo mío; yo temía la soledad de las pensiones. Me quedé y avancé mucho al principio. Pero me he estancado. Una señora me hace ejercicios y relajación tres veces a la semana, con Lola tengo entrevistas tres veces. Ya casi no tenemos de qué hablar. Las fuentes de mis trastornos no son muy sutiles, son gruesas, macizas, solidificadas. Me siento muy pesimista. Es monstruoso cómo no supe apreciar o descubrir en su debido tiempo a la maravillosa mujer que tengo. Le temía; temía lo que en ella hay de mejor. Quise irme de este mundo cuando lo mejor de este mundo me había sido dado, quizá a destiempo. Estoy escribiendo en estado de plena agonía mi novela sobre Chimbote. Te recuerdo mucho. Lola te envía muchos saludos. No puedo permanecer aquí por más de dos semanas. Me vuelvo al Perú. Allí en tres meses más habré salido de este pozo o me habré aniquilado por completo. Si hubiera salido, si me hubieran enseñado algo de cómo la compañera, la esposa puede ofrecer lo que verdaderamente necesita un sujeto como yo para ir todo lo lejos posible. Pero enseñaron exactamente lo contrario. Lo veo ahora. Pero el hombre está pleno de posibilidades desconocidas. Creí que

---

227 Carta mecanografiada en papel corriente. No lleva el año, pero por la alusión a Chimbote parece de 1968.

al segundo capítulo del libro, estaría ya salvado, pero Chimbote, lo que sabe el zorro de abajo no lo sé bien. Y eso es trabajo agónico, John. Ya te escribiré más largo.

Te abraza,
José

58

4 de agosto de 1968.[228]

Querido John:

Lola me dijo una vez que el cúmulo de circunstancias favorables que me salvaron de las crisis graves y que me abren al porvenir en medio de esta crisis, la más peligrosa, que me persigue, no puede llamarse buena suerte sino *destino*. Hoy he conseguido la promesa de arrendamiento de dos cuartos muy buenos en el barrio de San Pedro. Lo único que tienen de malo es que el techo está con muchos claros y debe filtrarse fuerte el frío. Hoy obtuve esa promesa mediante el auxilio de mi sobrina y recuperé mis dos amigos antiguos. También obtuve la promesa de una señora muy pobre que me dará alimentos. Espero no sólo aguantar las deficiencias (no hay luz ni agua) sino que ese ambiente en el que hay tanta gente pobre andina, tantísimos perros, me reconforte y me infunda la materia que necesito para vencer el ansia de muerte que tan difusa y tenazmente me asalta desde no sé que región muy profunda del subconsciente. Esta mañana en San Pedro estuve muy animado; en la mañana, al levantarme, me sentí pésimo.

Te escribo porque comprendo que me acompañaste a Chimbote más que todo por acompañarme. Todo cuanto hablamos en el camino y en el bar del hotel mientras tomábamos té y café me sirvió mucho. Yo no tomo apuntes. Todo lo guardo en lo intuitivo. O escribiré una buena no-

---

228 Carta mecanografiada en papel corriente.

vela o no serviré para más nada. Si escribo la novela podré seguir haciendo otras cosas. Todo cuanto me dijiste me hizo encender la llama de la vida; porque yo estoy padeciendo una dejadez por la vida. Al día siguiente tuve una charla de cuatro horas con el cura Camacho. Es un cura norteamericano verdaderamente muy valioso. ¡Cómo lamentamos que no estuvieras con nosotros! Camacho está magníficamente bien informado sobre el mundo actual y sobre el Perú y lo que él llama la «revolución» (destrucción de los grupos de dominadores egoístas nacionales e imperialistas) lo funda luminosa y firmemente en su concepción de Dios. Me hizo mucho bien hablar con él. Es un cura fuerte como si estuviera hecho de acero; habla con gran fluidez el castellano. Concluimos tratándonos de tú. No mencionó su ofrecimiento de alojarme. Ahora es un buen amigo mío para siempre. - Al día siguiente estuvimos cinco horas en compañía de una monja de Berkeley que está recogiendo su material para la tesis en antropología. Su maestro es Foster.[229] Hace siete meses que vive en casa de un vendedor ambulante de pescado en la barriada El Acero. El vendedor no le quiere cobrar ni casa ni comida. ¡Monja tan o más formidable que Camacho! Gran mujer, gran persona. ¿Cómo no voy a vencer este maligno ataque de la muerte con tanta ayuda? Lo malo es que estaba desprendiéndome de todas las cosas que me ligan a la vida. Siento que lo estoy recuperando. Ese mes y medio en la Agraria a mi vuelta de Chile me aniquiló. Debí haberme venido de frente aquí, pero necesitaba la plata. Tengo un dolor casi descomunal a la cabeza, pero no es la primera vez. Te escribo estas líneas para expresarte lo bien que me siento al recordar tu *compañía*, es decir, tus ideas sobre el mundo andino, tus comprobaciones, tus estimulantes convicciones acerca de cómo se puede defender la cultura andina porque es buena para el hombre. Yo te diría como un viejo cristiano andino: «Que Dios te conserve por muchísimos años y te ayude a difundir tan obvias convicciones al mundo entero».

Te abraza tu wawqe. *Nispam nin* wawqiyki,[230]

José María

---

229 George Foster: antropólogo norteamericano. Colaboró con el Instituto de Antropología Social del Perú.
230 Arguedas emplea aquí una frase formularia de la narración oral quechua, típica de los mitos de Huarochirí que tradujera a partir del manuscrito de Avila: *nispa nin* (literalmente, dijo diciendo). Podríamos traducir así la despedida de la carta: «Te abraza tu hermano. Tu hermano el narrador» (literalmente: «tu hermano que dijo diciendo»).

59

Querida mamá Lola:

Le envío copia de la carta que le escribo a E.A. Westphalen, gran poeta que fue entre 1930 y 1933. No sé si se acordará de él; creo haberle hablado con frecuencia de cómo él, el poeta más admirado de los jóvenes limeños de aquellos años y el intelectual más erudito de entonces —tiene la mismo edad que yo— fue quien mejor y más directamente me estimuló, cuando yo era un recién llegado de la sierra, «un huanaco de las punas» como solían llamarnos a los andinos. Emilio edita ahora y dirige la revista de mayor prestigio que aparece en Lima y una de las más estimadas de América Latina.[232] - Aquí estoy, en Chimbote, de nuevo. Vine de Lima en mi carrito, con John.[233] Hablamos mucho de usted y de Santiago. El me confesó en largas charlas que tuvimos al estímulo de esta ciudad infinita, algunos de sus tenaces y atroces padecimientos. Dos días antes le había oído dictar acaso la mejor conferencia que he escuchado en mi vida. La ofreció en el Departamento de Sociología que yo dirigía. Nos hizo mucho bien a ambos. - El mes y medio que tuve que dirigir el Departamento me hizo un daño muy fuerte; me rindió y sólo después de ocho días de permanencia en el puerto empiezo a aletear. Me hizo un bien

---

231 Carta mecanografiada en papel corriente. Incluye copia de una carta a Emilio Adolfo Westphalen, poeta peruano amigo de Arguedas, a quien éste le dedicara *El zorro de arriba y el zorro de abajo*.
232 Se trata de la revista *Amaru*.
233 Se refiere a Murra.

formidable la compañía de mi mujer, la Sybila. Ella es para mí un poco como un universo tan fascinante e intrincado y lleno de apariencias para mí algo espantables como Chimbote, como toda esta costa peruana donde luchan al infinito lo nuevo y lo antiguo. ¡Cómo recuerdo las palabras suyas! Pero no hago ningún ejercicio, de esos tan buenos como me los enseñó la señora uruguaya, tan simpática e inteligente. Espero que el bienestar, la resurrección venga por sí misma y por sí misma viene todavía.

¿Cómo estará don Pancho? ¿Y el Panchín? ¿Y [espacio en blanco] Me acuerdo también del búho pero es la memoria la que me falla en forma que asusta; no puedo acordarme del ostentoso nombre que tiene. - Estoy a punto de ir a vivir al barrio San Pedro, a ése que está en el gran médano donde vivían las prostitutas del corral que aparecen en el segundo capítulo. Hay chanchos mostrencos en abundancia, buenas personas, anhelantes de recibir algún bocado y palabras cariñosas. Les hablaré de usted y quizá me entiendan.[234] - Puede ser que vaya a Santiago el mes entrante invitado por la Editorial Universitaria. ¡Qué bueno sería! -Toño, el de las palabras sobre el capítulo, es Antonio Cisneros, ganador del Premio Casa de las Américas en Cuba, poesía, 1967. Ya ve, sigo aprovechándome de la angustia. Mi mujer va siendo cada vez más mi mujer y es una mujer formidable. - Sebastián[235] se fue donde su abuelo y está feliz. Después le hablo de esto.

José

---

234 Precisamente es un chancho el que le inspira a Arguedas en el Primer Diario de *Los zorros*... uno de los pasajes más líricos de su narrativa toda:

...no hace quince días que logré rascar la cabeza de un *nionena* (chancho) algo grande, en San Miguel de Obrajillo. medio que quiso huir, pero la dicha de la rascada lo hizo detenerse; empezó a gruñir con delicia, luego (¡cuánto me cuesta encontrar los términos necesarios!) se derrumbó poco a poco y, ya echado y con los ojos cerrados gemía dulcemente. La alta, la altísima cascada que baja desde la inalcanzable cumbre de rocas, cantaba en el gemido de ese *nionena*, en sus cerdas duras que se convirtieron en suaves; y el sol tibio que había caldeado las piedras, mi pecho, cada hoja de los árboles y arbustos, caldeando de plenitud, de hermosura, incluso el rostro anguloso y enérgico de mi mujer, ese sol estaba mejor que en ninguna parte en el lenguaje del *nionena*, en su sueño delicioso.

235 El hijo de Sybila.

Querido E. A.:

Tú sabes que aquel diario escrito en Chile es más confesión que creación. Sólo en estos días he comprendido el bárbaro daño que me hicieron esos casi cincuenta días que estuve a cargo del Departamento de Sociología de la Universidad Agraria a mi vuelta de Chile; las sesiones de hasta siete horas seguidas en que se debatía la suerte de profesores bajo presiones que hacían daño. La primera semana que pasé aquí y la última que estuve en Lima fueron atroces. Vine con Murra a Chimbote y al día siguiente apenas podía hablar. Cuando Murra se fue mi ánimo estaba casi inanimado. Sólo se despertó mi sensibilidad e imaginación cuando cesó la veda y los muelles de las pesqueras se llenaron de actividad infinita. Hasta antes de esos días no tenía más anhelo que la muerte. Así se lo dije a Sybila. Felizmente ella vino. Y hoy he corregido el segundo capítulo. Y no lo he encontrado malo, hasta lo he encontrado bien preñado. ¡Tú puedes imaginarte Emilio lo atroz que ha sido la semana pasada! Pero hoy creo haber iniciado otra resurrección. También que a todas esas presiones y problemas agudos particulares que cada quien tenemos, se agregan los que nos afectan a todos. Lo de Biafra, lo de Checoslovaquia, lo de la Brea y Pariñas. ¡Tenemos que sufrirlo todo! Y todo se sobrelleva y hasta se domina cuando uno tiene otra cosa que oponerle. Aquel trozo de Whitman:[236] «Tremenda y deslumbrante la aurora me mataría si yo no tuviera otra aurora dentro de mí». A veces se hace el infierno. Ahora la Sybila me ha dejado mejor. Y he pensado en ti y en Judith, en Inés y Sylvia; una familia que hemos formado. - Te pido que le des la copia del capítulo a Sybila; yo te la devolveré corregida; en algunas páginas he hecho correcciones largas.

La novela se presenta en casi toda su silueta. Si sigo bien la apretaré en unas trescientas páginas, o sea, unas quinientas, a lo más, de máquina. - Te envío copia de las líneas que me envió Toño sobre el [sic] que publicaste en *Amaru*. Esta novela será posible gracias a las muchas muertes que he sufrido desde que terminé de escribir *Todas las sangres* [237] y

---

236 Se refiere al poeta norteamericano Walt Whitman, autor de *Leaves of grass.*
237 Se refiere a lo que sufrió por los comentarios negativos que sobre la novela expresaron algunos de los participantes en la mesa redonda organizada por el Instituto de Estudios Peruanos de Lima en 1965. Ver nota a la carta del 17 de diciembre de 1968.

las consiguientes resucitadas. - Espero volver a Lima dentro quizá de un mes. Entonces lo celebraremos en tu chifa[238] de Miraflores. Como verás estoy contento. Mi mujer me acompañó bonito y ojalá no se trate sólo de un mero recreo en la oscuridad sino de un verdadero achikyay (*).

José

(*) amanecer

De Toño: «Qué contento estoy de ser tu amigo. Hace tiempo que nadie escribía con tanta verdad y fuerza. José: eres poderoso una vez más, ya nadie se atreverá a llamarte doctor alemán. Tengo gran ansiedad por leer el plan general de la novela. A través del capítulo es imposible atisbarlo. Se manifiesta autónomo, redondo, cerrado en sí mismo, todos los planos que allí se revuelven se enredan sólidamente, con evidente necesidad. El Ave Fénix sacude sus alas otra vez».

---

238 Chifa: nombre peruano para restorán chino.

60

[¿22? de octubre de 1968].²³⁹

Querida mamá Lola:

Viajo el sábado. ¿Podría verla ese día en la tarde? Estoy de gran actualidad por haber obtenido el premio Garcilaso. Le envío una nota que acaba de salir en el diario *Expreso*. Voy en pésimas condiciones que a lo mejor no son tan pésimas. Reciba un abrazo de

José

---

239 Carta hológrafa escrita en papel timbrado de Francisco Moncloa Editores (en la librería de Moncloa trabajaba Sybila). No lleva fecha pero la carta contiene un recorte del periódico *Expreso* fechado el 22 de octubre de 1968. A partir de este dato fechamos tentativamente la carta.

61

Lima, 17 de diciembre, 1968.[240]

Querido John:

Recibí tu carta aquí. Llegué el viernes, hoy es martes. Estuve en Santiago algo más de seis semanas. Me fui en las peores condiciones: luego de dos semanas de agonía, volví a la vida y hasta logré escribir cl tercer capítulo de mi novela, capítulo crucial, pues pude salir del atolladero sociológico que no me permitía levantar vuelo. Luego de dos días de discusiones con Quijano,[241] de a cuatro horas cada una, logré el convencimiento definitivo de que la novela va bien. A Quijano le parecían malos los dos capítulos propiamente dichos (II y III) por las mismas razones que me hacían dudar a mí de su calidad: no reflejaban fielmente la realidad de Chimbote. ¡Felizmente! la novela, para ser tal, tiene que ser el reflejo de lo que soy yo y a través mío, si es posible, el reflejo de Chimbote: de ese inaprensible hervidero humano y a través de ese hervidero,

---

240 Carta mecanografiada en papel corriente.
241 Aníbal Quijano: sociólogo peruano. Uno de los mayores críticos de Arguedas en la mesa redonda sobre *Todas las sangres* organizada por el Instituto de Estudios Peruanos en Lima el 21 de junio de 1965. Participaron también Jorge Bravo Bresani, Alberto Escobar, José Matos Mar, José Miguel Oviedo, Sebastián Salazar Bondy y Henri Favre. Sobre dicha discusión ha escrito Arguedas: «... convencido hoy mismo de la inutilidad o impracticabilidad de formar otro hogar con una joven a quien pido perdón; casi demostrado por dos sabios sociólogos y un economista, de que mi libro *Todas las sangres* es negativo para el país, no tengo qué hacer en este mundo. Mis fuerzas han declinado creo que irremediablemente». (Citado por Nelson Manrique en «Una mirada histórica» (*José María Arguedas veinte años después: huellas y horizonte 1969-1989* (Lima, Universidad Nacional Mayor de San Marcos, 1991, p. 58).

mi propio hervidero que es fenomenal, del Perú actual y del descomunalmente no diría que martirizado sino acicateado hombre actual. Las criaturas que alcancé a crear en mis novelas anteriores son la huella tenaz de las que conocí en el Perú y con las que me identifiqué y por lo mismo las modifiqué, caricaturicé o idealicé hasta el infinito. -Pero hace sólo cuatro días que estoy en Lima y ya se me quitaron las ganas de vivir. En Santiago tengo un hogar, dos madres, una criada muy semejante a las que me protegieron en mi infancia, muchas mujeres maravillosas y felizmente inalcanzables: aquí tengo una esposa que es amantísima e inteligente, inmejorable gerente o directora de una librería, animadora, la mejor, de grupos juveniles muy activos, ardiente compañera en el lecho y, por eso, para mí temible. - Me vuelvo a Santiago, John. No sé por cuanto tiempo. Sybila ha aceptado con lucidez y decisión esta solución que es buena y ella lo ve como la mejor, no por las consideraciones que a ti te expongo, sino porque en mi casa no se puede trabajar, porque el ambiente de Lima es triturante y en cambio en Santiago tengo una casa tranquila, ambiente inmejorablemente sedante... Así quizá concluya de escribir la novela. Ahora apenas puedo escribir una carta y eso por ser a ti, por estar destinada a ti. He arreglado mis cosas en la Universidad Agraria: me darán licencia hasta agosto de 1969. Tengo con qué vivir yo y mi familia hasta esa fecha. En Santiago se vendió en diez meses la edición íntegra (5,000) de *Los ríos profundos*, sale otra en estos días y sale también en estos días *Yawar fiesta* en la Editorial Universitaria de Santiago. Espero vivir, allá, hasta concluir la novela. Luego, que venga lo que venga. - El ambiente del Perú, como siempre, es para gente con nervios bien puestos: los míos están, como ya sabes, en las finales. Pero haré la novela. Los estímulos son muy grandes. Nunca he sido más estimado por la buena gente. - Ya veo que tú también peleas duro. Y nuestros casos son en mucho semejantes. A ti se te considera una especie de gigante algo incomprensible en tanto que muestra maravillosamente su potencia pero no la ejercita, en obras perdurables, ni en un centésimo de su energía. «¡Ya saldrá!», les digo. Nos ha dado con sus enormes manos tantas cosas. Pero, por eso mismo la gente espera y está constantemente pendiente de ti. Se te cita como ejemplo máximo de lo máximo que puede ofrecer la etnología como instrumento y posibilidad. Ayer nomás en La Molina, entre Aste, Quinteros,[242] Ratto y

---

242 Walter Quinteros —antropólogo peruano— actualmente enseña en el Departamento de Psicología de la Facultad de Ciencias Sociales en la Universidad de Puerto Rico. A la sazón enseñaba en la Universidad de San Marcos de Lima.

Benavides[243] se decía eso. Y con eso se demostraba que la etnología es mucho más fecunda que la sociología. - Bueno John: estoy pésimo, pero acabo de hacer el curriculum vitae y lo voy a enviar a Rumanía. Unicamente a una reunión como esa quizá tendría fuerzas para concurrir. ¿Y el curso de quechua, cuándo es? Te abraza,

José

¡Cómo se murió Carlos Cueto!

_____

243 César Benavides: agrónomo peruano.

62

Lima 19 de diciembre de 1968.[244]

Mamá Lola:

Mientras le escribo, la pequeña casa del antiguo hotel en que vivo está rodeada exactamente por catorce niños de entre 4 y 10 años que chillan con toda la alegría y fuerza de su bella infancia. Encontré la casa mucho más desordenada que nunca; mi mesa escritorio tiene, sin exagerar, tres rumas de papeles y revistas que dejan apenas espacio para la máquina de escribir. La mayor parte son revistas y libros que fueron llegando por correo dirigidas a mí, otra parte son papeles y revistas de Sybi que ahora es una especie de jefe de redacción de la buena revista *Mujer*. El water del baño hay que hacerlo funcionar metiendo el brazo hasta el codo; las cortinas siguen prendidas con unos alfileres que aquí llamamos imperdibles; para encontrar un par de zapatos la misma Sybi tiene que ponerse a cuatro pies y gastar unos diez minutos durante los cuales no deja de lanzar buenas exclamaciones de impaciencia y cólera. Nos hemos juntado dos desordenados con la diferencia de que yo tuve durante la mayor parte de la vida quien me ayudara a conservar las cosas en orden.

Felizmente Sybila ha entendido lúcidamente la situación. Vamos a adquirir un sitio cerca; yo voy a ir a Chimbote por un par de semanas, luego me voy a Santiago hasta marzo o abril, inclusive; mientras tanto Sybila verá el trámite que se requiere para la cooperativa a que pertenecemos

---

244 Carta escrita a máquina en papel corriente.

pueda construirnos una casita funcional en que yo pueda trabajar. Si eso no se ha conseguido, o algo en Santiago o me voy a Caraz que es un maravilloso pueblo que está cerca de Chimbote, en la zona de la sierra, a dos mil metros de altura y donde mi amigo Jorge Angeles me ofreció todo el segundo piso de su casa. El Museo de Puruchuco está caldeado ahora hasta los tuétanos; está al pie de una cordillera seca que refleja el calor del sol como un espejo; por otra parte, me he vuelto a venir, cuando mis energías empezaban a encenderse, cuando mi resquebrajado mundo interior se enfilaba en un torrente; cuando a la luz de la sabiduría, del amor y de la contagiante e irradiante vitalidad de usted, el hervidero de Chimbote a través del cual iba vaciándose mi propio hervidero y acaso el del propio ser humano actual, nunca más candentemente acicateado, se volcaba ya en el curso de un relato múltiple. Allí, en ese relato, podía darse desde el regocijo del chancho feliz que se revuelve en el fango cargado de la esencia del mundo hasta la de Maxwell, el «cuerpo de paz» norteamericano cuya maravillosa angustia me fue transmitida más que por las palabras por los hechos, eso sí, novelescos que vivió en las oficinas del Departamento de Folklore y en Puno, hechos de los que me informé y que yo he idealizado y caricaturizado. ¡Tengo que volver a continuar este trabajo, allí donde mejor lo puedo hacer! Ahora estoy ya de nuevo, como le dije ayer al Dr. León,[245] deseando un poco densamente la muerte; me ha vuelto el dolor a la nuca; y sólo así me di cuenta de que ese dolor me había desaparecido. Santiago es para mí un completo sanatorio de estímulos, de sedantes; la propia Sybila, por mi modo de ser, creo que significa más para mi trabajo estando lejos de aquí donde la veo sólo en la noche. Cuando estoy ausente, ella se multiplica, los domingos esta casa está llena de jóvenes que trabajan y se divierten y están dispuestos [a] cualquier sacrificio por la causa del Perú. A ellos no sólo no les importa el desorden sino que lo crean y se sienten mejor en el desorden, o por lo menos así me parece.

Anoche, en viaje de Lima acá vine repitiendo una intraducible canción quechua que me hizo recordar mi queridísima amiga Racila. Le he creado dos estrofas más, porque sólo nos acordamos de una cuyo contenido le explicaré en Santiago. ¡Yo siempre he escrito algo mientras todo mi espíritu nadaba en la luz de estas canciones quechuas! Creo haber encontrado la del *Zorro de arriba y el zorro de abajo*. Ese tipo de música

---

245 Se trata de su psiquiatra limeño.

caldea la memoria y funde como ninguna otra cosa en un solo torrente miles de vidas.

Sybi es una mujer joven e incomparablemente cálida y cariñosa en el lecho. Yo sigo sintiendo una especie de temor religioso a los tipos de relación tan quemantes. La vitalidad que se vierte en esos encuentros me deja como exangüe y como excesivamente recompensado. ¡Debo hacer algo importante para recibir ese bien, al final de la obra! Mientras tanto me hacen mucho bien, me mueven los amores caballerescos. Los otros, los vierto en el relato cuando es menester. Usted me entiende, Lola. Yo he sido y seguiré siendo aún una especie de ángel caído que busca su redención. No creo merecer la vida; o mejor para merecerla debo hacer algo cada día y ese algo es únicamente escribir, como sólo en Santiago, por ahora, alcanzo a hacerlo. Aquí me devoro yo mismo en la candela de las reflexiones sin salida, de reproches absurdos y algo suicidas. ¡Me voy allá! Me bastará con que usted me reciba una vez cada quince días para hablar con esa especie de distancia que es como la que hay entre el sol y las criaturas que reciben su calor; la más próxima, la más respetuosa, la que prontamente hace brotar las semillas. Cuando esté a mitad del curso de la novela es posible que la pueda hacer ya en cualquier sitio, sobre todo en Caraz. - Me he sentido mucho mejor escribiéndole. Ayer y hoy me sentí pésimo y el coro de los chiquillos no deja hacer nada ni siquiera oír la cinta de la relajación. Hay en los 27 chalecitos de este hotel probablemente unos cien niños y nuestra casita está en el pasaje que comunica un tercio del hotel con la calle de salida donde hay un acueducto y frente mismo a la casa hay un fantástico árbol o dos que forman un arco donde los niños pueden subir, y desde ahí chillan como condenados. Desde mañana me iré a algún sitio. Me vine demasiado pronto, porque ahora no puedo moverme hasta que pase la bendita pascua. - Reciba usted el recuerdo de este buen hijo viejo y casi irremediablemente regalón, aunque no aspira a ser más, y más bien menos, que «Edmundo» o el «Cant».

José María

63

Lima, 22 de diciembre de 1968.[246]

Querido John:

Sólo hoy nos dimos cuenta de que Sybila envió a Bucarest la tarjeta de inscripción para intervenir en el coloquio sobre el cuento y no acompañó la hoja con el curriculum vitae. Ella no leyó tu carta; yo le entregué la tarjeta con el curriculum y con el apuro con que está en estos días en la librería no se dio cuenta de que el curriculum era para Bucarest. He rehecho a toda velocidad el curriculum pero, desgraciadamente, en tu carta no aparece la dirección de los organizadores de la reunión; por eso te la envío, confiando en tu inagotable generosidad a fin de que hagas el favor de remitirla, directamente a los organizadores si dispones de la dirección o, por intermedio de la familia de Rumanía, si no dispones de esa dirección.

Hoy ha sido un gran día. Con gran temor leímos con Sybila el capítulo II de la nueva novela. Escribí ese capítulo tres veces casi en su integridad y tenía miedo de que no hubiera quedado bien. ¡Lo encontré formidable, como hace 34 años, cuando leí la segunda versión de *Agua* que, como en este caso, guardé durante seis meses por idéntico temor y esperanza! La primera versión de *Agua* la rompí a pesar de que a los amigos les pareció muy buena. No era buena. Requería de un estilo nuevo y con

---

246 Carta mecanografiada en papel corriente. La última oración del último párrafo es hológrafa.

gran trabajo lo encontré. También ahora, para Chimbote y para lo que soy ahora, una especie de otro hombre, necesitaba de otro estilo, ése que se insinúa en el capítulo aparecido en *Amaru*. Este estilo se hace, por fin, límpido, pleno y distinto en el tercer capítulo donde la novela alza definitivamente el vuelo. ¡Estoy feliz; estoy joven; he recomenzado una nueva vida de creación! Habrá hasta dos personajes fundamentales norteamericanos y otros dos secundarios; dos civiles y dos religiosos. Ojalá podamos ofrecer un testimonio de este tiempo en que vivimos un poco como ángeles y otro poco como condenados. Yo jamás renegué de mi tiempo y del hombre que soy y de cómo son mis compañeros en este mundo. - Me voy a Santiago, con el beneplácito y la aprobación amorosa de Sybila. Acaso no vuelva hasta que haya concluido la obra. - Y ahora sí tengo ilusión de ir a Rumanía; tener la experiencia de esos países socialistas. Ojalá no me veten. No sería justo y ojalá que mi curriculum los entusiasme hasta lograr que me inviten. Si, por los amigos que puedan habar en Bucarest, se me diera algún indicio de cierta posibilidad, me dedicaría en Santiago, con mucho regocijo a repasar mi pobre francés.

Espero recibir unas líneas tuyas aquí o en Santiago. - También decidimos comprar una casita en Chosica; se vende barata y es como para nosotros. Quizá una cooperativa en la que puse el monto del premio y unos veinte mil soles más me den el dinero suficiente para adquirirla; cuesta 450,000 soles, exactamente unos diez mil dólares; tiene 750 metros cuadrados. El préstamo lo pagaría en veinte años.

Un abrazo del wayqi,

José María

64

Lima, 6 de enero de 1969.[247]

Querido John:

Espero que no te hayas disgustado por el servicio que te pedí en mi ultima carta con respecto a la reunión de Bucarest y mi curriculum vitae. Una de las cosas que más asombro me causan es el orden, la estrictez y la dedicación que Sybila pone en el cumplimiento de sus trabajos rentados y el caos que diríase que cultiva en el manejo de sus cosas y las de la casa. Así perdió la hoja de información sobre el coloquio del cuento y se olvidó de incluir en el sobre enviado a Bucarest el curriculum. Creo que, efectivamente, este caos de la casa es una respuesta al monstruoso orden que existe en la casa de la madre de Sybila; así como la avaricia y la fatuidad sin comparación de la madre ha causado también la absoluta despreocupación por el dinero de Sybila y por los trajes y adornos. En otras cosas Sybila, en lo más importante, es una mujer maravillosa.

Pero esta carta tiene por objeto dar una información excelente y tan jubilosa como la que te comuniqué en mi carta pasada:

Tu conferencia en La Molina ha tenido repercusiones constantes y cada vez más importantes. Hoy fui a la Universidad Agraria a concluir ciertos trámites sobre mi licencia sin sueldo hasta agosto y a informarme sobre la acogida que tuvo mi proyecto acerca de la literatura oral y el estudio de la cultura. El proyecto no sólo fue muy bien recibido sino que,

---

247 Carta mecanografiada en papel corriente.

Quinteros, Murrugara y Aste, a iniciativa de Quinteros, ampliaron el proyecto y lo convirtieron en un vastísimo plan de estudio de la cultura andina en relación o tomando como centro las fiestas y la literatura oral. Esta tarde será propuesto a Frankel como el proyecto central de la Facultad para el estudio de la sociología rural en el Perú y en el área andina. Quinteros está muy entusiasmado y se ve que ha estado rumiando, asimilando cada vez con más amplitud y claridad, el fondo de tu conferencia. Así me lo dijo. Me contó que Frankel se va del Perú a un cargo de asesor general, o algo por el estilo de la Fundación y que al Perú viene un exprofesor de la Agraria para reemplazar a Frankel. Se me ha comunicado que a mi vuelta de Chile, en agosto no me dedicaré a otra cosa que a dictar quechua y a trazar los detalles del proyecto en lo que se refiere a la literatura oral. Mañana le escriben a Ortiz, a París, informándole de las gestiones que se hacen y comunicándole que, si tienen resultado, él se incorporaría a la Facultad. Quinteros me mostró las anotaciones que hizo al desgraciado ensayo de Matos publicado en el libro *Perú, problema*; las consideraciones que hizo acerca del proceso de corrupción mental de Matos, a la manera de la de un «cholo» emergente; la diferencia que estableció entre el «sancochado» que representa el ensayo ése y la promesa que significaban los primeros estudios sobre Taquile[248] me hicieron recordar mucho lo que tú sueles afirmar sobre el mismo asunto. Para mí fue una verdadera sorpresa muy grata las noticias que recibí en La Molina hoy en la mañana. Hasta se pensaba que si todo se obtiene y se pone en marcha podía aspirarse a que vinieras a dar una asesoría general al plan, invitado especialmente por la Universidad Agraria. Tan bueno era el ambiente que yo hice un recuento de nuestra reunión de Huampaní y de cómo fue torcido ese excelente proyecto. Por ahora se piensa que el gran proyecto tendría como responsables al mismo Quinteros, a Torero y a mí. He aquí que yo, que me consideraba ya cadáver o semicadáver para la etnología, parece que tengo la posibilidad de una nueva perspectiva. Me resulta, pues, muy oportuno y singularmente necesario asistir a la reunión de Bucarest. ¿Cómo enfocan el estudio del cuento los especialistas? Tu te informarás algo más detalladamente de lo que yo, como un modestísimo etnólogo pienso sobre el tema, en la copia del proyecto presentado que te incluyo en esta carta.

---

248 Por ejemplo, «La propiedad en la isla de Taquile (lago Titicaca)» (*Revista del Museo Nacional*, Lima, 1957).

El Departamento de Antropología de San Marcos ya está hundido en una crisis enredada y algo turbia. Montoya[249] ha vuelto a mostrar las garras de demagogo y de ambicioso; Lumbreras siempre fue muy ambicioso. Las declaraciones de ambos para la revista *Oiga* me causaron indignación. Lo que allí se muestra es una inadmisible falta de honestidad. Para ser revolucionario de veras se requiere, creo, la más firme e indestructible conciencia honesta. Y allí se calumnia. Se afirma que en el Departamento se enseñaba una antropología de hace cincuenta años. Y Montoya es quien más se rasga las vestiduras, cuando su tesis sobre Pacaraos fue un trabajo mediocre en que se analiza la influencia de la costa y de Lima y de los centros mineros en los cambios ocurridos en la comunidad. Me acuerdo que lo mejor que había en la tesis era la autobiografía de un pacarino residente en Lima. Yo me decidí a escribir una aclaración, pero no la encuentro buena y no me parece bueno meterme ahora en un fandango político. Lo haré en última instancia. Pero, como estarás enterado, la práctica expulsión de Matos del Departamento ha convertido a este señor de la antropología en un asustado, empequeñecido y arrugado individuo. Lo vi en una comida que le dieron hace una semana a Paco Miró Quesada.[250] Ha cambiado incluso de expresión. ¿Qué va a pasar, ahora? No lo sé bien, pero lo más probable es que el reinado de Matos ha llegado a su fin y que en la Agraria menos perturbada por la excesiva influencia política pueda reiniciarse el estudio etnológico del país. Yo estuve los últimos días sumamente pésimo. Ayer, precisamente ayer, un acto que consideraba mortal, por causa de mis prejuicios, no sólo no me mató sino que me sacó, mucho, de mi abatimiento. Pero me voy dentro de diez o quince días a Santiago y no espero volver hasta concluir la novela o hasta convencerme de que no la puedo hacer y curarme lo más que pueda. La muerte de Alicia y de Cueto ha tenido una repercusión atroz en mi malestar. Ambos estuvieron encarnizadamente vinculados a mi destino y es como si algo de la respiración se me hubiera quitado. Así soy. Pero las perspectivas son buenas aunque las políticas sean oscuras, las de la Facultad de Ciencias Sociales en la Agraria son buenas, muy buenas. Te ruego escribirme unas líneas a mi apartado de Lima. Estoy bastante agobiado por el dolor de la nuca. - Te abraza con el mayor afecto,

José

---

249 Montoya: antropólogo peruano de Puquio.
250 Francisco Miró Quesada: filósofo peruano. Fue Ministro de Educación.

65

Chimbote, 13 de enero, 1969.[251]

Querida mamá Lola:

Hace tres días que estoy en el puerto. He encontrado cambios increíbles y muy importantes para alcanzar aun más lo que siento y creo que es la entraña de esta ciudad únicas. Vine en condiciones muy malas. El viaje que dura unas seis horas lo hice en algo más de diez. Nunca reflexioné tan maduramente sobre el curso de la novela que en estas diez horas en que vine manejando y tratando de descansar algo en los sitios más atractivos e impresionantes de los cuatrocientos kilómetros de desierto y oasis. Creí, antes de salir, que había vuelto a perder el contacto con la naturaleza. En Los Angeles donde vivo, la bulla de las parvadas de niños ahora sueltos y locos de alegría, el bárbaro pito de los trenes, especialmente del que pasa, a veinte metros de la casa, a las cuatro y media de la mañana y, sobre esto, mis achaques incurables, me habían apabullado hasta casi el límite. El maravilloso paisaje de la costa peruana me volvió nuevamente a la esperanza y a la vida. Pero este hotel en que estoy alojado me volvió a apabullar. - Hoy me mudo al excelente local parroquial del puerto; me alojan los padres norteamericanos, entre los cuales está el joven Camacho del que le hablé. Es un sacerdote formidable, en todo sentido, y por lo mismo causa preocupaciones a todos. Ojalá me vaya bien. Yo partiré a Santiago dentro de unos quince o veinte días, en condicio-

---

251 Carta mecanografiada en papel corriente.

nes, como siempre, completamente nuevas. Esta vez más desanimado o, mejor dicho, más convencido que otras, de las casi insuperables perturbaciones que acorralan mis perspectivas. Me quiero confesar un poco por escrito antes de llegar. Quede, sin embargo, establecido que me voy porque estoy decidido a concluir la novela que nunca juzgué más difícil ni más posible de lograr.

Creo que mi conciliación con mis propios problemas sexuales ya no es posible. ¡Cuánto le he hablado de esto! Todo el universo ha girado para mí alrededor de este problema. Ha sido lo más anhelado y lo más temido; rara vez lo más estimulante, casi siempre aniquilante. Mi mujer en cambio tiene una euforia juvenil que se recrea con mi apetencia, siempre pronta y siempre torturante. Como creí siempre que la satisfacción sexual debía ser sólo una especie de premio máximo a alguna gran hazaña, la práctica casi cotidiana me causa una atroz sensación de desgaste y de angustia. Ya no lo puedo soportar más. Y no tengo descanso, porque no duermo y la grabación del ejercicio con su voz para relajarse parece que se hizo en alguna banda que no alcanza a reproducir ni mi máquina ni la de la Universidad. Me voy, pues a Santiago con una especie de lúgubre evidencia de que mi matrimonio está malogrado, a pesar de que nunca conocí una mujer más llena de encanto que Sybila. Este juego entre mi convicción de que ella es una joven tan libre de temores de toda especie y yo que soy un encadenado a todos los temores, este juego no concluye en liberación para mí, como esperaba y espera aún Sybila; ha desembocado en una agudización final de la constante tensión en que he vivido. Y acaso la propia dificultad que tengo de sacar adelante la novela sea un resultado de este penoso e inacabable combate que tengo contra mí mismo y que se hizo más agudo desde mi encuentro con Sybila. Felizmente ella no sufre. Está como autoprotegida en forma maravillosa contra todo tipo de sufrimiento psíquico. Como me dijo cierta vez su padre: «Ella va para adelante, ocurra lo que ocurra a su alrededor».

Algo que ha contribuido a oscurecer más mis viejas angustias ha sido la muerte de Alicia, la hermana de Celia. Yo no tengo la culpa de esa muerte pero fue como mi madre durante veinticinco años y no he podido asistir ni a su funeral ni ver a Celia. No tengo anhelo de ver a nadie. En cambio en Santiago tengo amigos con quienes mi espíritu se regocija. Estoy muy acorralado. Por eso iré a Santiago sumamente temeroso, más que ilusionado como todas las veces. Pero allí siempre he encontrado un camino para resurgir.

Concluyo estas líneas en la habitación confortable y tranquila que el Padre Camacho me ha ofrecido en la Parroquia. Este es un punto de observación completamente distinto de Chimbote. El Padre Camacho se proclama revolucionario socialista, ha ganado la confianza de todos los dirigentes obreros de izquierda de Chimbote pero hay quienes sospechan de él y le temen. Yo no tengo nada que hacer con estos temores, recibo a los seres humanos libremente y sin perder jamás la fe en ellos y la esperanza de recibir de cada quien un buen mensaje.

Así es, querida amiga; tengo la impresión de que ingreso a la última curva del camino, fatigado pero listo a saltar al primer buen contacto humano. Voy a llevarle de regalo dos o tres *illa-saras* que inesperadamente me trajeron de regalo. El *illa sara* es una mazorca de maíz especialmente rara por la dispersión de sus colores. Le hacen una trenza de las hojas de panca.

Recibí carta de John.[252] También él atraviesa por un período no bueno. Y me escribe algo dolorido aconsejándome que no deje de soportarme a mí mismo lo mejor que sea posible.

Muchos recuerdos al bravo don Pancho y a Panchín.

José

---

252 Se refiere a Murra.

66

20 de enero de 1969.[253]

Querido John:

Recibí aquí tu excelente carta. He pasado diez días en el local de esta parroquia regentada por padres norteamericanos. Ha sido una experiencia extraordinaria. He conocido a seis dominicos muy distintos unos de otros, tres de los cuales tienen un nivel humano e intelectual admirable: el padre Enrique Camacho, el padre Guillermo Mc Intire y un anciano padre llamado Guillermo. Los dos primeros son postgraduados de Harvard. He leído, verdaderamente maravillado dos artículos sobre la nueva teología católica y he charlado largamente con los padres Guillermo y Enrique. He conocido un aspecto nobilísimo, inesperado y reconfortante de la religión y del ser humano. Como dos de mis personajes diseñados para la novela son norteamericanos esta permanencia ha sido invalorable. He conocido a través de esos religiosos una faz de los Estados Unidos que de otro modo acaso nunca hubiera podido conocer. He tomado desayuno, almuerzo y comida casi todos los días con estos norteamericanos misioneros y he aprendido mucho de ellos, especialmente de los tan importantes San Pablo, San Agustín y Santo Tomás, acerca de quienes no sabía absolutamente nada y ahora he podido ser guiado hasta reconocer las orillas de esos verdaderos universos de la sabiduría humana. - El vie-

---

253 Carta mecanografiada en papel timbrado de los Padres Dominicos de la Parroquia de San José Obrero en Chimbote. Es hológrafa al final, desde «líneas desde...».

jo padre Guillermo *vive en la barriada de San Pedro,* adonde fui contigo.
Estuvo catorce años en la China y pidió pasar aquí sus últimos años, luego de haber sido profesor de un seminario en los Estados Unidos. Es un
hombre maravilloso; tiene 70 años y tuve que hacer un gran esfuerzo
para alcanzarlo en una de esas calles muy empinadas y de arena gruesa
de la barriada. Su serenidad, su «paz interior» son aparentemente plenas.
- Ha habido días en que me he sentido muy abatido, muy inferior al inmenso tema elegido para el libro, pero en algunos instantes me he sentido ilusionado. Claro que estoy muy deprimido pero con relámpagos de
ilusión muy profundos. - Te agradezco todo esto que haces por mí; tu
compañía, tu aliento, tu auxilio. Veremos que se hace con relación a
Matos. Ya te escribiré de Lima. - En cuanto a la reunión de Bucarest,
como he pedido seis meses de licencia sin sueldo quizá pueda solicitar
ayuda para el pasaje o para los viáticos. Lo plantearé. La situación de
Matos y de la antropología es difícil en San Marcos. Ha caído de la audacia y del arribismo excesivos de Matos a la demagogia. Hay alguna
posibilidad de que Alberto Escobar logre ser electo Rector de San Marcos. Si eso ocurriera podríamos planear cosas serias. Ojalá pueda recuperarme en estos seis meses que he de estar en Santiago. - Raquel estaba
muy preocupada por tu silencio y yo lo mismo. Ahora estoy muy animado y te escribo estas líneas desde la parroquia. Un abrazo,

José María

196

67

Querido John:

Recibí hace dos días tu carta. Anoche estuve con Emilio[255] y convinimos que era oportuno publicar los trozos que enviaste de Pércz Bocanegra.[256] Te envío la hoja en que aparece la transcripción que he hecho de esos trozos en la ortografía moderna y una traducción que acabo de hacer. La traducción de Flores[257] es apenas concebible que haya sido presentada a alguien como cosa seria. ¿Qué les ocurre a estos cuzqueños? Son fatuos, irresponsables y hasta un poco estúpidos, frecuentemente. Las traducciones de Pérez Bocanegra son muy buenas, se ciñen a la letra y contenido del texto quechua; únicamente la del segundo trozo es trunca; quizá porque la segunda pregunta, la que se refiere a la michka sara contiene lo mismo que la primera parte en cuanto a participación en una creencia idolátrica. Me han impresionado mucho estos tres trozos. ¡Qué maravilla como fuente de información sobre religión antigua debe contener todo el libro! Si hasta el mes de julio no cuadro la novela, dedi-

---

254 Carta mecanografiada en papel corriente. Con posdata hológrafa.
255 Se refiere a Emilio Adolfo Westphalen.
256 Arguedas se refiere al *Ritual formulario e institución de curas para administrar a los naturales...* de Juan Pérez Bocanegra (1631).
257 Jorge Flores Ochoa: antropólogo cusqueño, autor de *Uywamichiq punarunakuna: pastores de puna* (Lima, 1977).

caré el resto de mis días al quechua, con el excelente auxilio de Torero, a quien yo puedo también auxiliar. Yo te aconsejaría que no publiques la traducción de Flores; es inadmisible y si nos vemos con él aquí yo trataré de demostrárselo. Fíjate en lo que dice, en cómo traduce Pérez Bocanegra y la traducción que he hecho yo. Felizmente tengo al maestro Holguín.[258] En su diccionario yo encontré las palabras *salla*, que traduce por enamorada, y *tati* (quedarse pasmado). La que no encontré sino en la parte castellano-quechua fue *ayunar* que él escribe saçi. Flores no ha consultado a nadie y ha hecho una traducción cuyo contenido no se entiende o es completamente arbitraria.

La próxima semana espero viajar a Chile. Me alojaré siempre donde la madre de Gaby:[259] Lorena 1275; teléfono 251921, por si va algún amigo a Santiago. Aunque tengo muy pocas esperanzas, mañana en la Universidad Agraria voy a sondear la posibilidad de que me puedan dar pasaje o, por lo menos, viáticos para Bucarest. Te agradezco mucho tus gestiones ante la señora Osmundsen[260] de quien recibí una tarjeta de Navidad y ante la Ford. Ojalá pueda ir a esa reunión y conocer ese Museo de que me hablas.

Yo tengo días muy malos, muy malos, pero como relámpagos siento la esperanza de arribar y hacer todavía algunas cosas. ¿Podría publicarse en vez de la traducción de Flores la que yo he hecho con la transcripción del alfabeto moderno que te envío? Mañana revisaré la traducción con Torero, aunque me parece que el asunto no es difícil, en este caso.

Un abrazo,

José

Te escribí de Chimbote donde estuve alojado donde los dominicos norteamericanos.

---

258 Se refiere a la *Gramática y arte nueva de la lengua general de todo el Perú llamada lengua qqichua o del Inca* de Diego de González Holguín, publicada en Lima por del Canto en 1607.

259 Gaby: se la menciona por primera vez en esta correspondencia en la carta de Arguedas a Hoffmann fechada el 6 de enero de 1962.

260 Lita Osmundsen, funcionaria de la Fundación Wenner-Gren.

68

Querida mamá Lola:

Luego de la última permanencia en Chimbote anduve dando tumbos; llegué primero a la conclusión de que ya en Santiago no tenía ninguna posibilidad de remendar las cosas y, mucho más, con el seguro viaje próximo de Gaby que ocupará la pieza en la que yo trabajaba con una comodidad nunca antes disfrutada, excepto la vez que también estuve en casa de Angelita en Los Aromos. Luego de una experiencia insospechadamente rica en la Parroquia de los dominicos norteamericanos que tienen cuatro parroquias en Chimbote y de contactos más profundos con mis amigos de las barriadas y de los pescadores, el material de la novela resultó mejor esclarecido. Pero tuve días malísimos y, luego, casi sin qué ni por qué, disfruté de *dos* días, nada más que de dos días buenos, sin dolor de nuca, con ilusión, y cuadré el segundo capítulo, lo modifiqué, lo convertí en un verdadero cimiento del relato. Le agregué diez páginas y yo mismo las copié. Porque, antes, los dos capítulos no alcanzaban a convertirse en cimientos sino, por el contrario, abrían de tal modo el horizonte de la novela que no encontraba modo de encauzarla, de darle un cauce. ¡Conocía poco ese universo de Chimbote! La última permanencia ha sido la mejor. No sé si algo le escribí de esto.

Como me sentí tan animado obtuve que el Museo de Puruchuco

---

261 Carta mecanografiada en papel corriente.

que está en el valle, su director me cediera un dormitorio y una oficina. Me lo deben de entregar hoy. ¿Se da cuenta? Oficina y dormitorio a 8 km. de Lima, a un kilómetro de la carretera, en un lugar tranquilo. Pero en estos últimos tres días quebranté mi decisión de no ir a Chile. Había resuelto enfrentarme a mi propia situación, a no vivir como enfermo semiinválido desterrado y desarraigado definitivamente de su nueva familia; creía tener aún fuerzas para eso. Pero creo que no es posible. El tren de las 4 am, el desorden, la ausencia de Sybila desde las 9 am hasta las 10, a veces hasta las 12 de la noche; su ineptitud racional para ocuparse de la casa y de *mis* cosas; ella se ocupa de su oficina y de la revista *Mujer* que hace con otras jóvenes, se ocupa de eso con mi regocijo racional y mi desolación quizá algo senil o feudal; la casa está abandonada y Carolina vive aparentemente bien en esa libertad absoluta. ¿Qué hacer por mí? El Dr. León me dijo que no me quedaba otro camino que irme a Santiago, puesto que es ya el único sitio en que logro trabajar. Pero esa regla se quebrantó hace una semana. Esos dos días que tuve fueron mejores que los mejores que tuve en Santiago. Es que pude dormir una noche, nada más que una noche. - Así es que, querida mami, «me voy a Santiago», como reza un verso de Vallejo, quien soñó toda su vida ir a Santiago de Chuco para encontrar a su madre. No sé cómo me irá con Gaby más en la casa. Gaby está en una lucha acaso peor que la mía, pero no le queda otro remedio, también que irse; ya no tiene fuerzas para trabajar, va a renunciar al Banco. Creo que estoy obligado a hacer un último intento de salvar la novela. No tendré problemas económicos. Tengo para mantenerme en casa de Angelita unos meses. Si no encuentro sitio para escribir puedo ir donde mis suegros. Pero antes debo volver una vez más a Chimbote. Ahora los pescadores están en veda y podré charlar con ellos en sus casas con toda amplitud. Es posible que a fines de este mes llegue, seguramente muy agobiado. Pero ni usted, ni Santiago, me han fallado ninguna vez. Sybila está absolutamente de acuerdo con el viaje. Ella tiene su vida colmada, aunque a mi juicio no tan sustancialmente como podría ser.

Un abrazo,

José María

69

Santiago, 20 de marzo de 1969.[262]

Querido John:

En quince días escribí acaso el capítulo más difícil de la novela. Pero, luego, en lugar de sentirme fuerte y triunfante, me ha atacado desde ayer la melancolía. He escrito en 32 páginas la historia más tormentosa de Chimbote, en un diálogo entre el Zorro de Abajo y el Jefe de la Planta de la segunda fábrica en importancia del puerto y de todo el país. Conocí a este Jefe de planta mucho. Fue mi alumno en Guadalupe.[263]. El diálogo es completamente original. El zorro es un zorro pero el señor Rincón habla con él como con un caballero joven. El zorro está vestido de saco muy moderno, alevitado; es pernicorto, de cara alargada... Lo he presentado creo tan viva y constreñidamente como solía hacerlo Carmen Taripha, la gran informante narradora que tuvo Lira.[264] Pero me siento deprimido y te escribo. Quizá mi melancolía venga de no poder casi vivir en el Perú. Esa fragua me quema ya demasiado; hay que tener una energía descomunal para alimentarse de ella. ¿Cómo estás? Dime ¿recibiste la carta que te envié de Chimbote, con membrete de la Parroquia de los Dominicos norteamericanos? Te ruego que me contestes esta preguntita, porque el Padre Guillermo Mc Intire, un post-graduado de Harvard se

---

262 Carta mecanografiada en papel corriente. La última oración del segundo párrafo es hológrafa.
263 Se refiere al Colegio de Guadalupe en Lima, instituto de segunda enseñanza.
264 Jorge Lira: autor del *Diccionario Kkéchuwa-Español* (Tucumán, 1944).

quedó con el sobre para enviártelo.

He recibido una invitación del profesor Horst Baader, de Berlín, para ir a sustentar unas charlas con los alumnos del curso de Literatura latinoamericana, sobre mis novelas. Ese profesor le ha dedicado gran parte del curso a mis trabajos. Acabo de contestar diciéndole que no podría ir de inmediato porque eso rompería con el curso de la redacción de la novela. Quizá pudiera empalmar con Bucarest. Me pagan todo.

¿Te envía Raquel recortes del asunto de la Universidad en el Perú? Ese enredo va para largo. Casi todo está perdido, no sabemos hasta cuándo. Todo el panorama es incierto. - Te escribo estas líneas para decirte que he hecho algo que no creía estar en condiciones de hacer. Pedro Lastra, el mejor profesor de Literatura de Chile,[265] una especie de Alberto Escobar, daba saltos de regocijo y sorpresa mientras leía el capítulo IV que jamás creí que escribiría. Voy a intentar presentar por lo menos a dos norteamericanos muy angustiados por la suerte del ser humano. - Te abrazo. Escríbeme unas líneas.

José

---

265 También poeta.

70

Santiago, 5 de abril de 1969.[266]

Querido John:

Tu carta me llegó en un momento muy oportuno. He concluido de escribir el capítulo quinto de la novela. En un mes de permanencia, esta vez, he escrito algo más que en los casi cinco meses que permanecí aquí el año pasado. Esto se debe a que, de veras, tanto la estructura como la ideología de la novela no estaban antes bien definidos. Me faltaban dos cosas: conocer mejor Chimbote y relacionar las anécdotas, biografías, etc., con el problema del hombre actual en el Perú y en nuestra tan conmovida sociedad. Ayer he leído las veinte últimas páginas del quinto capítulo con Lola. Ya está definido *el nuevo estilo* de la obra y dos de los personajes principales se muestran como hombres del puerto, productos

---

266 Carta mecanografiada en papel corriente. Sybila Arredondo de Arguedas publica un fragmento de esta carta —fechándola incorrectamente «aproximadamente en febrero, de 1969» en su ensayo «*El zorro...* en la correspondencia de Arguedas». El fragmento publicado va desde «Ayer he leído las veinte últimas páginas...» hasta «dedicar el resto de la vida a ese trabajo». La oración que cierra el fragmento publicado por la viuda de Arguedas («le había manifestado que concluida mi novela, anhelaba entregarme al proyecto presentado a la Ex Facultad de Ciencias Sociales») no figura en la carta cuyo original conserva Murra. ¿Tendría la viuda de Arguedas copias hológrafas de estas cartas, que al pasarlas Arguedas a máquina de escribir, pudiera alterarlas en algún detalle?

En el Dossier de la edición crítica de *Los zorros...* se reproduce un fragmento de la misma (pp. 4O9-411), y se la ubica hacia marzo de 1969. El fragmento comienza: «... con el problema del hombre actual en el Perú» y termina «...lo que es el Perú».

directos del Perú revuelto actual, y como símbolos generales. Lo que a veces me parece increíble es que pueda escribir (estoy en la página 168) a pesar de que duermo pésimo y me levanto con mucho dolor de cabeza. He perdido la memoria para los nombres pero no para los recuerdos profundos. (¡Cómo me place hablarte en esta forma tan entrañable, John, precisamente ahora que, según parece, la Standard Oil está tratando de armar una guerra civil en el Perú tal como aparece en un artículo del *New York Times* reproducido en *El Mercurio* y que te lo envío!) ¿Por qué puedo escribir aquí y no en el Perú? Creo que no es únicamente porque las tensiones que dominan al país son excesivas, sino porque aquí tengo un hogar. Sybila salía de la casa a las 8: 30 y llegaba de vuelta a las 10, 11 y frecuentemente a las 12 de la noche. Se ha metido en tres o cuatro organizaciones en las que se prodiga mucho y a su hija, al marido y la casa los tiene completamente a como vaya. Hoy, precisamente, viajo a Arequipa, a encontrarme con ella. Ha surgido una desavenencia grave y voy a ver si se compone. Yo la amo muchísimo y necesito su cariño, pero me escribió una carta desdeñosa a mi actitud de dedicarme a mi trabajo y no a actividades; tan desdeñosa y enajenada es la carta que sus dos amigos más íntimos de aquí se enojaron y preocuparon aun más que yo. Voy únicamente por una semana. Salgo en un jet a Arica y mañana estaré en Arequipa. Lo que no puedo saber es hasta qué punto podré soportar una ruptura definitiva. Cuento con que ella es muy honrada y con que sin duda aún me ama. Ya te escribiré.

En consulta con Lola he decidido no viajar ni a Alemania, ni a Rumanía. Estoy tan, felizmente, encarnado en el hálito de la novela, del mundo Perú-Chimbote-Occidente a través de un argumento que va surgiendo muy entrabado, y muy real y misterioso, que cualquier actividad importante me rompería el hilo. Por eso te envío una carta de agradecimiento a la señora Osmundsen y te agradezco muchísimo más a ti, aunque hacer las cosas esas como estas gestiones que tanto tiempo te llevan es parte del plan de lo mejor de tu trabajo y tu vida.

¡Cuánta alegría me causa saber que ya estás retocando tus conferencias sobre Morgan[267] y que podrán constituir un manuscrito que según me decías en una carta anterior, serían publicadas [sic], quieras o no.

---

267 La Universidad de Rochester (New York) organiza anualmente las Conferencias Morgan (en homenaje a Lewis Henry Morgan, padre de la etnología norteamericana y autor de *Ancient Society* [1877]), y diversos autores de países distintos las ofrecen en un ciclo. Rochester conserva los archivos de Morgan, quien vivió parte de su vida en aquella ciudad.

Créeme si te afirmo que entiendo más o menos bien ese calificativo tan intrincado que le das a esas conferencias: «un tanto *lúgubres* y muy formales». Nosotros nos creemos a veces un tanto lúgubres, pero no conozco en el mundo nadie que esté más lleno de vida que tú y yo. Tengo 58 años y me siento mucho más a gusto, en todos los niveles con la gente joven; en cambio a los de mi generación, como Tamayo Vargas,[268] Tauro,[269] Dunbar Temple,[270] los veo como a supervivientes algo prediluvianos. Aquí me buscan, de vez en cuando, escritores jóvenes; no en mi casa adonde se sabe que no recibo sino en casa de Pedro Lastra y previa cita con él. Discutimos, analizamos temas, nos reímos a todo pulmón. Estamos sanos. Así eres tú. Pero esa sanidad nos la ganamos con agonías íntimas tremendas que (¡cosa rara!), en lugar de abatirnos física o mentalmente nos renuevan. No es que me engañe; el tremendo dolor a la nuca no me impide animar la personalidad de don Esteban de la Cruz con una energía y agonía tan intensa como la mía y la de mi país.

Dentro de pocos días estarás con Pierre Duviols.[271] Tuve la suerte de que Mellafe[272] me diera la noticia de que daba una charla en el Instituto. Fue excelente. Hablamos mucho con él sobre el proyecto del estudio, previa recopilación, de mitos, cánticos, cuentos, canciones. Una masa de lengua y cultura que, como dijiste en la Agraria, nos permita una «entrada» (es una típica palabra tuya) en el meollo de la cultura andina. El está tan entusiasmado que considera que podría conseguir alguna ayuda de Francia. Va a hablar contigo.[273] Si Sybila —por sus múltiples ocupaciones— no ha podido dar una copia del borrador del proyecto para la Universidad Agraria, te ruego que se lo muestres. Le pedí que hablara contigo mucho. - Es decir que con Degregori,[274] Ortiz y yo forma-

---

268 Augusto Tamayo Vargas: crítico literario peruano, autor de *Literatura peruana* (Lima, 1953-54).
269 Ver carta del 21 de mayo de 1960.
270 Ella Dunbar Temple: historiadora peruana. Presidenta de la Sociedad Peruana de Historia y de la Sociedad de Geografía.
271 Pierre Duviols: peruanista francés, autor de *La lutte contre les réligions autochtones dans le Pérou colonial: l'extirpation de l'idolatrie entre 1532 et 1660* (Lima-París, 1971).
272 Rolando Mellafe: autor de «Significación histórica de los puentes en el vireinato peruano del siglo XVI» (*Historia y Cultura*, Lima, 1965) y «Consideraciones históricas sobre la visita» (en Iñigo Ortiz de Zúñiga: *Visita de la provincia de León de Huánuco*, Lima, 1967).
273 En la versión de la carta que reproduce la viuda de Arguedas consta «conmigo». Probablemente se trate de un error de transcripción.
274 Carlos Iván Degregori: antropólogo peruano. Ha sido catedrático en la Universidad de Ayacucho. Presidente actual del Instituto de Estudios Peruanos.

ríamos un equipo bastante completo. Pero ¿cómo andará el problema universitario? ¿Qué pasará? Yo le dije a Pierre que luego de concluir la novela desearía dedicar el resto de mi vida a ese trabajo. Tengo casi nula formación teórica formal pero mi intuición funciona con acierto. En la mesa redonda con Pierre, intervine tres veces para contribuir, no para hablar. Tengo unos cuarenta años de actividad intelectual honesta, casi misional; no he dejado creo de nutrirme a través de la experiencia diaria siempre meditada. Pero, por eso mismo, me sería difícil actuar en una universidad amordazada o esclavizada. ¿Te mandó Raquel mi carta de *Oiga* sobre el problema de la Universidad? La creía muy política y hasta envié un cable pidiendo que no la publicaran, pero luego comprobé que mientras todos los demás profesores han analizado la ley dentro del sacerdocio académico yo me atreví, algo audazmente a exponer todo el contexto del intento de cerrar tan bruscamente la Universidad, a su propia tradición y a lo que es, quiérase o no esa realidad, lo que es el Perú.

No creo que *Amaru* se cierre. Hablé con Emilio[275] antes de venirme. *Amaru* es la realización más celebrada, nacional e internacionalmente, de la Universidad Nacional de Ingeniería. Pero en el Perú todo puede suceder. ¿Por qué no le escribes unas líneas a Agurto[276] manifestándole tus inquietudes?

Me gustaría asistir a tus conferencias «lúgubres» y muy formales sobre Morgan. Tú tienes, aún en castellano, una capacidad de comunicación que únicamente infunde la sabiduría cargada de vida, tan cargada de ardiente vida que ella se irradia. Yo era así en los colegios. Pero no sé inglés. Espero oírte decirlas en castellano en el Perú o en cualquier otra parte, aunque sea en portugués, si pudiéramos encontrarnos, por ejemplo, en una cita tan hermosa y aleccionadora como la de Austria, pero en Bahía, por ejemplo.

Bueno, se me va la hora; no dejes de ponerme unas líneas. Te abraza,

José María

275 Emilio Adolfo Westphalen.
276 Santiago Agurto, arquitecto peruano. Fue Rector de la Universidad de Ingeniería de Lima. Allí le dio trabajo a Emilio Adolfo Westphalen.

71

Santiago, 2 de mayo [1969].[277]

Querido John:

Recibí ayer tu maravilloso ejemplar del número XI de *Amaru*, donde sale tu artículo. Hoy viajo a Quilpué, a media hora de Valparaíso donde un profesor muy joven. Anoche usé tu paraguas. Luego de la atroz sequía ha llovido formidablemente dos días en Chile. Hay un regocijo glorioso en toda la gente. Anoche, a la media noche salí a caminar. Se abrieron las nubes, salió la luna; todo el aire olía a lluvia. No sentí esta maravilla desde que estuve en Jauja, hace ya más de diez años.

Volví hace dos semanas de Arequipa. Estuve allá doce días con Sybila. Los más fecundos y dichosos de los últimos diez años. Pero a la vuelta, aquí, me he hundido en un pozo. Se me ha fugado el ánimo. No puedo concluir el capítulo quinto del que sólo falta el remate. Hablé dos veces con Lola y la encontré algo como fatigada o quizá es una impresión falsa. - Pero si en dos semanas más no salgo del pozo; vuelvo a Chimbote y de allí enfilo a Caraz donde me espera una casa con huerta. La novela está trazada. Pero es atrozmente difícil. Cada capítulo es el resultado de análisis, de marchas y contramarchas, luego, de repente, el cuerpo del capítulo, su derrotero, aparece y, cuando me lanzo a escribir, lo hago como siempre, como en trance.

---

277 Carta mecanografiada en papel corriente. En la fecha no consta el año pero Murra lo añade. La posdata es hológrafa.

Recibí carta de París. Un profesor, Claude Fell,[278] con Bareiro Saguier[279] y Mario Vargas Llosa[280] van a escribir un trabajo sobre mis novelas porque *Le Monde* va a dedicar dos páginas a mis trabajos. Me dijeron que les enviara un trozo; les he mandado seis páginas del capítulo cuarto de los *Zorros*.

A mi vuelta de Arequipa, recibí el original de la carta de la señora Osmundsen. De Quilpué le enviaré, por si acaso, copia o mejor dicho, la misma carta que te envié a ti. ¿Tuviste la generosidad de avisarle que te había mandado esa carta o se la enviaste? Escríbeme unas líneas. Me plació mucho protegerme en Santiago con tu paraguas.

Un abrazo,

José

Son los cambios de altura los que me causan trastornos desde que tenía unos 18 años.

---

278 Claude Fell: literato francés. Su esposa dirigió la edición crítica de *Los zorros...* (1990).
279 Rubén Barreiro Saguier: escritor paraguayo, autor del poemario *A la víbora de la mar* (1987), en el que logra reproducir en castellano el espíritu de la tradición oral guaraní. Es el principal propulsor del plan de educación bilingüe (español/guaraní) en su país.
280 Mario Vargas Llosa: escritor peruano, autor de numerosas novelas, entre ellas: *La ciudad y los perros* (1963), *La casa verde* (1966) *Los cachorros* (1967), *Conversación en La Catedral* (1970), *La tía Julia y el escribidor* (1977), *La guerra del fin del mundo* (1980), *Historia de Mayta* (1984) y *Lituma en los Andes* (1992). Como ensayista es autor de *Gabriel García Márquez: historia de un deicidio* (1970) y *La orgía perpetua (Flaubert y Madame Bovary)* (1975). Sobre Arguedas ha publicado «Arguedas, entre la ideología y la Arcadia» (*Sin nombre*, Puerto Rico, 1981) y *José María Arguedas, entre sapos y halcones* (Madrid, 1978). Viajó con José Matos Mar y Arguedas a la selva peruana para conocer el escenario de *Pantaleón y las visitadoras* (1973).

72

Querida mamá Lola:

Usted me vio salir radiante de energía e ilusión de su casa en mi última visita. Al día siguiente, con mi Zorro de Plata sobre mi diccionario de consulta, me puse a trabajar con el mayor temple e intensidad. Corregí cuarenta páginas en segunda corrección y al día siguiente concluí la revisión de las últimas veinte. Encontré que, de veras están en esas páginas el *hervor* del Perú, del Tercer Mundo de antiguas raíces y mantenido como tercero por la opresión de los grandes Patriarcas, pero con pleno *hervor*. Pero veo con cierto horror que mi estabilidad emocional y mental pueden ser sacudidos hasta la médula y caer casi en la impotencia por la agresión de quizá pequeños accidentes. El jueves recibí una carta tan mala de Sybila que la hice pedazos. En ella me decía que no había podido cumplir ninguno de mis encargos —eran cuatro— de enviar artículos míos, la tercera copia del quinto capítulo, algunos datos sobre Paratía y la provincia a que pertenece; porque tiene muchos asuntos propios que atender y que los datos se le han extraviado. Que tiene que ir a Huancayo a atender a un guerrillero que sale de la prisión y llevarlo a la casa en Lima, y que apenas tiene tiempo de modo que llega muy noche a la casa. - Yo le había dicho en mi carta que si ella no podía hacer esos encargos

---

281 Carta mecanografiada en papel corriente. En la fecha no consta el año, pero por las alusiones de la carta a la novela sabemos que se trata de 1969.

tan urgentes, le dijera a mi ex-secretaria de la que ella es muy amiga que le pasara los datos y que esa señora me haría los encargos con el mayor gusto. - Al final dice que mis muy amorosas cartas ella se ve, en este caso, obligada a contestarme con unas líneas «oficinescas». La ira santa que me causó esta carta han paralizado por completo mi trabajo. No he dormido; se me han encrespado en el ánimo y en el recuerdo el abandono en que Sybila tiene la casa - Yo tenía que esperarla frecuentemente en el puente hasta las 12 de la noche porque andaba ocupada en sus responsabilidades políticas - Y no puedo enterrar estos malos recuerdos que incluso me llevaron a tomar las píldoras. Es una mujer maravillosa pero demasiado fuerte y hecha para *atender* a un marido muy modernizado pero todavía aindiado e insaciable de ternura como yo. - Le he escrito una carta serena, creo, y categórica. Le he pedido que no exponga su libertad por casos de caridad como estos de atender presos, por servir de paño de lágrimas sino, y así lo habíamos convenido, entregándose a obras más de fondo como la redacción de esa revista *Mujer* y el asesoramiento a tanta juventud que a ella se le acerca. Dispone de poco tiempo y se hace de excesivos compromisos, que los cumple, pero los de la casa son de la casa —mis encargos por ejemplo— y esos sí pueden ser preteridos y hasta olvidados. Estoy pésimo pero decidido a superar esta desventuradísima racha agravada por dos circunstancias muy pequeñas y muy desagradables que vinieron a ahondar el remolino. - Hoy me voy a Arrayán donde Margarita, con Gloria. A mi vuelta si no he recuperado el ánimo, la llamaré. Usted sabe romper estas cadenas que suelen atarme y lo hace tan indolora y certeramente.

Le besa las manos,

José

73

16 de julio [de 1969].[282]

Queridísima Lola:

Creo que estoy pasando por el momento más difícil de mis agonías. Acabo de romper las cartas de Sybila y he tenido la misma sensación, o he creído tener la misma sensación de cuando tragaba las píldoras
de seconal a puñados. Le envío dos documentos: la carta que les escribo
a Walter y Paulina (copia) que me pasaron un telegrama muy cariñoso
pidiéndome que los visitara y unos trozos de la carta de Sybila a Gaby,
con unos comentarios que he escrito.

Gaby es testigo de cómo junto a Sybila, a pesar del inmenso amor
que le tengo, yo no tengo aliento. Una vez que estuve enfermo y le dije
que me sentiría feliz, por fin, de que ella me atendiera y ayudara ella contestó: «Yo no te voy a ayudar ni atender; tú mismo tienes que hacerlo».
Fue como a los dos meses que ella llegó con los niños. Yo me quedé ab-
sorto y anonadado. Otra vez que fuimos a Obrajillo por un fin de semana, en la noche que hace mucho frío, ella y los niños tenían sus chompas
de lana; la mía se quedó en casa. Le dije que cómo no se había acordado
de traerlo y me contestó: «Así como nosotros nos acordamos de nuestras
chompas, tú debiste [haberte] acordado de la tuya». Yo me enojé esa vez.
Le dije que en el Perú y creía que también en otras partes, las señoras si
se acordaban de prendas protectoras del cuerpo lo hacían también de las

---

282 Carta mecanografiada en papel corriente. En la fecha no consta el año pero por el contenido de la carta es evidente que se trata de 1969.

211

que protegerían al marido. Ella replicó serenamente que ella no lo haría; que yo mismo tenía que ocuparme de esas cosas. Y la vida transcurrió así hasta que me sentí totalmente incapaz ya de servir a nadie y tomé las píldoras.

Cuando estuve en el hospital, Sybila le dijo a Gaby que si yo volvía a la vida ella hasta lavaría mis medias. Yo viví y le pedí que se viniera. El Dr. León me convenció que no debía hacerlo. Y ella se quedó. Pero su conducta no cambió en nada. Yo aprendí mucho de ella; la admiré cada día más, pero los hábitos no se rompen parece que nunca. - Esta crisis última comenzó con una insólita carta en que me decía que no podía hacer mis encargos porque le faltaba tiempo para ocuparse de sus asuntos. Pero en cuanto le pedí a una amiga que me hiciera esos encargos ella la llamó a fin de que no hiciera nada porque ella los iba a cumplir. Cumplidos los encargos me escribió una carta más insólita aún y luego una tercera en que se lamenta de una pobreza que no existe. Finalmente, reacciona con su característica energía y, sin dar una sola razón, insiste en no venir a Santiago, causando el asombro de sus padres, de su hermano, del mío y de su más íntima amiga. - Parece que ella anhela que trabaje prescindiendo de ella. Porque yo la llamé para pasar unos quince días juntos; quince días no de placer por el placer sino de comunión para fortalecerse y festejar la buena marcha del trabajo.

Un día la llamé a usted, hace quizá dos semanas, y le dije que estaba rumiando algo de lo que usted me dijo y quedó convenido. Teóricamente estoy de acuerdo en esta vida paralela; en la práctica me anula. No es que anhele una mamá o una aya o sirvienta, pero ver a mi mujer sólo en las noches, cansada, sin más deseos que el de echarse a dormir con la plenitud de un animal joven, me desquicia. Tengo que prescindir de ella. Es posible que me convierta en un guiñapo que yo mismo me encargaré de quemar o quizá sea posible que sobreviva prescindiendo de ella por entero. Creo que no hay un término medio. Lola: los *Zorros* nacieron y crecieron algo como una obra maestra suya mucho más que *Todas las sangres*, considerada ya como obra clásica de la literatura hispanoamericana. Los *Zorros* han nacido de las propias cenizas; usted convirtió la ceniza en fuego. Hoy siento ahogarme y la respiración de esos viejos símbolos está cortada. ¿Qué hacer? Si no tengo fiebre —estoy muy extenuado— quisiera verla a fin de semana o en los primeros días de la otra. Yo quiero irme al Perú, no sé bien a qué. - Le besa las manos,

José María

(Copia de la carta dirigida a Paulina y Walter)

Santiago, 16 de julio.

Queridos Paulina y Walter:

Estoy de malas. El médico que me vio en la casa, hace más de dos semanas me recetó una cantidad insuficiente de antibióticos. Se me quitó la fiebre por dos días y me volvió. Tuve que ir ayer donde un especialista otorrino y la sinusitis se ha recrudecido. Ahora tengo que tomar ocho cápsulas diarias durante seis días, amén de otros remedios. Pero esto no es nada o es sólo una secuela de otro mal peor: Sybila no quiere venir; no da ninguna razón específica. Yo la llamé con cierta vehemencia porque no me alcanzaba el plazo de diez meses, hasta julio, para escribir el libro. Parece que me reta a trabajar prescindiendo de ella como ella es capaz de hacer prescindiendo de mí. Es una mujer acerada y maravillosa, capaz de llevar al suicidio a un individuo vehemente y primitivo, como en el fondo soy yo. Esta vez tengo que prescindir y debo prescindir. Ella proclama la autosuficiencia como la única fuente de la integración plena. Seguramente tiene razón. Pero la razón puede causar varios tipos de muertes, como por ejemplo, la prescindencia incapaz e inhábil para la integración, para la convivencia y hasta para la vida de algunos individuos. - Valgan estas duras confesiones que les hago como una prueba de íntima amistad. Cuiden vuestro amor a como dé lugar. Apenas me sienta mejor me iré a una pequeña ciudad próxima adonde una señora algo irreal me ha invitado. Esto de «irreal» significa que es sumamente diferente a todos. Me ha llegado a estimar mucho durante unas visitas que me hizo. Cree que soy el individuo más inocente, humilde y orgulloso que ha conocido. Según como sea su casa me quedaré dos, tres o quince días. Les avisaré. - Un fuerte abrazo. - José María.

(Copia de algunos trozos de la carta de Sybila a G. 27 junio 69)

«Tú eres demasiado dulce y demasiado aguantadora con ellos (los hombres), creo que los adornas un poco en cuanto a tus proyecciones hacia «los» futuros. Yo pienso que tu problema personal más fuerte es asen-

213

tarte tú misma emocionalmente. No pensar que no puedes vivir sin una imagen masculina en que volcarte y volcar tu vida. Descubrir el modo de autoabastecerte que no es en modo alguno encerrarse en sí misma... Ven, pero *aquí* o *allá* no estés a la caza de una figura masculina para 'realizarte'. Pienso que la fundamental realización, creo yo, se realiza no en las relaciones con un ser del otro sexo sino en el trabajo. Cuando se pueden coordinar ambas realizaciones la cosa camina de verdad y no como un dulce consuelo de la soledad ni como una gimnástica desesperada y semisolitaria. - Si quieres lee esta carta con José... Quizá él también piense así (pienso pero no soy) o, tal vez, le asuste un poco esa actitud de autoabastecimiento que planteo» (Y esta práctica me llevó, ahora lo comprendo, al intento de suicidio y ahora no sé hacia donde me lleva).

José

74

17 de julio [de 1969].[283]

Lola:

    Siempre me ha causado desesperación el encierro con imposibilidad de trabajar. Tengo una tremenda opresión a la nuca. Y así estoy inerme, algo como devorándome a mí mismo. Pero debo salir de este trance; en nombre de mi pueblo, en correspondencia a la tenaz, sabia y generosa ayuda que de usted he recibido. No he conocido sino dos amores totalmente desinteresados: el de mi padre y el suyo. Usted me devolvió dos veces a la vida y estamos luchando contra la tercera muerte. En las dos oportunidades anteriores yo estaba, mucho más en la primera, en real estado de gestación. *Todas las sangres* salió en pocos meses, macizo y culminando todo un ciclo: *Agua, Yawar fiesta, Los ríos profundos y Todas las sangres.* En la segunda muerte yo sólo tenía un especie de incierto universo nuevo formado a poco de la resurrección. Ese universo fue materializándose en constante agonía, hasta que concluyó la Primera Parte, y luego de algunas noches de gran oscuridad, surgió el comienzo de la Segunda Parte. Entonces necesité de Sybila para tomar aire y continuar, porque la carrera iba a resultar mucho más larga que la más o menos calculada. Ella no ha querido venir. O tiene alguna razón que no desea explicar o ha decidido que trabaje prescindiendo de ella. Un poco como a Job se me han lanzado calamidadcitas tras calamidadcitas; porque si yo no tuviera ahora esta soterrada infección, podría salir a caminar, a visitar

---

283 Carta mecanografiada en papel corriente. Por su contenido parece de 1969.

algunos amigos, buscar energía en las calles y el campo. Ahora estoy privado de mis mejores aliados. ¡Pero no me dejaré liquidar tan mansamente! La señora Sybila habrá quedado al final de esta pelea o sola o junto a un señor capaz de prescindir de ella. ¿Cómo me ayudo hasta concluir con estos cinco días que aún me faltan para concluir los antibióticos? Luego desearía, de veras, ir a Quillota donde he sido invitado por una excelente y bella señora. ¿Cómo me ayudo, si no puede escribir ni leer? ¿Qué hago?

José María

75

22 de julio [de 1969].[284]

Querida mamá Lola:

Vuelvo a rogarle que me disculpe el haberla molestado en la noche. Si el otorrino me lo autoriza, mañana viajaré a Valparaíso y volveré el domingo. Gaby se va el lunes. El lunes 28 y el 29 son para días de fiesta en el Perú. La solicitud de licencia con el certificado tengo que enviarlo el 25, ya sea de aquí o del puerto.

Estoy en la cresta misma de la ola de la crisis. Volveré donde usted, la llamaré, cuando haya vencido. Anoche dormí sólo un cuarto de hora ¡y qué sueño! Pero ya no me asustan esas cosas. Lo único que deseo con fuerzas es que la sinusitis no me vuelva, que se me haya curado.

Le besa las manos,

José María

Certifico que atiendo a don José María Arguedas desde el mes de febrero del año en curso. El señor Arguedas padece de y el proceso de su recuperación requerirá de dos o tres meses más de tratamiento hasta lograr que se encuentre en condiciones de realizar trabajos de docencia o de investigación universitarias.

---

284 Carta mecanografiada en papel corriente. La frase «, que se me haya curado.» es hológrafa. La fecha no lleva el año pero el certificado que incluye sí: 1969.

Expido la presente constancia a petición del interesado.

Santiago de Chile, 24 de julio de 1969.

P. D. Enviaré a la tarde por el certificado.

76

[1969].[285]

No sé que vocativo ponerle, Lola. Nada me basta.

Prefiero confesarme por escrito. Porque es muy duro lo que tengo que contarle:

El jueves debía recibir carta de Sybi y esa misma noche enviar a Osorio,[286] de Valparaíso, una copia de los capítulos. Como estaba con esa misteriosa depresión que me causa, desde que tenía 20 años, el cambio de altura, esperaba la carta de Sybi con ansiedad. Ella sabe decir cosas sedantes y profundamente estimulantes, casi siempre. - El cartero llegó cuando yo charlaba con Angelita en el dormitorio de ella. Pero luego de charlar con el vecino de enfrente se fue de largo. - Cuando estaba ya echado en la cama subió Celinda y me entregó un sobre de Sybi. Contenía el documento de la máquina grabadora que le pedí hace tanto tiempo

---

285 Carta mecanografiada en papel corriente. Sólo lleva dos añadidos hológrafos: «La noche fue atroz de angustiada y también anoche», «y en una penumbra de depresión y hundimiento feroz». Por el estado de angustia en que se halla Arguedas en ésta y en las próximas cartas que no llevan fecha, y el hecho de que se encuentra en Chile cuando las escribe, tal parece que las escribió entre julio y septiembre de 1969. Recordemos que según la cronología de E. Mildred Merino de Zela reside en Chile entre el 18 de abril y el 6 de septiembre de 1969. Su estado de angustia lo hace incurrir en errores ortográficos como «vasta» por «basta», «masana» por «manzana», etc.

286 Nelson Osorio: crítico literario chileno.

y la «carta» que le incluyo.[287] ¿Por qué los estados de desolación vienen aparejados de una especie de misteriosa e indefinible apetencia sexual? A veces siento, en el mismo instante, o después de que esa apetencia se ha convertido en actos dolorosos, que el síntoma sexual es como la expresión semi-corporal de anhelos más profundísimos e inalienables. - Por la noche fui a depositar el paquete para Valparaíso a la empresa Andes Mar Bus. No sabía que se cerraban las oficinas a las 6 p.m. En el Perú esas encomiendas pueden entregarse hasta una hora antes de la salida del último bus. En Chimbote podía entregar una carta en la oficina de la empresa de transportes hasta las 11: 45 de la noche. - La calle Bandera, hacia el Mapocho, yo no la había paseado a esa hora. Conocía bien el lado próximo al río, donde de noche hay puestos de fruta, restaurantes popularísimos; pero la calle Bandera había sido una gusanera de prostitutas que el propio Goya no logró mostrar en cuanto tienen de abyecto y abismal. Estuve dando vueltas en la manzana. En la peor sección había viso a una campesina que tenía de la mano a una niña como de once o doce años. La campesina parecía como de 55 años y no tenía dientes. Su traje era como de mujer del campo. Yo me quedé parado algo cerca de esta pareja cuando unos guardias entraron como a inspeccionar una especie de boite estridente que tiene el nombre de «Zepelín». Cuando los guardias se fueron, la campesina desdentada me preguntó si creía que habían entrado más pacos,[288] le dije que no; luego me dijo que si se habían ido arriba o hacia la plaza. Le dije que arriba, que suponía que ella también los había visto. Entonces se me acercó más y sonriendo me hizo algunas preguntas de rutina para finalmente decirme: «¿No querría acostarse con esta guagua o conmigo? Le pregunté qué edad tenía la guagua. «Doce», me dijo, «Pero lo va a atender muy bien». Sí tendría a lo más doce y dos millones de años al mismo tiempo. Me fui. Y estuve dedicado a sortear la fascinación ya, seguramente, algo delirante que me causaba una mujer sumamente flaca, también algo desdentada, que paseaba como ciertos animales enjaulados, un trecho casi medido, frente a un hotelucho. Yo pasé cerca de ella cuatro veces y las cuatro me detuvo. «Soy una niña, señor, convídeme a un cuba libre». A la quinta vez acepté convidarle. Pero me llevó a otro hotel. Subimos una escalera larga. Llamó con cierto orgullo o «imperio» a una mujer. Dijo que le diera un cuarto «elegante» y que

---

287 Dicha carta de Sybila no consta en el paquete de cartas de Arguedas a Hoffmann que ésta entregó a Murra antes de morir.
288 Pacos: policías.

sirviera dos cubas libres. Yo dije que una. Se desvistió. Yo no quise ni
pude. Hizo que le alcanzara la copa a la cama. Me rogó que me acostara.
Lo hice. Le toqué las piernas; las tenía heladas. Me contó que todo el dinero se lo entrega a un hombre que tenía, que era muy guapo y del que
tenía dos hijos. Hizo que le tocara sus partes con la mano. Entonces me
vestí. Y ella bebió rápidamente el resto del vaso. Y también se vistió en
un santiamén. - Yo había alcanzado a dominarme y examinaba las cosas
con tranquilidad. Vi que ella caminaba algo agachada y apuradísima.
¿Hasta cuándo no cesará esta cavernosa fascinación, felizmente ahora de
efectos truncos?

La noche fue atroz de angustiada y también anoche.
Acabo de trazar el contenido de los nueve capítulos que me faltan. Tengo
opresión dura a la nuca y no tanto desánimo. Pero la tarde de ayer tuve
miedo, porque la opresión, durante una hora más, me tuvo muy agarrota-
do y en una penumbra de depresión y hundimiento feroz. - Si empiezo a
escribir se me pasará, pero para empezar necesito que mi nuca me sirva
de apoyo y no de vacío. -

He leído nuevamente muchas veces la «carta» de Sybi. Creo que
no debía ser decepcionante. La forma y calidad del papel habría determinado, hace treinta años, una «eterna ruptura» entre dos esposos que se
debían amor y respeto. Ahora la encuentro o la siento como una expresión de ilimitada confianza, que es amor, seguramente en su estilo más
actual y libre de la calidad y del tamaño del papel. Sin embargo el primer
efecto lo sintió la parte antigua de mi cuerpo y alma y causó una ruptura,
de corte transversal. Creí que me hablaría de mis primos que fueron tan
gentiles y cariñosos, de Arequipa; de cómo alcanzamos una total plenitud; porque en esos once días ella fue mi colaboradora, mi esposa ideal a
la antigua. Y quizá eso la fatigó. Ella llegó el sábado a Lima. Dispuso de
la mañana del domingo para escribirme y alcanzó sólo a hacer esa carta.
Y caí en la gusanera de la calle Bandera adonde espero no volver nunca
más. - No importa que no haya podido hablar con usted ahora; quizá es
mejor, en cierta forma. El lunes o martes será más oportuno y bueno,
quizá.

Le besa las manos,

José

77

Viernes
Querida mamá Lola:

Son las 2 de la mañana. Me encontré con una de esas idiotas antivírgenes y salí estropeado y *salvo*. Me aterra esta casi vehemencia de buscar prostitutas. La que me llevó el martes antepasado era una mujer casi noble. Fui a buscarla y luego de dos horas de deambular hallé una pequeña idiota cuya expresión [*ilegible*] tengo grabada en la frente. Tengo mucho temor de las responsabilidades que allá me esperan. El sábado pasado vi mucha luz sobre mis tinieblas a través de su charla sobre los dioses. Pero las pastillas me abrumaron. Escribí el miércoles. Ayer y hoy el efecto de las pastillas de [*ilegible*] me dejó290 aplastado.

Le dejo el libro de García Márquez y las páginas finales de lo que acaso sea una especie de introducción a la novela. ¿Podré dominar los tenebrosos apetitos, los miedos; recuperar mi tono de vida? Hice dos páginas del capítulo II de la novela. Y si no alcanzo lucidez y cierto equilibrio no podré continuar. ¡Cómo espero sus reflexiones de esta tarde!

José María

---

289 Carta parcialmente hológrafa en papel corriente. Mecanografiada a partir de «El doctor León...». Dentro de la porción mecanografiada son hológrafas las frases añadidas: «y siempre cedo» y «anticipadamente». Su angustia se expresa en incongruencias y olvidos ortográficos que he corregido.
290 «Dejaron» en el original.

Sigue la carta. Creí que amanecería medio cadáver, y no.
Sábado

El doctor León me dijo que debía procurar alcanzar a tener dominio sobre el apetito sexual. Consistía ese dominio en no temer pero al mismo
tiempo en no ceder. Yo temo siempre y siempre cedo. Anoche fui con temor y no sin cierto anhelo. ¿Cómo voy a dominar esta fascinación? Usted me dijo que enfrentándola. - Caminé no sé cuanto tiempo por las calles en que la joven del martes antepasado me dijo que podía encontrarla
y no estaba. Ya me venía a tomar la liebre.[291] En la calle que desemboca
en la Alameda, algo oscura, me habló una chiquilla. Parecía tener no más
de 17 ó 18 años. Me propuso, me tomó del brazo. Yo me dejé conducir
en un estado de gran duda y espectativa. La pobre hizo que pagara anticipadamente. Luego se desnudó y se echó sobre mí. Tenía el cuerpo completamente helado. Pocos minutos antes me había hecho propuestas in-
admisibles. Ante su cuerpo helado se heló el mío. Ella se hizo a un lado.
Me miró con una especie de menosprecio o lástima e indignación. Luego
dijo que estaba limpia... Le pedí que se fuera. Me ofreció devolverme
diez escudos. Con eso me apabulló. Dijo que volvería enseguida con los
diez escudos. -Estaba vestida de pantaloncito blanco. - Debo enfrentar,
queridísima Lola a estos monstruos que reflejan seguramente, como usted
sabe, los monstruos que tengo en mi interior? Ortiz, el sensual peruano,
me dijo que él nunca aceptaba jovencitas. Yo las deseaba... Me vine en
el estado más lamentable que puede imaginarse. - No he dormido casi
nada; he pasado la noche en un estado de exaltación y remordimiento
atroz. - No concluí de presenciar el espectáculo de Antonio, porque era
algo circense y estaba muy fatigado. Esperé a Angelita afuera y leí un
cuento de Borges. Había llegado a la conclusión de que sobre estos personajes del puerto pesquero yo no puedo escribir tan intuitivamente. En
dos páginas saltaron, atropellándose varios personajes. Está bien. Pero
sus próximos pasos tengo que preverlos. Y para eso requiero una gran lucidez. Y esta lucha con el sexo del que creo que proviene mi falta de
energía, mi depresión, no me deja. Mis relaciones con Sybila son maravillosas, pero les temo y así me agotan. El Dr. León exigía que tuviera relaciones las más continuadas posibles, para afirmar mi masculinidad y
desterrar el terror. No lo conseguí. Y ahora estoy, sin duda, en el período

---

291 Liebre: autobús.

más peligroso de la vida. El Perú me exige más de lo que creo que puedo dar. No estoy suficientemente bien preparado para la cátedra.

No creo tener o siento no tener energía para estudiar todo lo que debiera.

A la hora de enfrentarme a los alumnos me siento empequeñecido. No como antes, lleno de confianza y expectativas. Sólo una que otra vez.

La novela no sale. Sólo aquí he construido el pórtico. Me ha demostrado que no estoy perdido pero al mismo tiempo que requiere gran lucidez, disciplina, temple. Es decir, superar esta lucha insensata con el sexo y con la especie de neurótica evidencia de mi inferioridad ante Sybila y los problemas que ella y los niños representan.

Vine en busca de todas esas cosas. Los primeros diez días fueron espléndidos. Superé la obsesión del suicidio. Escribí 20 páginas. El insydón me bajó mucho, y anoche esa criatura helada, ansiosa de apercollar pesos; mascaba chicle, tenía una expresión neutra. Y esa expresión y su figura, con los pantaloncitos, la he tenido clavada toda la noche.

Prefiero escribirle de estas cosas. No sé cómo iré a estar en la tarde.

Le decía a Sybila que en brazos de ella había empezado a ser de veras un hombre y a temer, de pronto, la responsabilidad que eso significa. Pero creo que fue usted quien me auxilió a romper las amarras. *Todas las sangres* ya no es trabajo de un adolescente. Vine en busca de una salida al cerco que yo mismo me he construido, con nuevos materiales: los niños de Sybila, mi temor a relaciones muy continuadas, a perder la virilidad. Todo, todo lo que le he dicho. En este momento, lo agudo es cómo, a mi edad, buscar un equilibrio, mejor dicho una conciliación con el sexo. Qué diferencia entre la pequeña, triste y atroz mariposa nocturna de anoche y la del otro martes. ¡No conozco tantas cosas!

78

Sábado
1. y 10. ¡Escribí tres páginas intensas! Sigo en la noche.

Mamá Lola:

Quizá debía irme. Me resentí otra vez contra Sybila por no haber aceptado venir a Arica. Clara me dijo que le parecía increíble que hubiera alegado que se cansaba de un viaje de hora y media en avión. Y Clara es la mejor amiga de Sybila, de las mejores personas que he conocido en Chile. Gran mujer - Estuve caminando anteanoche por las calles centrales de Santiago, buscando a la primera prostituta que me recibió en Santiago. No estaba ella. Deambulaban por las calles muchísimas otras a quienes temo. Pero anoche volví. - Estoy de veras enfermo. Sentía un horroroso temor de estar impotente. No tengo erección; sólo tuve un deseo auténtico al leer las líneas en que mi mujer me manifestaba que me deseaba sólo a mí. Anoche, ya me venía, pero fui tentado por una mujer gorda que parecía joven. Fui con ella a una casa de citas. He sufrido horrores. Tomé pisco. La mujer pretendió sacarme mucho dinero; yo le había ofrecido el doble de lo que ella podía esperar, o algo más. A pesar de todas las cochinadas que hizo yo seguí impotente. Así fue en Chimbote. Pero a

---

292 Carta mecanografiada en papel corriente. Las frases que preceden el saludo son hológrafas, también lo son aquellas a partir de «mi agonía...».

mi vuelta, en mi casa me porté como hombre. Ahora estoy lleno de temor. No he dormido casi nada anoche. Y me parece que estoy traicionando a todo el mundo; porque seguramente no voy a poder escribir. - Llegué a la casa como a la una y media y corregí algo. Tenía el cerebro ardiente. - Después de mucho tiempo soñé que Celia me atendía. - Hasta venir a Santiago soñaba constantemente con Celia. Desde entonces, sólo anoche. ¡Cómo vencer esta agresión incesante del sexo, cómo vencerla! Escribiendo. Es atroz para mí que haya tantas prostitutas en las calles de Santiago, ahora. - Les temo y me atraen. Ya sé por qué. Pero el saberlo aún no me cura. En este momento pienso que nunca más volveré a ir a verlas con ese impulso malsano que me arrastra hacia ellas. - Usted me dijo luminosamente que si mi primer contacto hubiera sido con amor —siquiera hubiera sido con simpatía— tendría la sensación de la muerte y la resurrección en el ayuntamiento. Sé lo que es eso; pocas veces lo he experimentado. Pero con estas mujeres de la calle me parece que sólo busco la muerte, para luego de unos días largos de agonía, volver fuertemente a la vida. Pero esos días se hacen muy largos y estas mujeres de la calle me excitan sólo mentalmente; ya no llegan a despertar mi carne. - Quizá debiera irme pronto. Tengo la autorización de utilizar el hermoso y tranquilo local del Museo de Puruchuco para trabajar. Me cuidaré unos días, hasta que esta sensación de terrible pesadez en la nuca, de este momento, se me pase. Y buscaré con Sybila la armonización aunque sea mediana de mis endemoniados conflictos. En 1962 no había rameras en las calles. Casi no iba. Beatriz me recibía diariamente, tenía la compañía de Gaby y trabajaba. Ahora seguramente extraña mucho mi ser los cariños de Sybila. Me imbuiré más hondamente de las ideas y fuerzas que me hagan posible una convivencia fecunda con ella y me iré. Tengo que vencer esta terrible convicción mental constante de mi impotencia. ¿Acaso se ha agudizado ahora porque tengo una mujer maravillosamente vibrante y ante su recóndita imagen, estas mujeres de la calle me enfrían? La novela debe marchar. A usted es la única [a la] que puedo acudir en mi agonía. Le besa sus manos,

José

Por las noches y obedeciendo a un impulso he tratado de masturbarme y he comprobado mi impotencia. Tengo que salir de este torbellino antes de irme. ¡Mi dios peruano me persigue y usted y los ríos de mi pueblo me defienden!

79

[1969].[293]

Lola:

Ya me llegará el *Amaru* dirigido a mí. No pude llevarle ayer el número y hoy pienso dejarle el envío a Valente. - Parto a Quilpué en el tren de las 6: 45. Le ruego pensar en mí en estos días. Estoy sumamente preocupado. Estoy ansiado irme. He revisado con sorprendente provecho mi fuga de ánimo para revisar los extensos capítulos III y IV. Pero no hay chispa. No hay ardor de vida. No salgo del pozo. Le ruego dispensarme a la vuelta una buena charla. Porque, siempre, estos estados de desconsuelo y de tiniebla se me disipan con una buena charla con usted. Y nada más que con usted. Pienso a instantes que acaso ya usted estará algo fatigada de mí. La próxima vez voy a entrar en su despacho con el pecho totalmente descubierto. No hay nada malo allí, por ahora sólo hay temor a no crear. Le dije a Sybi en una carta, ayer, que yo no estaba dispuesto a merecer la vida por lo que ya he hecho sino únicamente por lo que haga, ahora, mientras viva. Que no creo merecer lo que ella me da como el premio a un jubilado, sino guerreando y en este sentido bien a la antigua en la forma caballeresca. - ¡Qué día es hoy, Lola! Si termino la obra voy a dedicarla a tres mujeres chilenas: A Lola, Sybila y Angelita, con una explicación, las tres direcciones del mundo.[294] - Estoy tomando el Marplan

---

293 Carta mecanografiada en papel corriente. Como siempre, la firma es holografa.
294 No está clara esta alusión a las tres direcciones del mundo, porque el antiguo Tawantinsuyu tenía cuatro direcciones o regiones.

y lo tomaré todos los días. Si me va bien, me quedaré en casa de Nelson[295] todo el tiempo que me sienta bien. -Ahora estoy seco de chispa. Por algo será.

Un abrazo,

José María

---

295 Se trata de Nelson Osorio.

80

[1969].[296]

Querida mamá Lola:

Pienso irme el sábado. No voy a poder romper aquí el círculo vi-
cioso: no hay ánimo no hay creación; no hay creación no hay ánimo. Los ·
ejercicios no me ayudan, la relajación no me ayuda lo suficiente. Me ali-
via algo. El ánimo lo tengo que encontrar, creo, en la relación natural
con Sybila. De alguna manera tengo que romper con el temor a esa relación. - Ella despierta en mí la virilidad, con ella soy viril; aunque luego
sienta temor. Es acaso ese temor el que debo vencer de algún modo.
Aquí, ahora, como tantas veces en mi pasado, pero en aquellas oportuni-
dades a manera de crisis pasajera, y ahora ya casi crónica, la sensación
de impotencia viril me produce esterilidad intelectual, rebajamiento ante
todos y todo. Recuperada la sensación de virilidad renace la energía creadora, la alegría de vivir, la espléndida sensación de estar justificadamente
en este mundo. -Esa energía la encontraba unas veces en la abstinencia;
cuando adolescente en la descomunal tortura del vicio solitario. Creo que
ahora no me queda otro camino que el bello y temido de mi propia pareja. Tengo que romper de alguna manera la sensación del temor, de la angustia postrelación; el reflejo neurótico de volatilización de la energía por
causa del acoplamiento. ¿Cómo hacerlo? No lo sé bien. Pero me parece
que no me queda otro camino. Aquí me estoy ya devorando a mí mismo.

---

296 Carta mecanografiada en papel corriente. Hológrafa a partir de «mi país».

- Me siento culpable ante usted que hace todo lo que la ciencia y el amor al semejante pueden rendir; culpable ante los amigos que me ruegan que no me deprima; ante los enemigos que esperan mi aniquilación. - ¿No es ya mejor que me vuelva al Perú con la única espectativa de que los auxilios externos están agotados en cuanto agentes que, solos, pueden despertar la energía? Habrá que tomarlos como coadyuvantes, como auxiliares. La chispa misma tengo que encontrarla en mí mismo. Convertir la llama que creo que me agota, en la chispa: Sybila y mi país y a través de ellos la humanidad y su morada.

Espero su diagnóstico mañana.

José

81

Santiago, 2 de septiembre de 1969.[297]

Querido John:

Todo iba bien hasta hace dos meses. Pero Sybila no quiso venir a Santiago por quince días sin dar razón alguna y eso me causó un trastorno increíble. Me voy dentro de cuatro días a Lima. La novela ha quedado inconclusa pero no trunca. Podrá ser publicada así como está y creo que será un buen documento sobre el Perú. No sé qué hacer ni cómo a mi vuelta a Lima. Vuelvo algo peor de como vine pero con un libro en las manos. Un buen libro, creo. El Perú es un gran hervidero. Las fuerzas se desencadenan. No sé si Raquel te envió el artículo que escribí en *Oiga,* sobre «El ejército peruano». ¿Cómo estás tú?

Aquí he conocido mucha gente buenísima. Me voy impresionado por la imponente pedantería intelectual y social de Aníbal Quijano y de Carmen. ¡Cómo cambia la gente, por Dios! No se puede cruzar con este príncipe de la sociología un solo diálogo humano. En cambio con Alberto Escobar y contigo ¡qué bien se siente uno, qué esperanzado y fortalecido!

Te escribiré desde Lima. Voy excitado, oyendo un poco la resurrección y la muerte, por una y otra oreja.

Recibe el abrazo fraternal de tu amigo,

José María

---

297 Carta mecanografiada en papel corriente.

82

4 de septiembre [1969].[298]

Querido John:

Me voy mañana a Lima. Te escribí una brevísima carta hace dos días. Te dije que no regreso en buenas condiciones y, además, en pésimas con respecto a mi mujer. Bueno. Te agrego estas líneas solamente para agradecerte el envío del excelente trabajo de Jorge L. Urioste[299] sobre «La limpieza de acequias». Lo leí hace poco. Porque la novela requiere una concentración absoluta.

Todas las observaciones que hace Urioste son acertadas y lo que regocija es que maneja con propiedad e inspiradamente sus conocimientos lingüísticos. Parece que adapta la escritura del quechua de Avila a la de Cochabamba que es tan parecida a la del Cuzco. ¿Qué es de Urioste? ¿Sigue en Cornell? ¡Qué bueno sería que se dedicara todo lo que fuera posible a recopilación de literatura oral quechua! ¿Te acuerdas de Alberto Cheng? Ha servido a la OEA en promoción comunal en Ecuador, Bolivia, Colombia y creo que también Venezuela. Yo le estoy porfiando

---

298 Carta mecanografiada en papel corriente. La posdata es hológrafa. Murra añade el año a la fecha.
299 Jorge L. Urioste: lingüista boliviano. Se encargó de la traducción de los fragmentos en quechua en la edición crítica de la *Nueva coronia i buen gobierno* de Guaman Poma de Ayala, preparada por John V. Murra y Rolena Adorno para Siglo Veintiuno de México (198O). También realizó la transcripción y —en colaboración con Frank Solomon— la traducción al inglés de los mitos de Huarochirí del manucsrito de Francisco de Avila, publicada por ambos como *The Huarochirí Manuscript* (Austin, 1991).

que deje la OEA y se gradúe. Sabe muchísimo sobre la sociedad campesina o sobre este aspecto de la cultura andina. Podría escribir una buena tesis e incorporarse a cualquier universidad del Perú. ¿Podrías escribirle unas líneas de aliento? Según su mujer sufre agudamente de frustración. Fue muy izquierdista cuando alumno y creo que sigue siendo el mejor egresado de San Marcos en Etnología. Y es gran persona. Te doy la dirección:

Alberto Cheng Hurtado
Américo Vespucio 829, Dpto.32
Santiago.

O a la Oficina de la OEA.

Nuevamente un abrazo,

José

Parece que la transcripción paleográfica de Karen Spalding[300] falló algo, ¿no?

---

300 Ver anotación anterior; Karen Spalding es actualmente Profesora de Historia en la Universidad de Connecticut (Storrs).

83

                    Santiago.

Lunahuaná, 16 de septiembre de 1969.[301]

Querida mamá Lola:

    Estoy en este hermosísimo valle costeño en compañía de Sybila,
Gaby y Carolina.[302] Ellas gozan mucho con el baño de río, el sol y el paisaje. Yo estoy muy sombrío por dentro. ¡Cosa rara! Carolina ahora me
demuestra cariño. Gaby está completamente derrotada y le doy tan poco
porvenir como a mí ¡y más triste! El joven la vino a ver una sola vez y
no volvió.

    A Ud., a quien le debo haber escrito tres libros: *Todas las sangres*,
Hombres y dioses de Huarochirí, y el inconcluso de los *Zorros*, es decir
media vida, tengo y debo confesarle, acaso por última vez, lo que ocurre:

    Ninguna de las interpretaciones que hizo Ud. de la negativa de
Sybila de ir a Santiago encaja. La de León (psiquiatra limeño) es tan dis-
paratadamente brutal que no volveré donde él. Sybila toma resoluciones
y tiene convicciones francamente rotundas, irracionales e irrevocables.
Decidió no ir y no fue. No da otra razón que la de que suponía que yo

---

301 Carta hológrafa en papel corriente. También consta en la colección de Murra copia mecanografiada de esta carta, encabezada por una nota de Arguedas: «John: Transcripción de las
últimas dos cartas dirigidas a doña Lola Hoffmann recién llegado desde Santiago». El nombre
«John» lo escribe a mano. Se refiere Arguedas a esta carta y a la del 27 de septiembre, cuyo
original se ha perdido.
302 Gaby es la primera mujer de Rolando Mellafe, Carolina es la hija de Sybila Arredondo
de Arguedas.

estaba bien allá y que por tanto no debía necesitarla. Cada insinuación o sugerencia de que no era así, que la necesitaba profundamente, la dejaba indiferente o la irritaba. Ahora, conmigo, está algo preocupada. Pero la veo tan acendradamente firme, tan sin asomo de sentimiento de no haber ido para hacer posible la terminación del libro, juzgando las cosas con rotundidad inflexible, que se me figura una maravillosa e inmisericorde espada. Hay un gran amor entre los dos. Yo lloré dos horas el domingo, al día siguiente de mi llegada, porque estoy muy herido desde la infancia. Existe, sin duda, Lola, una zona vasta de la más absoluta incomunicación entre Sybila y yo. ¿Por qué surgió amor entre nosotros? Yo no dudo de su amor por mí, pero en ella, felizmente, ese sentimiento no es mayor que otros muchos.

Con la novela trunca en mi mente y en toda mi naturaleza yo no puedo dictar clases ni investigar, pero aquí tampoco puedo concluir o terminar la novela. Ya no me es posible tampoco volver donde Ud., a Chile. Estoy condenado. Pero he hecho una vida completa, pura, fecunda, ejemplar; he revelado un mundo que veo ahora, casi como un dios pequeñito antiguo, lo veo desarrollarse, incontenible, generoso y resplandeciente. Lo hemos hecho los dos, Lola, la gran parte: *Todas las sangres y Hombres y dioses de Huarochirí*, descubrieron al Perú y América un verdadero universo. Fue Ud., es, mi madre, y como a tal la beso en la frente y en las manos.

José María

84

Lima, 27 de septiembre de 1969.[303]

Querida mamá Lola:

Ayer volví de un viaje que hicimos con Sybila, de un auténtico viaje de trabajo y de búsqueda del misterio de su negativa a ir a Santiago. Durante los seis días que estuve en Lima antes de este viaje Sybila alcanzó a comprender, racionalmente, que había cometido un gravísimo error como consecuencia de su obsesión de comprar una casa, por un lado, y por otro de su modo de ser, de una de las características más singulares de su modo de ser: cuando ella dice no, parece que se aferra tanto más irracionalmente a la negativa cuanto más importante sea el caso. - A medida que iban pasando los días ella comprendió la especie de catástrofe que había significado su negativa y, como ella no se doblega, lo único que se pudo notar en su expresión fue, muy claramente, un estado de dolor terrible. Yo lo sentía aunque los signos externos eran muy leves. - El viaje fue maravilloso. Fuimos con Gaby y Carolina hasta la mitad del recorrido: el indescriptible pueblo y valle antiquísimo de Lunahuaná. Allí sentí que la relación entre Carolina y yo había cambiado de veras, profundamente. Había vencido ella o se habían diluido muchísimo las barreras que la separaban de mí y me trataba con verdadero afecto. Este cam-

---

303 Esta carta está escrita a máquina. La firma y la posdata son de puño y letra de su autor. Ver nota a la carta anterior.

bio lo recibí como una compensación casi casi suficiente a todos mis sufrimientos de las últimas semanas. Pero después vino lo más increíble: Los hotelitos de Lunahuaná son sumamente incómodos. Detrás de la gran iglesia yo había visto siempre con estupor en viajes anteriores cómo unas hermosas salas estaban convertidas en una especie de muladares. Ellas dan a un monumental atrio. ¡Las habían refaccionado espléndidamente! Me atreví ir donde el cura a pedirle una para utilizarla únicamente para leer; eso fue el mismo día que volvían a Lima Carolina y Gaby. Como no encontré al párroco, un vecino me aconsejó que hablara con el Obispo de Cañete. Nosotros íbamos esa tarde a Cañete —una hora de viaje— a dejar a Caro y Gaby en el taxi que las llevaría a Lima (150 km.) - . Pude hablar con el secretario del obispo. Le expliqué para qué necesitaba la sala. Me dijo que iban a ser destinadas a Pabellón de Ejercicios y Estudios y que se había construido un departamentito con dos piezas para el director. Ordenó al párroco que me dieran ese departamento. ¡Increíble! En el feliz atrio de la iglesia, detrás del templo, frente a una huerta y al pie de una majestuosa montaña, un departamento amueblado, con todo. ¡Me acordé tanto de Ud.! No es suerte sino destino. Allí, de martes hasta el domingo leímos toda la novela. Sybila se quedó casi estupefacta y conmovida. Hizo observaciones agudísimas, del más alto nivel. Corregimos de tal modo, que entre los dos volvimos a copiar treinta y dos páginas. Comprobamos que en las 298 páginas hay una novela, pero mucho más que eso, hay al mismo tiempo el germen de una novela mayor, mucho mayor. Durante la lectura, las reflexiones para corregir, las relecturas para llegar mejor al fondo de los pasajes mejor logrados, alcanzamos con Sybila lo que Ud. sabía que podía ocurrir, y sólo Ud. lo sabía: se formó entre nosotros una corriente de comunicación mucho más profunda, y la muerte, que la sentía en la columna vertebral y en las manos, se ahogó. En vez de ella surgió la esperanza.

El martes subimos quebrada arriba. Y recorrimos, ya solos los dos, ese valle absolutamente real y absolutamente legendario y como soñado de Cañete-Yauyos, escenario de los hechos de *Hombres y dioses de Huarochirí*. Nos quedamos dos noches en un altillo de la casa de un restaurante que pertenece a la señora Francisca Romero de Contreras. Yo dormí sobre pellejos, después de más de cuarenticinco años y Sybila en un catrecito con colchón y frazada. Yo me abrigué con dos telas. ¿El puente de Auco? No hay nada en este pueblo que pueda ser más intenso, bello, profundo, cargado de silencio y de hervor de la vida. Me sentí allí tan fuerte y animado que, en una cuesta que subimos para escalar hasta las orillas de un acueducto que debe tener unos dos mil años, que acaso lo hizo el dios Tutaykire[304] —que figura en la novela— yo me ofrecí no en broma sino completamente en serio a cargar a Sybila, no porque estuviera cansada sino porque era pedregosa y yo quería tener ese placer y hacer, como los indios de *Yawar fiesta*, una demostración de poder. Allí conocimos gentes puras y fuertes, respetables y respetuosas, dulces y aparentemente muy felices. Acaso lo son del todo. Y recibimos el contagio de todos estos bienes. Sybila se enamoró de un campesino con rostro de cernícalo y expresión de paloma. - De allí, de Punete a Auco, subimos a Yauyos —2900 metros de altura— por una carretera tan fantástica como real. Vimos escalar una fila de vacas por un hilo de camino que se marcaba sobre la falda roja de un gigantesco precipicio. En Yauyos no me fue muy bien. Allí vi por última vez a mi padre en 1930. No me reconocieron dos amigos de mi padre y casi no se acordaban ya de él. El paisaje de Yauyos es de una bravura que excita lo heroico que hay en el hombre o lo que en él pueda haber de insecto. Allí hablamos con un campesino cholo que nos dijo, algo borracho, que ellos son «tan machos que ya están resueltos a cambiar a dios que se ha enflaquecido tanto que no hace llover y que lo van a cambiar por otro gordo que haga sudar al cielo». Desde Yauyos le pasé un radio a Angelita rogándole que se lo leyera a Ud. por teléfono. Decidí volver inmediatamente a Santiago. A mi vuelta, anoche, el Prof. Ratto, Jefe del Departamento al que pertenezco en la Universidad Agraria, me comunicó que me concedieron los tres meses de licencia no con medio sueldo como yo lo pedí sino con sueldo completo: sesenta mil soles, unos mil doscientos dólares.

¡Todo esto es el destino si logro, como ahora sí creo, remover el fuego del relato y concluirlo! En verdad la casa de Angelita creo que no sólo está dispuesta sino que seguirá siendo una buena compañía para ella mientras Gaby vuelva a Chile, pues piensa hacerlo a fin de año para estudiar pedagogía en inglés[305] y trabajar a nivel profesional. Mientras tanto está intentando, creo bien, reintegrarse, recomponer su espíritu para una nueva vida. Estaré, pues, seguramente en Santiago, a lo más dentro de ocho días o quizá antes. Tendré que volver donde la señora Julia a que me ayude con los ejercicios y la relajación, porque las nueve últimas semanas de Santiago fueron destrozadoras y, como Ud. sabe, mi médico de

---

304 Ver capítulos 11 y 12 de *Dioses y hombres de Huarochirí*.
305 Aquí hay una larga tachadura (de una línea y un tercio).

238

Lima y dos de los mejores amigos de Sybila casi me dan el tiro de gracia. Pero Ud., Lola, conoce el alma del ser humano por amor, serenidad y sabiduría. A mí, que me sentía liquidado en 1962, me ha hecho Ud. escribir mi mejor novela, mi tesis doctoral y esta otra novela que es un universo zarandeado que marcha y contramarcha, como la vida. No importa que no sea tan «a la moderna», pero hemos reconocido con Sybila hasta unos cinco personajes símbolos que pueden y deberán completarse con los otros cuatro que falta revelar por completo y que están sólo insinuados. - Le besa las manos, de nuevo, con energía y esperanza,

José María

Ando un poco perturbado, como siempre que subo muy alto a la sierra. Espero que en pocos días se me pasará.

ALGUNAS CARTAS DE JOHN V. MURRA A
JOSE MARIA ARGUEDAS [306]

---

306 Se trata de tres cartas de carácter profesional, sobre la publicación de la visita de Garci Diez de San Miguel. Murra no conserva copias del resto de sus cartas a Arguedas.

1

Lima, el 29 de octubre de 1963.[307]

Sr. D. José María Arguedas, Director
Casa de la Cultura
L I M A

Estimado Dr. Arguedas,

Para formalizar nuestras conversaciones de la deseabilidad de publicar el informe y parecer emitidos por Garci Diez de San Miguel después de su visita a Chucuito en 1567-68, quisiera proporcionarle la información que sigue:

1) El documento es inédito y procede del Archivo de Indias, en Sevilla, donde fue estudiado y microfilmado por el Dr. Waldemar Espinoza Soriano, catedrático de historia de la Universidad de Huancayo. En 1962, con la ayuda de una subvención del Institute of Andean Research, de Nueva York, el Dr. Espinoza hizo una transcripción paleográfica del documento. Se propone que esta transcripción sirva de base para la edición que se propone hacer la Casa de la Cultura.

2) El informe es de importancia capital para el estudio de las civilizacio-

---

307 Carta mecanografiada en papel corriente.

nes andinas ya que nos trae muchos datos desconocidos acerca de la vida de los Qolla, pastores y cultivadores de tubérculos, de habla aymara, del litoral del Lago Titicaca. Los pastores y su organización económica y política no han recibido siempre la atención que merecen de parte de los cronistas europeos. Para mencionar aquí sólo dos primicias: el manuscrito contiene información sin precedente en los cronistas acerca de los ingresos, privilegios e influencia de los MAYKO o KURAKA del reino de los Lupaka (Chucuito, Acora, Xuli, Pomata, etc. hasta el Desaguadero). También hay datos muy sugestivos para aclarar el debate sobre la extensión de la esclavitud en la zona andina - ya que los YANA de los MAYKO son claramente distinguidos en su origen, funciones y número de los campesinos de la zona, cuyas obligaciones a los MAYKO son regidas por consideraciones de reciprocidad.

3) El documento trae también datos interesantes para la historia social y económica de las primeras décadas después de la invasión europea, *antes* de las reducciones de Toledo. Aunque los Lupaka lograron evitar de caer en menos de encomenderos, fueron de los primeros obligados a mandar brazos a las minas de plata en Potosí. Algunas de estas consideraciones de importancia para la historia virreinal de este manuscrito han sido estudiadas ya por la historiadora francesa Marie Helmer, en la revista *Travaux* del Instituto Francés de Estudios Andinos.

4) Tales documentos describiendo la realidad andina en sus manifestaciones locales serán de gran importancia en las etapas futuras tanto de la antropología como de la historia peruana. Informaciones locales de esta índole permitirán cotejar las generalizaciones de los cronistas y de los historiadores de la colonia, cuando hablan «del Perú», en general. Conocidas las enormes diferencias ecológicas y de estructura social que existieron entre los oasis de la costa y la sierra, entre la puna y la kechwa, entre el reino basado en riego de los Chimú y los pastores del Lago Titicaca, es probable que las próximas generaciones de estudiosos quieran dedicarse al estudio minucioso de las variedades locales de la civilización andina.

5) Se trata de un documento de 142 folios o sea 284 páginas manuscritas. En la transcripción del Dr. Espinoza son 221 páginas a máquina, a un solo espacio. Se propone que el documento se publique íntegro, sin mayores cambios que los ya hechos por el Dr. Espinoza, quien ha completa-

do las abreviaturas y eliminado doble r's iniciales que hacen difícil la lectura. No se ha cambiado la puntuación, ya que esto pudiera tergiversar el sentido del documento. Sin tener estilo literario, ni pretender a una lectura amena, el informe de Garci Diez de San Miguel no es difícil de leer o estudiar. Al publicarlo la Casa de la Cultura hará una contribución permanente, de consulta básica, a todo estudioso de las civilizaciones andinas.

6) Se propone que esta edición vaya precedida por unas páginas introductorias sobre el manuscrito y su publicación entre los documentos de la época por el Dr. Espinoza. Además se propone que el documento sea seguido por dos apéndices: uno por el Dr. Espinoza, de unas 30 páginas, sobre la personalidad y obra del visitador, Garci Diez de San Miguel, y otro por John V. Murra, destacando la importancia etnológica de la información.

7) En caso que la Casa de la Cultura publique este manuscrito, es muy probable que sea posible conseguir una subvención del Institute of Andean Research, similar a la que otorgaron al Dr. Julio C. Tello[308] para la publicación de su obra sobre Paracas. La cantidad probable será de dólares 500, o sean unos 13,000 soles.

En caso que Ud. o la Junta quisieran alguna otra aclaración o información, estoy siempre a sus órdenes.

De Ud., muy atentamente,

John V. Murra
Catedrático de Etnología

---

308 Julio C. Tello: Arqueólogo peruano. Fue Director del Museo de Arqueología de Pueblo Libre en Lima. Autor de *Introducción a la historia antigua del Perú* (Lima, 1922) y de «Discovery of the Chavín Culture in Peru» (*American Antiquity*, 1943).

2

Huánuco, 27 de abril de 1964.[309]

Querido José María:

Hemos terminado de cotejar el manuscrito de Garci Diez de San Miguel sobre Chucuito. En el avión de mañana baja a Lima la señora Jennifer de Brown, quien nos ha ayudado tanto y quien va llevando el manuscrito, ya que no lo quise confiar ni al correo, ni a la Faucett.

He leído cada palabra y hemos elaborado una manera más o menos consistente de transcribir el documento. El trabajo paleográfico básico fue hecho por Waldemar.

Adjunto encontrarás:

1) una primera página en proyecto

2) el contenido, un poco más detallado del libro

3) un proyecto de prólogo no al documento sino a toda la serie que me pediste hace unos meses. Claro, el castellano es deficiente, pero tienes allí todo el material necesario para revisarlo y decir las cosas a tu manera, añadir o quitar, como lo encontrarás necesario.

La señora Brown te buscará en la Casa de la Cultura o en cualquier otro lugar que tú indicarás para entregarte el manuscrito. O mejor, ¿no te parece conveniente que te llamara a tu casa y te lo entregara allí? Le doy ambas direcciones y números de teléfono.

---

309 Carta mecanografiada en papel corriente.

246

Como el material es bastante especial hay que pensar en quién y cómo se cuidará la edición. No es cualquier linotipista que puede manejar frases tan largas y de estilo burocrático antiguo. De mi parte, puedo prometerte que continuaremos nuestro interés en el manuscrito, aunque no podremos contar con la ayuda tan abnegada de la cual nos hemos beneficiado hasta ahora, de la Sra. Brown y de la señorita Patricia Bard.

Todavía no hemos pagado los servicios de la mecanógrafa, señorita Teresa Benavides Labarthe, quien nos cobró sólo 1540 soles por más de 500 páginas a doble espacio, transcribiendo lo de un solo espacio que nos entregó Waldemar. Además sería bueno pagar a Félix Caycho por el mapa de la zona que se describe en el documento.

La señora Brown lleva el cheque de 500 dólares del Instituto de Investigaciones Andinas.

Corriendo para alcanzar el correo antes de que cierren la valija, te abraza

John

3

Sr. D. José María Arguedas, Director
Casa de la Cultura del Perú
LIMA

Estimado Dr. Arguedas,

Junto con el texto mecanografiado final de la visita de Chucuito por
Garci Diez de San Miguel, tengo el agrado de enviarle n cheque por 500
(quinientos) dólares del Instituto de Investigaciones Andinas de Nueva
York.
Como Vd. sabe, es éste un pequeño subsidio para la publicación de la
nombrada obra en la nueva serie de documentos regionales que publicará
la Casa de la Cultura. A Vd. y a sus colegas de la Casa les deseamos pleno éxito en la tarea de hacer conocer mejor las civilizaciones andinas.
De usted, muy atentamente,

John V. Murra
Investigador Principal
Etnología

---

310 Carta mecanografiada en papel corriente.

APENDICE

JOSE MARIA ARGUEDAS

«*Huk doctorkunaman qayay* «/»Llamado a algunos doctores»[311]

311 Arguedas escribió el poema originalmente en quechua. La versión castellana - del autor mismo - se publicó en *El Comercio* de Lima el 1O de julio de 1966. La versión original apareció el 17 de julio de 1966 en el mismo rotativo.

El amargo y tiernísimo poema constituye la reacción de Arguedas a los ataques que recibió su novela *Todas las sangres* en la mesa redonda que celebrara el Instituto de Estudios Peruanos en Lima el 25 de junio de 1965. En dicha mesa redonda participaron Arguedas, Alberto Escobar, José Miguel Oviedo, Sebastián Salazar Bondy, José Matos Mar, Jorge Bravo Bressani y dos sociólogos: Henri Favre y Aníbal Quijano. Arguedas fue duramente atacado, sobre todo por Favre y Quijano, porque su novela no era «políticamente correcta». Después de la discusión terrible de aquella noche, en que la novela en cuestión se juzgó más como documento sociológico que como expresión literaria y etnológica, Arguedas escribió: «Creo que hoy mi vida ha dejado por entero de tener razón de ser. [...] convencido hoy mismo de la inutilidad o impractibilidad de formar otro hogar con una joven a quien pido perdón; casi demostrado por dos sabios sociólogos y un economista, de que mi libro *Todas las sangres* es negativo para el país, no tengo qué hacer en este mundo. Mis fuerzas han declinado creo que irremediablemente». Sobre los debates en dicha reunión, ver Rodrigo Montoya, ed.: *José María Arguedas veinte años después: huellas y horizonte 1969-1989* (Lima, 1991) y Carmen María Pinilla: *Arguedas: conocimiento y vida* (Lima, 1994).

HUK DOCTORKUNAN QAYAY[312]

Carlos Cueto Fernandinipaq, John V. Murrapaqpas

Manas imatapas yachaniñachu, atrasus kayku; huk umawansi umaykuta kutichinqaku.

Manas sonqoykupas allinchu; ancha mancharisqas, nisiu weqeyuqsi, waqaq tuyapa hina, nakasqa turupa hinas; chaysi mana allinchu.

Huk ducturkunas chayta nin; kikin allpanchikpi miraq, wirayaq, qilluyaq ducturkuna.

Nichkachunku ya, hinata nichkallachunku.

¿Imamantam ruwasqa ñutquy? ¿Imamantapunim ruwasqa sunquypa waqaq aychan, taytallay ducturkuna?

Mayukunam qaparichkan, mana chay ducturkunapa aypanan manchay

---

312 Reproducimos el texto quechua de la versión mecanografiada del poema con anotaciones de puño y letra de Arguedas, que obra en poder de John V. Murra. Dicha versión corrige algunos errores tipográficos de la versión de *El Comercio*. Mantenemos, al reproducir el poema aquí, algunas inconsistencias que constan en los originales (por ejemplo, la indecisión en cuanto a la transcripción de la vocal «u», que a vaces consta como «o»: «doctor», «doctur» y «ductur»).

252

uku, manchay qori tuta, qollqi tuta qaqakunapa chaupinpi;

chay qori qollqi tuta rumimantam ñutuquy, umay, diduypas.

¿Imapunim kachkan chay mayu patapi, taytallay ductur?

Largavistaykita urquykamuy, qawaykamuway, atispaqa.

Picha pachak hukman hukman papakunam waytachkan chay ñawikipa
mana aypanan qori tuta, qollqi punchao allpapi. Chaymi ñutquy,
chaymi sonqoy.

¿Imanasqan Inti takyarun, llantu mana kanchu maypipas? ¿Imanasqan,
ductur?

Helicopteruykiwan seqaykamuy, atispaqa. Kunturkunapa, taksa ñakay
pawaq urpituchakunapa rAPRAn cirapayaspa kancharimuchkan.

Pachak color kinwakunapa kanchariyninmi Intita quñirachin, Intita tim-
puykachichkan; urpitukunapa, yana kunturpa purunta watayachichkan.

Chaupi punchaomi; apukunapa, wamanikunapa chaychallanpim kachkani;
hatun, as qillu, as puka ritim hanaq pachaman surunpintan kamachichkan,
yaqa Inti sayay.

Kaypim pachak clasi waytayoq, miraq muruyuq kinuata tarpuni, wi-
ñachini. Chaymi almay, chaymi sonqoy, mana samaq ñawiy, tayllay
ductur.

Ñoqam, umaykipa ñotqunmanta, kuyapayaylla, upa rumikunanta
urqusqayki wayqey, doctor.

Mana atiy qaqapa sonidunta, mana atiy yuraq, puka, qillu manchay ritipa
kanchariyninta;

waranqa waranqa ancha kallpayoq qorapa, sapikunapa yachayninta,
yawarniykiman hichaykamusaq, ñawiykipi churaykusqayki.

Waranqa waranqa allpa urukuna, wayra aslla raprayoq urukunapa

253

yanqalla rimayninta yahachisqayki, wayqey;

waranqa waranqa imaymana, imaymanallaña takikuq urpitukunapa wiqichanta, imaymana aurora hina llampu uqlluchanta apaykamusqayki, wayqey, ductor.

Mana makinapa ruwasqanchu kay yachay yachasqay, kusiy kusisqay, llakiy llaqisqay.
Pakiq ritimanta rupay wayqokama ñoqawan kuska uywasqaykum, chay imay mana; cielo qayllanpi, cielo munayninwan kuska sasawan uywakusqaymi.

¡Ama ayqewaychikchu, ducturkuna, asuykamuychik! Qawaykuway wayqechay; maykamataq suyasqayki.

Asuykamuy, oqariway helicopteruykipa oqllunkama. Ñoqañataq waranqa clase qorakunapa kallpachasqa suminwan kallpachasqayki.

Ancha ritimanta ukumari wayqokunakama waranqa waranqa watapi mirachisqay kausaykunawan.

Titi saykuynikita hanpisaq, pachak kinua waytapa kanchariyninwan, sumaq kuyakuq tusuchayninwan; tuyapa lirpu sunqunwan; qapariq mayupa, manchachiq yana qaqapa sunqunmanta chuya takikuq yaku urqusqaywan.

¿Waranqa waranqa, waranqa wata killachu llankarqani, taksalla makina fierruwan, mana reqsisqay, mana reqsiwaq runa, huk chillmillapi kutuwanankupaq, willuwanankupaq?

Manam wayqechallay. Ama fierro afilayta makikiwan yanapaychu mana reqsiwaq runakunata; ama ayqewaychu; reqsiykanakusunchik; yaqa kikin wayrallatam samanchik; libruykikunata, imaymana makinaykikunata, sumaq waytaykitapas, ñoqamanta suchuq allpapim lantanki, churanki, mastarisqa, mana piña, tranquilo allpapi.

Kuchillukunata allichachunku; surriagukunata toqyachichunku; mituta huntachiychik uyaykuta millayman tikrachinaykichikpaq.

254

Manam wañuyta manchanikuchu; may pachak watañachá wañuyta eqepamchiniku yawarniykuwan, munasqay mana munasqay ñanpi tusuchiniku.

Mituwansi hukman uyaykuta tikraykachispanku sipichiwanqaku kikin churiykunawan.

Imaynachá kanqa. Hamuchun wañuy, hamuchun chay mana reqsisqay almayoq runakuna. Suyasaqmi; llapa apukunapa apunpa churinmi kani; llapa mayukunapa taytan mayupa churinmi kani, uywan. ¿Manañachu valin mundo, wayqey?

Ama chayta niwaychu. Waranqa waranqa watapi kallpanchasqa yachayniymanta, mukutuymanta, astawan wiñaymi vida, mana samaq mundu, mana samaspa paqariq mundo, tukuy pacha, wiñay.

255

LLAMADO A ALGUNOS DOCTORES

A Carlos Cueto Fernandini y John V. Murra

Dicen que ya no sabemos nada, que somos el atraso, que nos han de cambiar la cabeza por otra mejor.

Dicen que nuestro corazón tampoco conviene a los tiempos, que está lleno de temores, de lágrimas, como el de la calandria, como el de un toro grande al que se degüella; que por eso es impertinente.

Dicen que algunos doctores afirman eso de nosotros; doctores que se reproducen en nuestra misma tierra, que aquí engordan o que se vuelven amarillos.

Que estén hablando pues; que estén cotorreando si eso les gusta. ¿De qué están hechos los sesos? ¿De qué está hecha la carne de mi corazón?

Los ríos corren bramando en la profundidad. El oro y la noche, la plata y la noche temible forman las rocas, las paredes de los abismos en que el río suena; de esa roca están hechos mi mente, mi corazón, mis dedos.

¿Qué hay a la orilla de esos ríos que tú no conoces, doctor?
Saca tu larga-vista, tus mejores anteojos. Mira, si puedes.

Quinientas flores de papas distintas crecen en los balcones de los abismos que tus ojos no alcanzan, sobre la tierra en que la noche y el oro, la plata y el día se mezclan. Esas quinientas flores son mis sesos, mi carne.

¿Por qué se ha detenido un instante el sol, por qué ha desaparecido la sombra en todas partes, doctor?

Pon en marcha tu helicóptero y sube aquí, si puedes. Las plumas de los cóndores, de los pequeños pájaros se han convertido en arco iris y alumbran.

Las cien flores de la quínua que sembré en las cumbres hierven al sol en colores; en flores se han convertido la negra ala del cóndor y de las aves pequeñas.

Es el medio día; estoy junto a las montañas sagradas; la gran nieve con lampos amarillos, con manchas rojizas, lanza su luz a los cielos.

En esta tierra fría siembro quinua de cien colores, de cien clases, de semillas poderosas. Los cien colores son también mi alma, mis infatigables ojos.

Yo, aleteando amor, sacaré de tus sesos las piedras idiotas que te han hundido.

El sonido de los precipicios que nadie alcanza, la luz de la nieve rojiza que, espantando, brilla en las cumbres;

El jugo feliz de millares de yerbas, de millares de raíces que piensan y saben, derramaré en tu sangre, en la niña de tus ojos.

El latido de miradas de gusanos que guardan tierra y luz, el vocerío de los insectos voladores, te los enseñaré, hermano, haré que los entiendas.

Las lágrimas de las aves que cantan, su pecho que acaricia igual que la aurora, haré que las sientas y las oigas.

Ninguna máquina difícil hizo lo que sé, lo que sufro, lo que del gozo del mundo gozo.

Sobre la tierra, desde la nieve que rompe los huesos hasta el fuego de las quebradas, delante del cielo, con su voluntad y con mis fuerzas hicimos todo esto.

¡No huyas de mí, doctor, acércate! Mírame bien, reconóceme. ¿Hasta cuándo he de esperarte?

Acércate a mí; levántame hasta la cabina de tu helicóptero. Yo te invitaré el licor de mil savias diferentes;

la vida de mil plantas que cultivé en siglos, desde el pie de las nieves hasta los bosques donde tienen sus guaridas los osos salvajes.

Curaré tu fatiga que a veces te nubla como bala de plomo; te recrearé con la luz de las cien flores de quínua, con la imagen de su danza al soplo de los vientos; con el pequeño corazón de la calandria en que se retrata el mundo;

te refrescaré con el agua limpia que canta y que yo arranco de la pared de los abismos que templan con su sombra a nuestras criaturas.

¿Trabajé siglos de años y meses para que alguien que no me conoce y a quien no conozco me corte la cabeza con una máquina pequeña?

No, hermanito mío. No ayudes a afilar esa máquina contra mí; acércate, deja que te conozca; mira detenidamente mi rostro, mis penas; el viento que va de mi tierra a la tuya es el mismo; el mismo viento respiramos; la tierra en que tus máquinas, tus libros y tus flores cuentas, baja de la mía, mejorada, amasada.

Que afilen cuchillos, que hagan tronar zurriagos; que amasen barro para desfigurar nuestros rostros; que todo eso hagan.

No tememos a la muerte; durante siglos hemos ahogado a la muerte con nuestra sangre, la hemos hecho danzar en caminos conocidos y no conocidos.

Sabemos que pretenden desfigurar nuestros rostros con barro; mostrarnos así, desfigurados, ante nuestros hijos para que ellos nos maten.

258

No sabemos bien qué ha de suceder. Que camine la muerte hacia nosotros; que vengan esos hombres a quienes no conocemos. Los esperaremos en guardia; somos hijos del padre de todos los ríos, del padre de todas las montañas. ¿Es que ya no vale nada el mundo, hermanito doctor?

No contestes que no vale. Más grande que mi fuerza en miles de años aprendida; que los músculos de mi cuello en miles de meses, en miles de años fortalecidos, es la vida, la eterna vida, el mundo que no descansa, que crea sin fatiga; que pare y forma como el tiempo, sin fin y sin principio.

DEDICATORIA DE JOSE MARIA ARGUEDAS A JOHN V. MURRA

Dedicatoria hológrafa que figura en la fotocopia de
Jetman, haylli (Oda al jet) [313]

Wawqey John, kay taksachalla libruchata
kutichipuway ñawpa Perumanta hatun libro
qelqanayki kaqta, Tawantinsuyu runakunata,
kay wawqellaykita kuyaspaqa.

José

Oct. 1966

313 Publicado en versión bilingüe por Ediciones de la Rama Florida en Lima, 1966.

(Mi hermano John, corresponde a este humilde librito con otro gran libro sobre el antiguo Perú, sobre los hombres del Tawantinsuyo, que tienes que escribir si es que en verdad aprecias a éste tu hermano.)[314]

314 Traducción: Julio Noriega y Mercedes López-Baralt.

JOHN V. MURRA

JOSE MARIA ARGUEDAS: DOS IMAGENES[315]

---

315 Publicado en la *Revista Iberoamericana* (Núm. 122, enero-marzo de 1983, pp. 43-54).

I

Hace quince años Arguedas estaba en Austin. En una carta del 4 de mayo de 1965 comentaba la hazaña que era encontrarse en los Estados Unidos; digo hazaña porque ya en diversas ocasiones anteriores él había intentado visitar este país. Consistentemente, su solicitud de visa fue rechazada... Me acuerdo que en el año 1962 Arguedas pasaba por Nueva York, camino de Alemania, cuando las autoridades, en el aeropuerto Idlewild, no lo dejaron salir del recinto internacional. Tuve que pasar por no sé cuantos inspectores para poder ir a saludarlo; una vez juntos, tuvimos que conversar en un cuartito reservado para los prohibidos de pisar tierra norteamericana.

Tres años más tarde, cuando escribe la carta de Austin, ya Arguedas había pasado por la dirección de la Casa de la Cultura. Además, Carlos Cueto Fernandini era ministro de Educación. El y quizá otros convencieron al consulado que era deseable invitarlo, a pesar de lo que decían los ficheros de la embajada. Lo interesante es que este potencial «enemigo» tenía enormes ganas de conocer este país en particular; tenía ilusiones acerca del pueblo norteamericano y de su democracia, muy características de la generación que ha vivido intensamente la amenaza del fascismo en España y Alemania, aquella que siguió día tras día la segunda guerra mundial... Algo de todo esto encontrarán en el poema «*Jetman hailli*»,[316] escrito en quechua a su regreso de Estados Unidos.

---

316 Aquí la versión castellana del mismo, que reproducimos a partir de la primera edición ya citada:

En 1965 no tuve la oportunidad de darle la bienvenida a Arguedas, ya que me encontraba en el campo, en Huánuco. Allí me llegaban las cartas desde Washington, Siracusa, Ithaca, Indiana, Nueva York... La carta de Austin merece atención no sólo porque nos encontramos hoy en

---

ODA AL JET

¡Abuelo mío! Estoy en el Mundo de Arriba,
sobre los dioses mayores y menores, conocidos
    y no conocidos.
¿Qué es esto? Dios es hombre, el hombre es dios.
He aquí que los poderosos ríos, los adorados, que
    partían el mundo, se han convertido en el más
    delgado hilo que teje la araña.
El hombre es dios.

    ¿Dónde está el cóndor, dónde están las águilas?
Invisibles como los insectos alados se han perdido
    en el aire o entre las cosas ignoradas.
Dios Padre, Dios Hijo, Dios Espíritu Santo, no os
    encuentro, ya no sois; he llegado al estadio que
    vuestros sacerdotes, y los antiguos, llamaron el
    Mundo de Arriba.
En ese mundo estoy, sentado, más cómodamente que
    en ningún sitio, sobre un lomo de fuego,
hierro encendido, blanquísimo, hecho por la mano del
    hombre, pez de viento.
Sí. «Jet» es su nombre.
Las escamas de oro de todos los mares y los ríos no
    alcanzarían a brillar como él brilla.
El temible filo de nieve de las sagradas montañas,
    allá abajo reslandece, pequeñito; se ha convertido
    en lastimoso carámbano.
El hombre es dios. Yo soy hombre. El hizo este incon-
    table pez golondrina de viento.
¡Gracias, hombre! No hijo del Dios Padre sino su
    hacedor.
Gracias, padre mío, mi contemporáno. Nadie sabe
    hasta qué mundos lanzarás tu flecha.
Hombre dios: mueve este pez golondrina para que tu
    sangre creadora se ilumine más a cada hora.
¡El infierno existe! No dirijas este fuego volador, señor
    de los señores, hacia el mundo donde se cuece la
    carne humana;
que esta golondrina de oro de los cielos fecunde otros
    dioses en tu corazón, cada día.
Bajo el suave, el infinito seno del «jet», más tierra, más

268

esta ciudad universitaria. Para evaluarla hay que tomar en cuenta lo que precedió la parada en Austin, la cual vino relativamente tarde en la gira. Esta se organizó alrededor de los etnólogos que Arguedas había conocido durate unos quince años en San Marcos, ya como alumno o más tarde

---

hombre, más paloma, más gloria me siento; en todas las flores del mundo se han convertido mi
pecho, mi rostro y mis manos.
Mis pecados, mis manchas, se evaporan, mi cuerpo
vuelve a la dulce infancia.
Hombre, Señor, tú hiciste a Dios para alcanzarlo,
¿o para qué otra cosa?
Para alcanzarlo lo creaste y lo persigues ya de cerca.
Cuidad con el filo de este «jet», más penetrante que
las agujas de hielo terrenas, te rompa los ojos por la mitad,
es demasiado fuego, demasiado poderoso, demasiado
libre, este inmenso pájaro de nieve.
Cuidado que tu hijo te envíe el latido de la muerte;
la mariposa que nació de tu mano creadora puede
convertir tu cabeza en cenizas.

Oye, hombre, ¡entiéndeme!
Bajo el pecho del «Jet», mis ojos se han convertido en
los ojos del águila pequeña a quien le es mostrado
por primera vez el mundo.
No siento temor. Mi sangre está alcanzando a las
estrellas;
los astros son mi sangre.
No te dejes matar por ningún astro,
por este pez celeste, por este dios de los ríos que
tus manos eternas fabricaron.
Dios Padre, Dios Hijo, Dios Espíritu Santo, Dioses
Montañas, Dios Inkarrí: mi pecho arde. Vosotros
sois yo, yo soy vosotros, en el inagotable furor de este «Jet».

No bajes a la tierra.
Sigue alzándote, vuela más todavía, hasta llegar al
confín de los mundos que se multiplican hirviendo
eternamente. Móntate sobre ellos,
dios gloria, dios hombre.
Al Dios que te hacía nacer y te mataba lo has mata-
do ya, semejante mío, hombre de la tierra.
¡Ya no morirás!

He aquí que el «jet» da vueltas, movido por la respiración de los dioses de dioses que existieron, desde el
comienzo hasta el fin que nadie sabe ni conoce.

como colegas cuando llegó a dirigir interinamente el Instituto, en ausencia de José Matos Mar. Durante estos años, casi todos los manuales eran traducciones del norteamericano; aun las monografías sobre la población andina eran escritas por Bernard Mishkin, de la Universidad Brandeis, o por Harry Tschopik, de Harvard.

Después de haberlos conocido en el Perú, ahora Arguedas quería verlos en su propio ambiente, y lo recibieron bien. Pero cuando escribía de Austin, sabía que ya no iba a poder comunicarse con el morador, a pesar del intérprete argentino que le había proporcionado el Departamento de Estado. El interés por la cultura y el fenómeno histórico norteamericano era muy fuerte - cuando dirigía una revista llamada *Folklore Americano,* órgano del Instituto Panamericano de Historia y Geografía, Arguedas insistió para que la publicación incluyera materiales de los países anglófonos -. Este interés perdura y aflora en la descripción de los sacerdotes norteamericanos y en particular del jesuíta chicano de *El zorro de arriba y el zorro de abajo.* De los contactos con los norteamericanos durante la gira surgen dudas, contradicciones, fantasías, que lo hacen pensar en la relación entre su trabajo como etnólogo y como narrador.

La carta de Austin esá dedicada mayormente a los diez y más años de lo que él llama «el período estéril hasta mi viaje a Chile». Me sorprende, en lo que he leído acerca de la obra de Arguedas, la poca atención que reciben estos largos «años estériles». Entre *Yawar fiesta* y *Los ríos profundos* hay una larguísima temporada, donde la producción artística es casi nula, y éstos son precisamente los años en que José María Arguedas se reinscribe como alumno de San Marcos, en el recién creado Instituto de Etnología.[317] En muchas de sus cartas habla Arguedas de la limitada formación profesional que recibió, de la falta de profesores y de biblioteca. Pero la mera creación de este Instituto por don Luis E. Valcárcel creo que tuvo profundas consecuencias para el conocimiento del mundo andino y para el ulterior desarrollo del novelista Arguedas. Hasta fechas muy recientes existían todavía los exámenes que Arguedas rindió, años después de haber publicado *Yawar fiesta*; a principios de los años setenta fueron quemados, cuando se destruyó, como «reaccionario», casi todo el archivo del Instituto...

---

317 El primer departamento de antropología en el Perú se organizó durante la segunda guerra mundial en el Cuzco, unos cinco años antes del de San Marcos. Los primeros graduados fueron Oscar Núñez del Prado y Gabriel Escobar Moscoso. [Esta nota consta en el artículo publicado]

Al hablar de los «años estériles» habla Arguedas también de la importancia de la etnología que estudió y ejerció en este período. No sé si alguno de ustedes que enseñan literatura hacen leer conjuntamente una novela como *Yawar fiesta* con la monografía sobre Puquio, incluida en la colección que preparó Angel Rama.[318] Me parece que se complementan para el lector; pero creo que el beneficiado principal será el estudioso del arte de Arguedas. Tengo la impresión de que los literatos no han aprovechado esta segunda fase de su vida intelectual, una fase que niega la aparente esterilidad. Es un período creador; pero por otros caminos, ya que la ficción quedaba vedada.

Sugiero que la etnología moderna ayudó a Arguedas porque le ofreció dos tácticas, dos dimensiones positivas que le permitieron seguir trabajando, aprovechando cualidades y talentos que no fueron tan afectados por la larga depresión.

La primera es la insistencia de nuestra disciplina en que no puede realizarse sin el conocimiento del vernáculo de la población estudiada. A diferencia de la gente de «ciencias sociales», quienes creen que las entrevistas se pueden hacer rápida y eficientemente con formularios y usando intérpretes, la etnología confirma lo que sospechaba Arguedas; que no se comprenderá la vida y las instituciones del hombre andino sin poder comunicarse con ellos en sus idiomas maternos. A diferencia de la mayoría de los que estudiaban con él en San Marcos, Arguedas no sólo conoce el idioma, sino que lo considera una parte fundamental de su creación artística.

La segunda dimensión que le ayudó fue la pretensión de los etnólogos de que el trabajo de campo tiene que ser prolongado; uno convive con el morador hasta el punto donde éste lo permita. Fue una revelación para Arguedas saber que su íntimo conocimiento de la vida rural andina era considerado indispensable por los «científicos». Lo que él ya había retratado en *Agua* o *Yawar fiesta* ahora resulta ser parte integrante de su nueva vocación. Fue para Arguedas un descubrimiento deslumbrante; sugiero que fue parte activa de lo que le permitió acabar con el período «estéril».

Las cartas de esta etapa enfatizan que no puede escribir; habla de

---

318   Angel Rama: intelectual uruguayo, autor de *Transculturación narrativa en América* (México, 1982) y director de la colección de literatura hispanoamericana «Ayacucho», de Caracas. Publicó varios ensayos sobre Arguedas, entre ellos: *«Los ríos profundos*, ópera de pobres» (*Revista Iberoamericana*, 1983).

las obras que tiene planeadas y sufre al no poder realizarlas. Pero hay un elemento más: casi en el mismo párrafo que lamenta la insuficiente preparación, cuenta que en el terreno «yo aprendo muy bien lo que he oído», «si lo oigo, si lo veo, si participo, si entiendo lo que me dicen, yo aprovecho muy bien». En una carta desde Chimbote, ya al final de su vida, dice: «Yo tengo muy mala preparación teórica. Lo que hago es que huelo los problemas y antes de analizarlos, los vivo».

Este no es el Arguedas quejoso, a quien el insomnio agobia. Es otro Arguedas, orgulloso y competente. En el trabajo de campo etnológico descubrimos (y es un descubrimiento para él también) un Arguedas diestro, convencido de que lo que él hacía no sólo era importante, sino que lo está haciendo bien.

Me parece importante insistir en ese otro Arguedas para contrapesar sus propias quejas, pero también la versión muy popular en ciertos círculos intelectuales limeños. Me acuerdo de que en 1966, cuando Arguedas estaba en coma después del primer intento de suicidio y no se sabía si iba a sobrevivir, estando en la Casa de la Cultura, un empleado, escritor también, al comentar el intento, me dijo: «éste, ni matarse sabe...». No creo yo que fuera la aberración de un solo individuo; era la actitud de un segmento de la intelectualidad, importante sólo porque Arguedas les hacía caso.

Esta tarde tendré ocasión de hablar específicamente de su obra etnológica. Ahora lo hago más como un admirador tanto de la obra como del ser humano. Me sorprende tanto la limitada utilización de su producción etnológica en el estudio de su arte como la falta de interés por el papel de Santiago de Chile en la obra artística de Arguedas.[319] En la misma carta desde Austin, citaba yo su observación de que la esterilidad duró «hasta que me fui a Santiago...». En otra carta, el mismo Arguedas se pregunta: «¿Por qué puedo escribir aquí y no en el Perú?» Los que contemplan las dos etapas tan separadas en su producción artística no pueden evitar el papel de doña Lola Hoffmann en su recuperación. No es que doña Lola se metiera en la literatura; pero el estudioso de *Todas las sangres* y de los *Zorros*, de la intervención en el Congreso de narradores en Arequipa, tiene que tomar en cuenta el factor Santiago y el factor

---

319 Es de notar que en la cronología de Arguedas que preparó Mildred Merino de Zela se elude el tema del trabajo psicoanalítico que realizó con doña Lola Hoffman (aunque en la lista de los viajes de Arguedas se mencione sesgadamente a la Dra. Hoffmann). Lo mismo sucede con la cronología de la edición crítica de *Los zorros...* (1990).

Hoffmann; que pueden ser lo mismo, pero más prudente es separarlos en el análisis.

¿Por qué nos pesa tanto su desaparición?, o, como diría yo, su destrucción, porque me parece que fue destruido. ¿Quién lo reemplazará? ¿Quién en estos diez años desde diciembre del sesentainueve lo ha reemplazado? ¿Quién ha surgido como poeta quechua? Gracias al impulso de la etnología, en sus últimos años regresó a su idea original de que había que escribir en los idiomas maternos, y produjo una serie de poemas que se han reeditado varias veces y que serán un umbral de las futuras literaturas andinas.

¿Quién va a continuar la recopilación de la mitología andina, de la literatura oral? ¿Quién va a ser el defensor de los músicos andinos? No sé cuántos de ustedes conocen el papel de Arguedas en los años cuarenta y cincuenta, cuando eran raros los discos de música andina, bien tocada y bien seleccionada. Arguedas llevaba de la mano a los músicos serranos a las estaciones de radio, a las disqueras; insistía en el registro de música y músicos autóctonos y buenos.

¿Quién va a continuar la obra que empieza en Puquio? ¿Quién continuará describiendo Chimbote, en un momento dado, la segunda ciudad del país?

En parte, es por esta razón también que lamento la ausencia entre nosotros de Emilio Adolfo Westphalen. Conoció al Arguedas joven, recién bajado de la sierra, y conoció al Arguedas director fugaz de la Casa de la Cultura, su colaborador en la edición tanto de la *Revista Peruana de Cultura* como en *Amaru*. Conoció a Arguedas cuando todavía no se daba el rechazo de «algunos de los doctores»,[320] y ayudó a orientarlo como escritor. Una relación de muchos decenios, fundamental en su sustantividad, podría orientarnos hacia una mejor comprensión de las diversas dimensiones de su talento.

---

320 Alusión al poema de 1966: «*Huk doctorkunaman qayay* /Llamado a algunos doctores», que consta en el apéndice del presente libro.

II

E sta mañana hablaba del ser humano y comentaba detalles que me sugería su vida ejemplar, con algunas sugerencias para los estudiosos de su obra literaria. Esta tarde hablaré de Arguedas como etnólogo; por suerte, hay facetas que no tengo que desarrollar, ya que Richard Schaedel[321] ha mencionado algunas y Juan Vicente Palerm[322] tocará otras.

Cuando Arguedas llega al recién inaugurado departamento de antropología de la Universidad de San Marcos, y a su Instituto de Etnología, al final de los años cuarenta, ya era un escritor conocido y un hombre mayor. He conversado con sus condiscípulos; sería útil recoger la tradición oral que rodea estos primeros años de la etnología andina. La formación que Arguedas recibió en aquellos años era limitada; muchas veces, en su correspondencia ulterior, mencionaba y comentaba estas limitaciones. Quizá, de paso, vale la pena insistir, en una reunión donde asisten tantos argentinos, que en los países andinos la etnología no tiene la misma carga ideológica y emotiva que en otras partes; el único que parece haber leído a Imbelloni[323] en esta época es don Luis E. Valcárcel. Al final de la década del cuarenta y principios del cincuenta, la etnología en el Cuzco o en Lima era el estudio descriptivo, el descubrimiento casi

---

321 Arguedas lo menciona en su carta a Murra del 4 de mayo de 1965.
322 Juan Vicente Palerm: antropólogo mexicano, hijo de Angel Palerm.
323 José Imbelloni: antropólogo ítalo-argentino.

boasiano[324] de las poblaciones indígenas contemporáneas. Gran parte de la obra etnológica andina de Arguedas nos es accesible fuera del Perú en la colección que Angel Rama ha reunido para la editorial Siglo XXI, intitulada *Formación de una cultura nacional*. Este título póstumo me parece merecer atención, ya que en los años cincuenta o sesenta, cuando se escribieron estos artículos, entre los etnólogos de las repúblicas andinas pocos hablaban de una «cultura nacional». En 1980, la situación es distinta. Hace sólo tres semanas se reunió en Ollantaytambo (departamento del Cuzco) un Congreso *Indio* , enfáticamente no indígena y tampoco «campesino». El grupo que llegó a dominar la reunión, los aymara afiliados al Tupaq Katari,[325] desbordaron a los organizadores, insistiendo en el «problema nacional». En la época de Banzer,[326] los Tupaq Katari trabajaban en la clandestinidad y el exilio; el régimen los consideraba «separatistas».[327]

En Ollantaytambo, los nuevos líderes insistían que ellos eran *indios*; que eufemismos como «campesino», preferidos por los gobiernos boliviano y peruano de orientación progresista, no eran ni exactos (ya que muchos eran maestros o comerciantes) ni ofrecían la carga emotiva, «nacional». Aunque no creo que Arguedas hubiera usado tal título en 1962, mirando hacia el futuro, el que Angel Rama o la editorial le pusieran a la colección es apropiado.

Los que conocen esta antología habrán observado que no he mencionado la última palabra del título: indoamericana. Esto también creo que se puede explicar por el hecho de que el libro se editó en el extranjero. Aun aceptando el resto del título, creo que «indoamericano» está fuera de su ámbito natural. Pertenece, con «Latino-América», a categorías con poca capacidad explicativa en un seminario como el nuestro. Si aceptamos en 1980 hablar de una «cultura nacional», hablando de los que estudiaba Arguedas, ésta es específicamente la andina, sin diluir.

Leyendo los artículos reunidos en la colección, observamos que tratan de una zona bastante limitada, de una sola república. Aunque

---

324 Se refiere al antropólogo norteamericano Franz Boas.
325 La Editorial Nueva Imagen, de México, prepara una edición del libro de Ramiro Reynaga que explica esta posición. Un folleto de la organización IGWI, de Copenhague, reúne las declaraciones de las nuevas autoridades. [Esta nota consta en el artículo publicado].
326 Hugo Banzer: dictador de Bolivia en la década del setenta.
327 Véase el artículo analizando estas posiciones nacionalistas en *América Indígena*, 1979, escrito por Xavier Albó. [Esta nota consta en el artículo publicado].

Arguedas fue invitado a dirigir el Instituto de Folklore ecuatoriano, su trabajo de campo se limitó a dos regiones: la que conoció en su juventud, por ejemplo, Puquio, pero también el valle del Mantaro, cuyas monografías son posteriores a sus estudios. En una oportunidad pregunté al autor sobre la seleccción de las zonas que estudiaba. Me parece interesante su contestación: «Me interesa la gente que tiene fuerza; no la gente oprimida al punto que ya no reacciona; no tan descalzos, tan enfermos, tan analfabetos como los hay, sino gente con pujanza, gente que todavía puede...».[328]

Todos sabemos que el Mantaro era una zona sin haciendas. Me acuerdo de que por el año 1962, andando por aquella serranía, llegamos juntos a la comunidad de Pucara (o, como dicen los limeños, Pucará). Conversando con los comuneros, supimos que recientemente habían comprado «una hacienda», ubicada a los mil quinientos metros, lejos y en otra zona ecológica que la de la comunidad madre. En aquella época yo no comprendía todavía la importancia que ha tenido durante siglos tal táctica de tenencia agrícola en los Andes. Pero ya en los años sesenta Arguedas y yo nos dábamos cuenta de esta capacidad de maniobra de las comunidades, de su pujanza; en 1962 no se trata simplemente de resistir; se trata de una capacidad para ampliar el radio de acción que poseían algunas comunidades andinas antes de 1968. Este criterio de selección usado por Arguedas al escoger los temas de su trabajo puede quizá ayudar a explicar también aspectos de su obra literaria.

Quisiera añadir a esta dimensión espacial el estudio planeado, pero nunca terminado, sobre la etnología de Chimbote. Se plantea después del primer intento de suicidio; el bosquejo recibe el beneplácito de la Universidad Agraria. Quizá el proyecto merece unos minutos de atención. Después del primer intento hubo en Lima un ambiente muy favorable a Arguedas. Los corredores del hospital estaban llenos de gente esperando noticias. Cuando mejoró, entraban ministros a abrazarlo y susurrando promesas de respaldo con tal que se recuperara... Durante unos meses, en 1967, Arguedas pudo empezar a proyectar una colección a nivel nacional de folklore andino. Parte de la consagración era el anuncio en el periódico dominical buscando secretaria bilingüe y las seis señoritas runasimi-hablantes[329] que se presentaron. Pero en muy pocos meses fue obvio que

---

328 Aunque uso la ortografía de una cita, la observación proviene de notas de campo mías y no de una comunicación escrita. [Esta nota consta en el artículo publicado].
329 Quechuahablantes.

no había respaldo sistemático, y entonces hubo que recurrir a los fondos de la Universidad Agraria, donde Arguedas enseñaba el quechua. Propone en el momento el estudio del mito de Adaneva, que uno de sus estudiantes, Alejandro Ortiz Rescaniere, había encontrado en el Callejón de Huaylas, departamento de Ancash. Este Adaneva, un personaje mítico, había sido muy cruel; procreó hijos y los descuidó. El castigo que mereció nos afecta hasta hoy.

Arguedas quería conocer las variedades de este mito que circulaban en diversas partes del departamento, pero tal trabajo de campo no era factible con los limitados fondos de la Universidad. Decide entonces aprovechar el hecho de que en el puerto de Chimbote había miembros de todas las comunidades del valle de Santa. Entre los migrantes ancashinos de las cuarenta barriadas de Chimbote era probable encontrar muchas variedades del mito original...

Después de trabajar quince días en Chimbote, Arguedas se da cuenta de que no ha cumplido con la empresa que la Universidad Agraria le había encomendado. En una carta de la época dice:

Tenía un cargo de conciencia insoportable, pues el dinero era para folklore y yo estaba haciendo trabajo de etnología... El sesenta por ciento [de la población] es de origen andino, la masa de inmigrantes serranos es proporcionalmente mayor que la de Lima y no tiene la tradicional aristocracia criolla; esta masa, que vive aún separada de la costeña, se acerca a ella por canales menos dolorosos de transitar que en Lima. He trabajado afiebradamente estos quince días, creyendo siempre que la muerte andaba a mis espaldas, pero salvo en Huancayo nunca sentí más poderosamente el torrente de la vida. ¡Qué ciencia es la etnología!

Entre otras cosas, decía que había conseguido entrevistas con gente que, pensaba él, nadie más hubiera podido obtener; entre estas personas menciona a don Hilario Mamani, de Yunguyo (en una zona aymara-hablante del lago Titicaca):

Capitán patrón de una lancha bolichera de ciento veinte toneladas; fue analfabeto hasta los treinta años. Se aseguraba que no sería posible que nadie le arrancara una confesión grabada de su vida; yo lo hice en gran parte y es un documento inestimable...

Como decía esta mañana, en el trabajo etnológico de Arguedas no hay la timidez, no hay tantas peticiones de excusas. Al contrario: es muy consciente de su capacidad técnica de hacer un trabajo difícil. Hace un momento decía el profesor Schaedel que la obra etnológica de Arguedas no se reduce simplemente a informes y descripciones, sino que se percibe un esfuerzo de generalizar, ya etnológico. Un párrafo para demostrarlo:

He logrado formular algunas hipótesis. No hay en Chimbote clubes provinciales [que es una característica importante de la migración a Lima, La Paz, el Cuzco, Arequipa]. La organización es barriadas [luego no organizados según el punto de procedencia, sino el de la actuación inmediata]. A pesar del activo intercambio social y comercial, costeños y serranos permanecen todavía como estratos diferenciados; los serranos tienden a acriollarse y lo hacen sin las grandes dificultades que en Lima, porque el medio social es mucho más accesible. Pero como el Mito de Chimbote sigue difundiéndose, mito del centro de enriquecimiento del serrano (muchos han logrado llevar vida de derroche), la avalancha continúa...

Recordando que aquí se han reunido tanto estudiosos de la literatura como etnólogos, citaré una carta donde dice:

Total que se abrieron perspectivas insospechables para un informe etnológico general sobre Chimbote y materiales para mi novela. Se llamará *Pez Grande,* si alcanzo a mejorar [quiere decir de salud], podré escribir una narración sobre Chimbote y Supe que será como sorber en un licor bien fuerte la sustancia del Perú hirviente de estos días, su ebullición y los materiales quemantes con que el licor está formado.

Esta fue la primera de sus estancias en Chimbote. Regresó varias veces. Poco a poco la novela reemplazaba a la obra etnográfica. La novela *Pez grande* se planeó inicialmente mucho antes, e iba a tratar del cambio en Supe, un puerto no tan lejos de Chimbote, donde los Arguedas, doña Celia Bustamante y don José María, tenían una casa de veraneo. En un momento dado, Supe, un pueblo tranquilo de pescadores, se ve afectado, aunque no tanto como Chimbote. Tuve la suerte de estar con ellos en Supe a principios de los sesenta y escuché planes para la novela.

Un comentario de agosto de 1968, cuando Arguedas está escribiendo la novela que es la de los *Zorros,* en Santiago de Chile:

O escribiré una buena novela o serviré para nada. Si escribo la novela, podré seguir haciendo otras cosas.

En este estado de ánimo, en el mismo mes de agosto muestra las páginas que tiene sobre Chimbote a un sociólogo,[330] compatriota, residente en Santiago en la época, y quien se había mostrado particularmente virulento unos años antes al criticar *Todas las sangres.* El sociólogo le dice que no refleja fielmente la realidad de Chimbote...
Comenta Arguedas:

¡Felizmente! La novela, para ser tal, tiene que ser el reflejo de lo que soy yo. Y a través mío, si es posible, el reflejo de Chimbote.

Me permitirán una última observación sobre el puerto harinero. Ya en abril del 69, su último año, siempre desde Santiago de Chile:

Luego de concluir la novela [todavía en abril cree que va a concluirla] desearía dedicar el resto de mi vida a la etnología. Tengo casi nula formación, pero mi intuición funciona con acierto.

Esta frase se repite de diversas maneras a través de toda la correspondencia: «mi intuición», «oigo muy bien». Es una posición, como decía, fuerte en su orgullo profesional.

***

En seguida, Juan Vicente Palerm hablará del trabajo de campo de Sayago, pero que me permita unas observaciones muy ligeras que no se refieren a la encuesta etnográfica.
El trabajo en España tiene tres etapas: el trabajo de campo en los años cincuenta, bajo patrocinio de la UNESCO; la escritura de la tesis, gran parte en Santiago, acompañado de un debate acerca de su escritura con doña Lola Hoffmannn, en el 62; la publicación final en el 68.

---

330 Se trata de Aníbal Quijano.

Hoy sólo quiero citarles algo de la etapa intermedia, cuando está escribiendo:

> He descubierto [han pasado ya cuatro o cinco años] que mis apuntes de campo tienen un material mucho más rico de lo que esperaba; no estoy seguro, a causa de mi deficiente formación académica, de si tantas páginas eran indispensables, pero tienen un curso no sólo ligado, sino necesariamente dependiente. Lástima que una estupidez de la burocracia del museo [de Cultura Peruana][331] me impidiera permanecer más tiempo en Sayago...

Porque de hecho sólo pasó allí seis o siete meses, y estimaba, con razón, tal temporada de campo como muy corta. Y en el prefacio a la edición de 1968 vuelve al tema:

> Creemos que nuestra intuición fue constantemente mejor que nuestros instrumentos estrictamente universitarios. Considerábamos por error la intuición como algo ajena a lo universitario. Es, pues, este irregular libro una buena crónica; tiene, por tanto, algo de novela, y está salpicado de cierto matiz académico perdonable y hasta amenazadoramente pedantesco, y temeroso a la vez.

Como observaba esta mañana, no hay una separación tajante entre su etnología y su obra artística, de lo cual se daba cuenta.

Terminaré mencionando otra faceta de su antropología, su interés y su lucha por el quechua. No entraré al debate de la influencia de los rieles quechua debajo de su prosa castellana, pero sí es importante recordar que muy solo en Lima y desde los años treinta, Arguedas tenía confianza en el quechua como vehículo literario.

En las repúblicas andinas no es tanto problema que los generales aprueben un idioma andino como idioma oficial. En la época de Banzer se hablaba en La Paz de la oficialización de hasta tres idiomas americanos... Firmar un decreto-ley es fácil. Tampoco es difícil hacer aceptar[332] a los educadores el hecho de que la alfabetización del niño monolingüe se hará mejor y más fácil si se usa el vernáculo. Arguedas comparaba la

---

331 Aquí hay un error: no se trata del Museo, sino de la UNESCO.
332 Véase *Mesa redonda sobre el monolingüismo* (Lima, Casa de la Cultura, 1967). [Esta nota consta en el artículo publicado]

situación de este niño monolingüe con el aprendizaje del japonés: «Igual les daría aprender japonés que obligarlos a palos a aprender castellano»!

Arguedas iba más lejos: veía el futuro no sólo del runasimi del sur, que él hablaba, sino del centro-norte y del aymara como lenguas y vehículos literarios. En este dominio la contribución central que hizo Arguedas fue la traducción y publicación de la tradición oral de Huarochirí. Este texto es el único monumento literario quechua, a diferencia del náhuatl, idioma en el cual tenemos cientos, si no miles, de manuscritos. Arguedas terminó la traducción un día o dos antes del primer intento de suicidio; el comentario que citaré es de octubre de 1966, un poco después de haber salido del hospital:

> Es algo desagradable recordar que cuando trabajaba en la traducción yo ya había renunciado a seguir viviendo y trabajé bajo la presión de la angustia y el apresuramiento... No creo que una sola persona pueda traducirla con la mayor aproximación posible. Si yo hubiera sabido algo de lingüística, de paleografía, de dialectología quechua, podría haber hecho la traducción como es debido, pero me dejé cautivar por la parte mítica, imaginaria, y ahora que analizo la traducción sobre frío y con algo más de información especial sobre su importancia, me causa algo de terror y de admiración al mismo tiempo por la obra que hice. Fue una audacia que felizmente cometí.

Como se ve, al hablar de su obra etnológica no se pide nuestro consentimiento; sabe lo que está haciendo y tiene una visión muy clara de su contribución.

Parte de ello es la colección que Arguedas reúne de mitología contemporánea, de la literatura oral. Gran parte de esta colección que se hizo desde el Museo de la Cultura, bajo la dirección de don Luis E. Valcárcel, sigue sin publicarse. Cuando Arguedas pasó a la Casa de la Cultura se llevó allí esta colección, donde está todavía, al cuidado de Josafat Roel.[333] Quisiera atraer la atención de los literatos a los temas de literatura oral que sugiere Arguedas para el estudio. A quince años de distancia nos damos cuenta de lo claras que eran sus prioridades, qué sentido tan nítido

---

333 Josafat Roel Pineda: antropólogo peruano. Coautor con Arguedas de «Tres versiones del mito de Inkarrí» (En Juan Ossio, ed.: *Ideología mesiánica del mundo andino*, Lima, 1973).

tenía de lo que era urgente en los Andes. Aunque le tocó trabajar mayormente solo, tenía las aptitudes para la colaboración en equipo. Esta mañana, Angel Rama nos decía que en su literatura hay un elemento auditivo, de danza y de canto. Hay una carta donde Arguedas habla de una conferencia suya en la Universidad Agraria que le pareció había salido muy mal. Para que esa pobre gente, que había venido de lejos, no se sintiera defraudada, les cantó la misma canción que citaba Rama esta mañana, la canción de la recolección de arveja. Tres semanas después lo invitaron a la Universidad de Ingeniería, y esta conferencia le pareció bien. Pero los ingenieros habían escuchado que a los agrónomos les había cantado... ¿Y a nosotros? No, dijo él, la conferencia fue buena y no tengo que compensarla con una canción. Y no cantó.

Terminaré con algunas observaciones sobre el porvenir de la labor etnológica en las repúblicas andinas. En una carta de noviembre del 67 habla de una reunión que contaba con la participación de algunos colegas:

Los antropólogos [presentes] demostraron que efectivamente se podía hablar de una cultura quechua; quedó demostrado que existe una religión, un arte y una lengua propia de los campesinos quechua. Los grupos que dominan tradicionalmente el país han resuelto convertirlos a los quechuas y a los aimaras en carne de fábricas y en domésticos. Los planes de desarrollo, de integración del aborigen, constituyen instrumentos encaminados a desarraigar definitivamente al indio de sus tradiciones propias. En la sierra están tratando de romper las comunidades...

Las últimas líneas de la carta dicen:

En esta misma reunión, antropólogos famosos presentaron la tesis final de que la cultura quechua está condenada. Predican con terminología científica que la cultura quechua no existe, que el país no es dual culturalmente, que las comunidades de indios participan de una subcultura a la cual será fácil elevar a la cultura nacional. Los quechuas y aimaras seguirán, pues, condenados a ocupar el último lugar. Pero no les matarán todo el alma. Ayer no más conté en una tienda de discos de Chosica 2,740 títulos de música serrana.

JOHN V. MURRA

SEMBLANZA DE ARGUEDAS[334]

334 Esta semblanza de Arguedas formó parte de un ciclo de conferencias organizado por John V. Murra para Cornell University entre septiembre y diciembre de 1977, y que él titulara «Otoño Andino». Contó con la participación de, entre otros conferenciantes, Rolena Adorno y Tom Zuidema. La conferencia —no leída, sino oral (de ahí su tono conversacional)— es inédita; fue grabada y damos aquí la transcripción de López-Baralt. Guarda necesariamente puntos de contacto temático con el ensayo anterior, publicado en 1980 en la *Revista Iberoamericana*. Sin embargo, por abundar sobre otros problemas relativos a la figura de Arguedas (como, por ejemplo, los de la lengua y el trabajo etnográfico en España), nos parece importante reproducirla aquí.

El Otoño Andino es muy concentrado en cosas de antropológicas, y de ciencias sociales. Hay cierta deformación en este énfasis. [...][335] Y lo que me parece a mí que faltaba más es la dimensión que se llama en general la dimensión humanista, la dimensión literaria, la dimensión, pues, de letras, que no trate simplemente del logro del hombre andino dentro del perímetro de las ciencias sociales, de la antropología, de la lingüística, sino que trata de comprender este logro del hombre andino con otras tácticas, con otros modos de acercarse, utilizando otros datos. [...] Queremos otras maneras de estudiar el material andino, no simplemente de la antropología, arqueología, lingüística; nos interesa mucho la dimensión humanista, y es punto débil que en parte vamos a tratar de suplirlo, si es posible, en este coloquio. La otra manera de suplir la deficiencia es de fijar nuestra atención en José María Arguedas. Y, como no tenemos fácil acceso a las docenas de personas que en todas partes del mundo están escribiendo tesis doctorales sobre Arguedas, pues yo pensé que para una sesión yo tenía alguna que otra cosa que decir, y que valdría la pena mirarlo, a ver si podemos lograr un debate, algo que abrirá posibilidades para futuras sesiones sobre la obra muy compleja, muy contradictoria, de José María Arguedas.

Su muerte —hace ya, casi 8 años— nos ha dejado, como dicen en los discursos funerarios, pero en este caso, con verdad, nos ha dejado desamparados. Hemos perdido a una persona que en estos 8 años no hemos podido reemplazar de ninguna manera, y que no veo cuándo empezaremos a reemplazar. Generalmente los que han estudiado a Arguedas, y como digo, son muchos los que escriben la tesis, ahora que ha muerto, el interés es muy grande. Hace unos años hablando con una de sus viudas, me decía ella que no contestaba el teléfono, por la tanta gente que llamaba continuamente porque querían material sobre la vida de él y que ella, como habían convivido por más de veinte años, pues tenía mucha información, pero ella nunca quiso escribir nada, ni quiso permitir que se graben conversaciones con ella; así que gran parte de este material, de este conocimiento íntimo que doña Celia Bustamante tenía de Arguedas, se ha perdido para siempre.

Me parece que hay tres papeles que se pueden estudiar. Uno es su papel de novelista en castellano. Sobre esto el material es riquísimo, pero yo no tengo nada especial que decir, y no me voy a demorar. De vez en

335 He editado algunos brevísimos pasajes en que Murra habla de las próximas conferencias del ciclo por no venir al caso aquí [MLB].

cuando me voy a referir a su obra de novelista, pero simplemente cuando me parezca relevante para su papel de antropólogo. No voy a evaluar: como digo, hay mucho escrito, libros sin fin, y particularmente, las tesis doctorales.

Vale la pena al hablar de sus novelas mencionar el idioma. Arguedas era muy consciente del idioma que usaba, e hizo una labor muy consciente también, de crear un idioma que comunicaría al lector algo del otro idioma, del idioma materno, que sus héroes hablaban. Ahí, los que estudian estas cosas, ven una progresión de cambios en el manejo del castellano. (Yo, claro, no puedo jugzar estas cosas) pero creo que es importante ver que esta obra novelística fue hecha en castellano y voy a regresar después a este tema porque es importante decirlo aunque no lo he visto en la literatura publicada.Esto no era el plan de Arguedas. Cuando Arguedas llega finalmente a Lima, a la edad de veinte o veintiún años, iba a ser novelista, pero no tenía la intención de escribir en castellano. El hecho de que termina escribiendo en castellano es parte de la nefasta influencia de Lima la horrible,[336] y hay que verlo así.

Su segundo papel, que es uno cuantitativamente limitado, pero que yo creo que fue muy importante, es su papel de poeta en el idioma materno. Empezó a escribir y publicar muy tarde, en el último decenio de su vida, pero me ha hablado muchas veces de otras poesías no publicadas, también en quechua y que quizá existen en alguna parte, y que quizá se encontrarán. Los herederos de doña Celia Bustamante son las sobrinas, las señoritas Bustamante, de las cuales a la Cecilia me imagino que muchos de ustedes conocen, porque es poetisa bien conocida. Las hermanas Bustamante me imagino, han heredado el archivo que doña Celia dejó. Lo poco que se ha publicado, de las poesías en quechua, y me imagino que muchos han visto el pequeño librito publicado por el Instituto Nacional de Cultura, *Katatay*, pues ahí está reunido todo lo publicado, y valdría la pena, si uno fuera capaz de hacerlo, mirar este material escrito tarde en la vida, en su último decenio, y ver todo lo que se puede salvar allí. Yo no puedo, no tengo la preparación ni la capacidad ni conozco el idioma, para poder hacer tal análisis...

He traído conmigo una de estas poesías traducida por el mismo autor y publicada primero en una revista literaria de Arequipa y después en

---

336 Murra nombra irónicamente a Lima con el título del famoso y controversial ensayo de Sebastián Salazar Bondy, publicado por primera vez en 1964, en México.

El Comercio de Lima. *El Comercio* de Lima publicó sólo la traducción. Y sólo el prestigio de José María y su protesta enérgica los obligó el próximo domingo a publicar también el texto original, pero sin la traducción.[337] Entonces lograron lo que él quería, mostrar que esta forma de arte, que sí es accesible, que sí se puede escribir y traducir. Más tarde fue parte de una carta circular que yo iba a publicar el año 70, pero que nunca se hizo.

Entonces, termino con lo que sí es el tema de la sesión de hoy, que es Arguedas antropólogo, Arguedas etnólogo. Aquí también podemos separar dos papeles distintos, pero que a mí me parecen ser el mismo. Uno es Arguedas folklorista, y musicólogo. Desde muy temprano en su carrera, por ejemplo, cuando es profesor en la escuela de Sicuani, antes de venir a establecerse en Lima, en Sicuani ya publica material folklórico en los periódicos de Buenos Aires. Y son artículos para los suplementos dominicales, que describen ceremonias y ritos, que traducen poesías... es una actividad perenne, y que él incitó para que fomenten los demás. Es en este dominio, el único, donde sí que hay un poco de actividad continua. Ha tenido seguidores. Gente como Ortiz Rescaniere, o el mismo Josafat Roel, han continuado algo de la labor folklorista de Arguedas. El me decía que en lo folklórico lo más interesante que había logrado él, según su juicio, era de convencer a las compañías disqueras, muy temprano, desde los años cincuenta en adelante, de incluir lo que él consideraba material folklórico vivo y bueno, con todas las demás canciones que se popularizaban en los coliseos. Y como al principio, en los años cincuenta, los disqueros dependían mucho de don José María, para saber quién era quién, y qué conjuntos había, y quién tocaba en qué coliseo, pues él sí pudo influir, y de esta manera cosas muy buenas se encuentran algunas veces al lado de cosas comerciales, en el mismo disco. Y hablando de esta actividad, él consideraba su contribución de que se incluyeran canciones, recitaciones de calidad, como una de sus actividades más logradas. Tampoco pienso hablar de esto hoy.

Entonces queda la otra actividad, etnológica, que son sus estudios de campo, que hizo como etnólogo. Me parece que vale la pena meditar que ni como novelista en castellano, ni como poeta en quechua, ni como etnólogo de campo, hemos en estos 8 años logrado reemplazarlo. Y no se perfila nadie en el horizonte que vaya a hacerlo. No hay una sola razón

---

337 Se trata del «Llamado a algunos doctores», que figura en el *Apéndice* del presente libro.

para que una sola persona combine en una sola vida todas estas actividades. Pero el hecho de que no haya nadie que lo reemplace en ninguna de estas actividades, me parece a mí una cosa que los que trabajamos en los Andes tenemos que meditar. Porque creo yo que las razones no son simplemente de orden personal. No es que hayamos perdido un genio, aunque sí lo perdimos y era genio, pero no es de carácter individual la explicación de por qué nadie ha surgido, por qué nadie se perfila para reemplazarlo. Yo creo que las razones nos tocan a todos. Nos tocan como gremio. Nos tocan también como entusiastas, gente dedicada a estudiar lo andino. Pues el hecho de que no hemos atraído juventudes es un cargo muy grave y que tenemos que meditar.

La dimensión antropológica de José María Arguedas surge en los años cuarenta. En este periodo regresa de Sicuani, empieza enseñando en la Guadalupe, y poco a poco regresa a San Marcos. Ya había estudiado en San Marcos en los años treinta, trabajaba en el correo, y estudiaba en la universidad. Pero en los años cuarenta regresa y entre tanto —todos saben— ha ocurrido algo muy importante en San Marcos. Siendo Ministro de Educación don Luis E. Valcárcel se crea el Departamento de Estudios Etnológicos en el Museo Nacional, y a la vez se crea el Departamento de Etnografía y Arqueología en la Universidad de San Marcos. Arguedas entra como alumno en la Universidad y como el etnólogo en el Museo. El papel de don Luis E. Valcárcel es otra cosa que sería valioso algún día contemplar, porque el mérito de don Luis es enorme, y generalmente la gente se fija mayormente en su obra publicada. Yo creo que no es tanto la obra publicada de don Luis lo que tiene importancia sino su papel de animador, y su papel de saber recoger a todos los Arguédases que hubo... porque hay otros, yo no creo que no hay otros, solo parece que no hay. Por ejemplo, cuando Arguedas vino a trabajar en el Museo y a participar activamente en la publicación de la revista, o en la publicación de *Folklore Americano,* coincidió con el Padre Lira, por ejemplo, que en aquel momento andaba en muy malas relaciones con su Iglesia, y a quien don Luis recogió. Y así toda una serie de gente que el sistema imperante no sabía utilizar, y al contrario, castigaba por su rareza, digamos, a todos éstos los recogió. La *Revista del Museo Nacional* fue el albergue, fue el lugar de acogida, y de trabajo efectivo. La revista en estos años, si la leen con cuidado del primer número al último, estos años de los treinta a cuarenta, los primeros años de los cincuenta, fueron años muy buenos, la revista está llena de cosas interesantísimas. Todo esto se debe a la iniciativa de Luis E. Valcárcel, y más tarde de Arguedas. Por ejemplo, los primeros artículos traídos por Choy, quien no sabía escribir, Arguedas se sienta con él, y día tras día, cuéntame lo que quieres decir, explícame pues, escribiendo, y poco a poco haciendo posible que Choy publique cosas que después se han leído y han tenido mucha influencia.

Pero es importante ver otra cosa. Nace el once y empieza a publicar ya en los años treinta, al final de los años treinta. Y lo que ocurre en los años cuarenta —simplificando mucho— es que termina un periodo creativo— y desde el año 41 ó 42 ya no publica nada nuevo. Se republican continuamente los cuentos publicados en el 3O o en el 41, pero no hay nada nuevo, no hay material literario nuevo hasta el 58, que es la fecha de la aparición de *Los ríos profundos*. Tenemos con nosotros aquí a una de las traductoras de *Los ríos profundos* al inglés. La señora Barraclough[338] ha traducido *Los ríos profundos*. Yo me acuerdo, el año 62, quizá, estando en casa de Arguedas, llegó un poeta escocés que iba a traducir *Los ríos profundos*. Traductor profesional, poeta como vocación, pero vivía de traducir del castellano. Alaister Reed se llama el poeta. Contaba Arguedas de los esfuerzos que había Reed hecho para traducir *Los ríos profundos*, y que tenía dificultades para hacerlo. Porque claro, lo que escribe Arguedas no es el castellano que el señor Reed sabía, y el problema no era que se usaban palabras desconocidas; lo que era, era otra sintaxis, otra organización del material, y detrás de ello otra percepción de lo que es la vida, lo que el artista se propone manejar. Pero la señora Barraclough lo ha hecho y esperamos cualquier día su aparición en la Universidad de Texas.[339]

Pero observen, esto es muy importante. Hay un período que empieza en los años 42 ó 43 y que dura alrededor de catorce o 15 años, en los cuales nuestro héroe no sé si no escribe, pero no publica nada de carácter artístico. Este es el periodo de mayor actividad antropológica. Y diría yo, aunque no estoy muy seguro de lo que digo, lo ofrezco, nada más. Lo he conversado con él. Hay una complementariedad: cuando escribe cosas de carácter antropológico esto coincide con periodos estériles en lo literario y viceversa. Cuando en el año 58 empieza otra vez a escribir obras literarias, se reduce mucho su actividad antropológica, y aquella que sí hace se limita mayormente a cosas folklorísticas, que encajan mucho más fácil con la actividad literaria. Es en este periodo que escribe sus comparacio-

---

338 Frances Barraclough.
339 Se publicó poco después en Austin (Texas University Press) como *Deep Rivers*.

nes sobre el Inkarrí. Es en este periodo que (después de su primer intento de suicidio) el Ministerio le promete, jurando, que lo iba a dejar hacer un estudio del folklore andino, aunque muy pocos meses después retiran la plata. Yo estuve presente en el hospital cuando el ministro le prometió cualquier cosa con tal de que viviera. En el año 66 cuando el primer intento de suicidio a todas las horas la radio daba información sobre su estado de salud, porque estuvo más de tres días en coma, y no sabíamos si iba a vivir o no, y la radio daba cuenta. Y cuando ya por fin revive, sale de la coma, ahí está, rodeado de gente, que se empujan para entrar, todos «amigos íntimos», todos listos para abrazar a este pobre tipo ahí en su cama. Prometiéndole cosas. Si ya no haces esas tonterías, vamos a hacer todo, todo. Y le prometían todo.

Lo que yo quiero resaltar es esta complementariedad entre la actividad literaria y la antropológica. De hecho hay coincidencias interesantes, donde hay una novela y una monografía sobre el mismo tema, y usted puede leer las dos cosas y compararlas. Los datos son idénticos, pero una vez manejados en forma de novela, y otra vez manejados en forma de monografía etnográfica. El caso más concreto es entre *Yawar fiesta* y el artículo publicado en la *Revista del Museo Nacional*, que se llama «Puquio, una cultura en proceso de cambio», del año 56. Claro que hay una gran diferencia entre los dos, pero los materiales son idénticos. Y yo creo que si ustedes enseñan antropología... yo siempre, cuando enseñaba antropología en cursos introductorios, uno de mis esfuerzos siempre era el de presentar a los alumnos, en lo posible, materiales paralelos, materiales literarios, novelas, cuentos, sobre la misma gente que en lo etnográfico estudiábamos en el curso. Y yo creo que la antropología sólo puede enriquecerse de estos lazos con la literatura, con la poesía. Y en el caso de Puquio se puede hacer perfectamente. Las dos cosas son descritas en dos épocas de su vida, porque hay una diferencia de más de diez años entre la novela y la monografía. Su comprensión de Puquio será mucho más rica si lee las dos cosas y las compara y las medita en conjunto.

Me imagino que todos ustedes han leído la obra literaria y la obra antropológica de Arguedas, así es que no se las voy a describir. He escogido para atención especial su obra comparativa. Esto se ha leído menos. Es un libro que se llama *Las comunidades de España y del Perú*, un libro demasiado gordo, con pequeño trabajo editorial; si él hubiese tenido la asesoría de alguien, se podrían cortar cien páginas de allí sin ningún padecimiento. Nadie sufriría, las ideas, al contrario, serían más desnudas, y se podrían ver mejor. Es muy enredado y muy largo porque no se cortó nada. Así como salió, cuando yo me quejaba de que éste y también *Todas las sangres,* que a mí me parecen libros demasiado abultados y que podrían mucho mejorarse al cortarlos, me decía siempre, mira, a mí todo ello me lo dictan, yo lo transcribo, lo mando a la mecanógrafa, ella transcribe lo que digo yo, y así se publica. No revisaba la mecanografía. Entonces si yo quería cortarlo él no tenía ninguna oposición, pero yo no me atrevía a hacerlo. Hacía falta mucho recorte. En el libro que fue su tesis doctoral en etnología, pues ahí sí lo podría haber hecho pero no me atreví. Aunque tuve la oportunidad, pero no me atreví.

Es un libro importante y lo es, creo yo, por el material etnográfico. El argumento de que posiblemente hubo influencias andinas en el desarrollo del colectivismo agrario hispano, me parece una idea que hay que elaborar mucho más. El no usó materiales históricos, simplemente se hace una comparación de Sayago y otras poblaciones del norte de España, de Segovia, en el año 1956, con lo que ocurre en los Andes. Históricamente ésta no es una táctica aceptable. Pero esto no importa. Lo que importa es el contacto que logra con el campesino español. El estudio es comparativo. Estudia una comunidad donde todavía las tierras no se han repartido y otra comunidad muy cercana de la primera donde ya las tierras han sido individualizadas y la gente tiene título individual. Trata de relacionar este cambio, esta transición, con otros aspectos de la vida española. Lo importante: lo íntimo es el contacto de José María Arguedas con este campesino español a quien nunca había visto antes, porque nunca lo había visitado. Es interesante, nunca he podido aclarar muy bien cómo se le ocurrió, cuál es el origen de esta idea de ir a ver las influencias andinas en la vida rural española. No importa si hubo tales influencias o no. Ahora, por ejemplo, recién he hablado con un colega que me dijo que vio una *chakitaqlla*[340] en un museo vasco, de agricultura vasca, y los vascos le decían, no, mira, eso es para trabajar las papas, y es una cosa vieja vascongada... Bien, el que ha visto una *chakitaqlla* sabe que no es vascongada, sino que viene de otra parte. Y no hay razón de dudar que hubo no sólo influencias europeas en lo andino sino el reflujo, los peruleros, que regresaban del mundo nuevo y que influenciaron la vida española. Pero no creo que este libro sea una contribución a las relaciones entre los dos países. Lo importante es que solo, sin fundaciones, sin maneras de organizar estos estudios, sin tener a nadie con quien

---

340 Se trata del arado de pie andino.

conversarlo, porque nadie se interesaba en San Marcos en esta época en la posibilidad de que se estudiara el campesinado español de manera antropológica, Arguedas lo intenta, y creo que sería bueno para los que no lo hayan hecho todavía, de leerlo, y de no atemorizarce por el bulto. Váyanse directamente al material etnográfico, a las conversaciones. Los campesinos le dicen: «Señor peruano, cuéntanos cómo es esto», quejándose del colectivismo que se iba perdiendo. Son detalles de enorme riqueza. La misma íntima relación que José María Arguedas sabía cultivar con su propia gente, la supo lograr con la gente extranjera, con la española. Y esto es muy valioso. Aquí tiene Ud. información excelente para la etnografía española de la época. Porque ya hoy día, mal que bien, tenemos una profesión en España, pero hace diez o veinte años no había casi nada, y lo poco que había Franco logró destruirlo.

Para comprender bien lo que él ha hecho, creo que hay dos dimensiones. Una es por qué escribió y cómo escribió en español sus novelas. Y aquí tienen ustedes que hacerme confianza, porque simplemente estoy informando de cosas que no se han publicado pero que Arguedas me ha contado personalmente. Y es que Arguedas cuando vino de la sierra, de Puquio, tenía la intención de escribir, sí, pero pensaba escribir en quechua. Creía él, y al final de su vida cuando empieza a hacer poesía en quechua (que es una medida compensatoria, digamos, por lo perdido en los años treinta) él pensaba que se podía escribir en quechua, y claro, tenía razón. Pero Lima en los años treinta está llena de gente que lo convencen, como tratan de convencernos a nosotros hoy, de que los idiomas andinos no tienen futuro literario.[341] Todavía estamos peleando por la necesidad de alfabetizar niños monolingües en su idioma materno. Por ejemplo ya en la mesa redonda del 1965 que se hizo en la Casa de la Cultura cuando José María era su Director, ya en aquella mesa redonda se habló de la posibilidad de no fijarse simplemente en la alfabetización, sino de ir adelante, pensar en dos o tres etapas más allá de la actividad cotidiana, y pensar en la literatura, pensar en las publicaciones de carácter no meramente pedagógico, sino de carácter creador, artístico. Pues él tenía esta idea, y los limeños, en los años treinta aunque lo acogieron muy bien —él habla de los primeros amigos que tuvo en Lima cuando

---

341 En este sentido vale consignar el importante esfuerzo de Julio Noriega, con su reciente antología de *Poesía quechua escrita en el Perú* (Lima, 1990).

llegó en los años treinta— sobre una cosa estaban todos de acuerdo: que no tenía futuro ser artista en el idioma materno. Pero es interesante lo que decía él, de cómo lograron convencerlo, cuál fue la última piedra, la presión que él aceptó. Y como esto no se ha publicado, quizá sea de interés para ustedes, hablar del papel que juega el extranjero en la formación de la antropología. En todas partes del mundo, el papel de lo exterior, de la presión del exterior en el artista o del etnólogo nacional. E inversamente, la presencia en el interior del extranjero. En todos los países ha tenido un papel muy serio, en la orientación, en los caminos que sigue nuestra disciplina. Yo he estado siempre muy impresionado de notar cuán distinto es nuestro gremio de país a país. No hay uniformidad. Los economistas, o los sociólogos, mayormente, se entienden perfectamente de un país a otro, porque saben cómo ha sido entrenado el otro.

Nosotros, nuestro gremio difiere enormemente de país a país. Tiene la antropología en común con las artes una vida distinta y una manera de ser que es muy distinta también. Y el papel decisivo en la vida de Arguedas, que lo convenció de que había que escribir en el idioma foráneo, aunque trató de adaptar su sintaxis y su lengua a la condición transcultural... El hecho es que finalmente aceptó la idea de escribir en el idioma foráneo. El papel importante lo jugó don Moisés Sáenz. No sé si conocen ustedes la carrera de los hermanos Sáenz. Uno de ellos vive todavía, don Aarón vive todavía, [en 1967] tiene más de 9O años. Es un viejo general revolucionario mexicano. Pero su hermano don Moisés, que ya murió, fue embajador del México de Cárdenas —no cualquier México— primero en Quito y después en Lima. En ambas partes escribió libros, probablemente ya nadie los lee. Hay un libro sobre el hombre indígena del Ecuador y otro sobre el hombre indígena del Perú. Y en el mundo literario por donde en los 1930 circulaba Arguedas —el mundo de Héctor Velarde,[342] el de Emilio Adolfo Westphalen— en este mundo don Moisés Sáenz es un hombre de mucho prestigio, y no sólo por la edad, o por su indigenismo, pero también por haber sido general revolucionario. Y don Moisés, lo ha dicho en todos sus libros, y lo dijo a Arguedas: «Mira, esto del idioma no tiene futuro. Estos idiomas van a desaparecer. Ya no vale la pena pelear. Esta no es una de las demandas de la revolución. Lo importante son otras cosas, reforma agraria, alfabeti-

---

342 Héctor Velarde. Arquitecto peruano. Tenía una columna semanal sobre temas artísticos, arquitectónicos y sociológicos en *El Comercio* de Lima. Amigo de Arguedas.

zación general...». Toda una serie de asuntos que sin perder su importancia hasta hoy, convencen a Arguedas de que ya no se puede hacer lo que él había venido a Lima a hacer. En los años sesenta se dio cuenta de que había cometido un error, y es entonces cuando empieza a publicar sus poemas en quechua. Pero ya era tarde. Y el momento había pasado. Y entonces llegamos a este periodo tan largo durante el cual Arguedas no escribe nada pero hace antropología. La antropología como compensación por la obra literaria y artística frustrada. Cuando empieza a escribir otra vez, no sé si ustedes estarán de acuerdo conmigo, lo que más me gusta, lo único que sigo releyendo son *Los ríos profundos. Los zorros...* los he leído una vez, y está bien. No tengo intención ni ambición de releerlos. Pero *Los ríos profundos* sí. Es un libro que vale la pena y uno puede releerlo mucho. Y aquí hay que revelar otro factor importante de la vida en relación con la obra. El tiempo le permite en los años cincuenta regresar al trabajo artístico. Primero el viaje a España, con su trabajo de investigación, en un ambiente tan distinto, con resultados tan comparativos. Pero más importante que todo es la salida del país, primero a Europa, pero más a Santiago de Chile. Desde el 55 o el 56, no sé exactamente la fecha, hasta su muerte, no hay año en que Arguedas no pase largos meses en Santiago. Toda la obra artística de la segunda etapa —*Los ríos profundos, Todas las sangres, El zorro de arriba y el zorro de abajo*— todo esto está escrito en Santiago. Y muchas veces cuando lo veía me decía: «Tengo que salir, tengo que salir»... «¿Por qué tienes que salir?», «Porque no puedo escribir». Y donde escribía era en Santiago. No conozco todas las dimensiones de por qué Santiago era tan favorable a su obra artística, pero un factor, lo comenta él, y no hay ningún secreto en esto, es el trabajo psicoanalítico que hace en los años cincuenta con doña Lola Hoffman a la cual es dedicada la tesis española. A través de Arguedas el año 65 que estuve yo también en Santiago pude conocer a doña Lola y trabajé con ella yo también todos los días durante el único mes que pasé en la capital chilena. Era una psicoanalista realmente extraordinaria y particularmente muy orientada hacia el problema básico de Arguedas, la incapacidad de escribir, las dificultades en expresarse artísticamente. Y él siempre lo decía, que le debía a doña Lola, al trabajo realizado con ella, el poder regresar a la obra artística. Y es aquí que quisiera yo leerles, me imagino que muchos de Ud.es ya han visto estos pasajes, las declaraciones de Arguedas en la reunión de narradores, *Primer Encuentro de Narradores Peruanos,* que se realizó en Arequipa muy poco tiempo antes de su muerte. Y verán ustedes que el material que él ofrece al público...

los que asistieron (o no) a Arequipa, (creo que estaba en Huánuco pero veía a la gente que regresaba de Arequipa), y todos decían que él había cambiado completamente el rumbo de la reunión. Porque iban a hablar de narradores, iban a hablar de sus obras, y él desde el principio da otro matiz a la reunión, la convierte en confesiones públicas. ¿Qué es esto de escribir? Y como a mí me parece que lo que él dijo acerca de su obra artística afecta también su obra antropológica, les voy a leer unos párrafos, no tanto para documentar mi argumento, sino para ver si se dedican a leer a Arguedas ustedes mismos:

Voy a hacerles una confesión un poco curiosa: yo soy hechura de mi madrastra. Mi madre murió cuando yo tenía dos años y medio. Mi padre [que es el héroe de *Los ríos profundos*] se casó en segundas nupcias con una mujer que tenía tres hijos; yo era el menor y como era muy pequeño me dejó en la casa de mi madrastra, que era dueña de la mitad de un pueblo; tenía mucha servidumbre indígena y el tradicional menosprecio e ignorancia de lo que era un indio, y como a mí me tenía tanto desprecio y tanto rencor como a los indios, decidió que yo debía vivir con ellos en la cocina, comer y dormir allí. Mi cama fue una batea de ésas en que se amasa harina para hacer pan, todos las conocemos. Sobre unos pellejos y con una frazada un poco sucia, pero bien abrigadora, pasaba las noches conversando y viviendo tan bien que si mi madrastra lo hubiera sabido me habría llevado a su lado, donde sí me habría atormentado.

Así viví muchos años. Cuando mi padre venía a la capital del distrito [y en *Los ríos profundos* él describe sus andanzas un poco más tarde con su padre, que era un juez ambulante e iba de lugar en lugar haciendo justicia], entonces era subido al comedor, se me limpiaba un poco la ropa, pasaba el domingo, mi padre volvía a la capital de la provincia y yo a la batea, a los piojos y a los indios. Los indios, especialmente, las indias vieron en mí exactamente como si fuera uno de ellos, con la diferencia de que por ser blanco acaso necesitaba más consuelo que ellos... y me lo dieron a manos llenas. Pero algo de triste y de poderoso al mismo tiempo debe tener el consuelo que los que sufren dan a los que sufren más, y quedó en mi naturaleza dos cosas muy sólidamente desde que aprendí a hablar: la ternura y el amor sin límites de los indios, el amor que se tienen entre ellos mismos y que le tienen a la naturaleza, a las montañas, a los ríos, a las aves; y el odio que le tenían a quienes, casi inconscientemente, y como una especie de mandato Supremo, les hacían padecer. Mi niñez pasó quemada entre el odio y el amor.

Y un poco más tarde, otro párrafo:

Pero tuve también la fortuna de participar en la vida de la capital de la provincia que es Puquio [por esto es tan importante que ustedes vean la novela sobre Puquio, que es *Yawar fiesta*, y la monografía sobre Puquio, escritas diez, quince años aparte, pero sobre la misma gente con la cual él creció], una formidable comunidad de indios con muchas tierras, que nunca dejaron que los señores abusaran de ellos. El mal trato tenía un límite, si los señores pasaban de ese límite podrían recibir y recibieron una buena respuesta de los cuatro ayllus de la comunidad de Puquio. En San Juan de Lucanas, donde vivieron estos señores cuya crueldad nunca agradeceré lo suficiente, aprendí el amor y el odio; en Puquio, viendo trabajar en faena a los comuneros de los cuatro ayllus, asistiendo a sus cabildos, sentí la incontenible, la infinita fuerza de las comunidades de indios, esos indios que hicieron en veintiocho días ciento cincuenta kilómetros de carretera una carretera que trazó el cura del pueblo. Cuando entregaron el primer camión al Alcalde, le dijeron: «Ahí tiene Ud., señor, el camión, parece que la fuerza le viene de las muchas ventosidades que lanza, ahí lo tienen, a ustedes los va a beneficiar más que a nosotros»; mentira, se beneficiaron mucho más los indios, porque el carnero que costaba cincuenta centavos, después costó cinco soles, luego diez, luego cincuenta y los indios se enriquecieron a tal punto que alcanzaron a lograr un nivel de vida y una independencia económica tan fuerte que se volvieron insolentes y la mayoría de los señores de Puquio se fueron a Lima, porque no pudieron resistir más la insolencia de estos comuneros. [Creo yo que hay otros factores que intervinieron en la despoblación de la clase media y de los señores provinciales, y no solamente que Puquio les dio una paliza, pero en fin...]. Pero al momento de hacer la entrega del camión, el Varayoc o Alcalde de Chaupi, les dijo al Subprefecto y al Alcalde: «En veintiocho días hemos hecho esa carretera, señores, pero eso no es nada; cuando nosotros lo decidamos podemos hacer un túnel que atraviese estos cerros y llegue hasta la orilla del mar; lo podemos hacer, para eso tenemos

295

fuerzas suficientes». Yo fui testigo de estos acontecimientos. Todo este mundo fue mi mundo.

Ven ustedes, entonces, que la obra, sea poesía en quechua, novelas en un español muy especializado, y obra monográfica, antropológica, forman una sola entidad. Cuando una táctica le está cerrada, por razones psicológicas, por razones personales, la otra se le abre. La tarea es la misma, la lucha, la reivindicación es idéntica. Trata de convencer al lector de que lo andino tiene una rica realidad y no simplemente esta pobreza, este subdesarrollo que ven otros. Que hay allí una calidad, y unos recursos ignorados. Al decir más, sería entrar una por una a sus diversas contribuciones. Tengo mis notas de lectura aquí sobre muchas de ellas, pero mucho de lo que ha hecho Arguedas no se ve, no está publicado. La selección de canciones para los disqueros... (las tiendas que hay al lado del Parlamento, detrás de la plaza en Lima). Hay una serie de disqueros allí donde hasta hoy día se pueden conseguir discos mejores que en otras partes. Ahí Arguedas tuvo una intervención bien clara. Me acuerdo, siendo director de la Casa de la Cultura, no sólo de que logramos publicar la visita de los Lupaqa hecha por Garci Diez de San Miguel, que estoy seguro de que en el 63 nadie otro sino Arguedas me lo habría aceptado, no sabía de qué se trataba, pero me lo aceptó porque me tenía confianza, pero se publicó en solo mil ejemplares, llenos de errores, en papel malísimo, pero lo hicimos, por la mera confianza que nos tenía él. Pero me acuerdo de una de sus realizaciones siendo director de la Casa de la Cultura, y es dar trabajo a Jaime Guardia. No sé cuántos aquí conocen a Jaime Guardia y cuántos tienen sus discos. Toca el charango don Jaime era, el director de la Lira Pausina, pues tiene que ser de Pausa. Y Arguedas lo nombró, y era don Jaime un señor que nunca había hecho estudios, que es muy posible que fuera analfabeto, y que fue nombrado funcionario con buen sueldo como investigador de la Casa de la Cultura del Perú. No se había visto nunca algo parecido antes, y no creo que ha habido muchos nombramientos semejantes desde que Arguedas fue forzado por los burócratas a abandonar la dirección de la Casa de la Cultura, que lo obligaron muy rápido, no duró ni un año.

Al hablar de esta dimensión inaudita, es muy importante ver el papel de Santiago, el papel del psicoanálisis, pero también, por ejemplo, una de las cosas que le pasó siendo director de la Casa de la Cultura. No hablaba sino los dos idiomas, el quechua y el español. Pero el director de la Casa de la Cultura tiene que trabajar en muchos idiomas, contestar cartas que vienen de todos los rincones del mundo, que le piden datos, que le solicitan información. Y se le ocurrió a Arguedas de nombrar a un músico de origen alemán,[343] que había pasado unos 30 años en el país y que había sido el profesor de composición de diversos compositores ya de arte, de alta calidad que el país ha producido en los últimos años. La rebelión en los círculos burocráticos de Lima, porque iba a dar trabajo de secretario-traductor a un extranjero (era Holzmann nacionalizado 30 años antes), pero no, seguía como extranjero. Pero decía Arguedas, «Yo no sé que dicen estas cartas, yo no puedo contestar». «Le buscamos una señorita, esto es cosa de señoritas». La posibilidad de tener un artista, a alguien que sí entendía de cultura, pero que había cometido el error de nacer en otra parte, da una idea de cómo el ambiente burocrático trató a Arguedas cuando estuvo en el poder.

No sé si vale la pena continuar. Tengo mucho que decir y no es fácil decirlo, por lo mucho que he aprendido de Arguedas y la mucha seguridad que haberlo conocido me ha dado por las cosas que se me ocurren a mí, pero que uno nunca sabe si verdaderamente corresponden a realidades o si son elucubraciones. El gran descubrimiento para mí era el interés que tenía Arguedas, que no leía otros idiomas, en la antropología, en su mejor enseñanza y, en su desarrollo en los países andinos. Para darles un ejemplo, que es tan difícil de creer. Hubo un momento cuando el Instituto de Folklore Ecuatoriano quiso que Arguedas viniera de director. Si ustedes recuerdan las tensas relaciones que hay entre el Perú y Ecuador, y peor todavía, las que había hace veinte o treinta años, la mera idea de que los folkloristas ecuatorianos lo consideraran como capaz de ser director... Y yo participé en esto, porque el embajador en aquella época era don Arturo García García y hablé mucho con ellos. El era aceptable. Yo no sé si había otros muchos peruanos que eran aceptables para dirigir el Instituto de Folklore Ecuatoriano en aquel momento, pero fácilmente lo reconocían.

En su última etapa, cuando ya era obvio que algo iba a pasar, porque las cosas andaban muy, muy mal, y, no sé si ustedes se acuerdan, que en esta última etapa, en los últimos meses aparecen materiales polémicos. Arguedas toda la vida había evitado todo este roce, todos estos insultos mutuos que son tan parte de la vida de café, de la vida de los literatos, donde el insulto mutuo, el menosprecio mutuo, es parte integral de su vi-

---

343 Se trata de Rodolfo Holzmann. Ver nota correspondiente a carta del 7 de mayo de 1964.

vencia. Arguedas jamás había participado, no se consideraba uno de ellos. En sus últmos meses de vida aparecen por primera vez ataques a otros personajes literarios, búsqueda de la polémica. En este momento Juan Rulfo, el novelista mexicano, había organizado con la ayuda de don Gonzalo Aguirre Beltrán, un puesto, en México. Porque Aguirre Beltrán dirigía el Instituto Indigenista Interamericano y tenía otros empleados fantasmas que había heredado de otros regímenes, y se le ocurrió que él también podía tener tal empleado. La idea era hacer venir a Arguedas a México y de buscarle otro psicoanalista de otra escuela que no fuera la de doña Lola en Santiago, a ver si le podían salvar. Porque era obvio en los últimos meses, todas las cartas son de carácter testamentario. La última que yo tengo dice: «¡Ocúpate de fulano!», un antropólogo de talento que produjo el país en los años cincuenta y que se perdió en la burocracia internacional. Pero yo sé que es un hombre de mucho talento, porque fue alumno mío en San Marcos en el 58. La última carta que tengo de Arguedas dice «Ocúpate de esto», porque si no se va a perder, y de hecho se ha perdido, porque no ha publicado. Y toda la gente recibía así estas cartas testamentarias. Pero ya el proyecto mexicano llegó demasiado tarde.

Se podría hablar de la utilización política que se ha hecho de Arguedas y de sus opiniones, pero no sé si algunas de estas cosas les interesan a ustedes. Lo que hizo, e hizo maravillosamente bien fue recopilar, sentir, algo profundo del mundo andino y del logro de esta humanidad. Y lo hemos perdido, lo hemos despreciado. No supimos aprovecharlo, no supimos amarlo y protegerlo de estas fuerzas mortíferas, y aquí estamos. Y entonces termino con lo que ya he dicho: tenemos que meditar cuáles son los factores, cuáles son las fuerzas que no han permitido su reemplazo, ni como novelista, ni como poeta, ni como etnógrafo.

MERCEDES LOPEZ-BARALT

WAKCHA, PACHAKUTI Y *TINKU:*
TRES LLAVES ANDINAS PARA ACCEDER A LA
ESCRITURA DE ARGUEDAS

Introducción. Es frecuente leer en la crítica de José María Arguedas la propuesta de su filiación con el Inca Garcilaso; ambos, mestizos culturales, figuran como traductores desde las primerísimas páginas de sus obras más conocidas (el proemio de los *Comentarios reales,* de 1609; el primer capítulo de *Los ríos profundos,* de 1958[1]). Hoy nos resulta claro que la modesta función de filólogo encubre la mucho más ambiciosa tarea del etnólogo, que no es otra que la de traductor de culturas, como lo han visto lúcidamente Georges Mounin en el capítulo titulado «La traducción es una etnografía» de su libro *Problemas teóricos de la traducción* y James Boon, quien hace unos años definió la antropología como «traducción extrema».[2] Ya más recientemente, en *La voz y su huella* Martin Lienhard vincula la obra de Arguedas con la *Nueva coronica i buen gobierno* del cronista andino Guaman Poma de Ayala (1615), precisamente por el dialogismo entre oralidad quechua y escritura española que marca ambas producciones literarias, y vuelve a vincular a ambos au-

---

1   Desde su «Proemio al lector» Garcilaso afirma: «En el discurso de la historia protestamos la verdad della, y que no diremos cosa grande que no sea autorizándola con los mismos historiadores españoles que la tocaron en parte o en todo, que mi intención no es contradecirles, sino servirles de comento y glosa y de intérprete en muchos vocablos indios, que, como extranjeros en aquella lengua, interpretaron fuera de la propiedad della...» Inmediatamente dará unas «Advertencias acerca de la lengua general de los indios del Perú» (*Comentarios reales,* Puebla, México, Editorial José M. Cajica, I: pp. 12, 13). En *Los ríos profundos* (Buenos Aires, Losada, cuarta edición, 1972, p. 26) el protagonista se torna filólogo: «En la tarde llegamos a la cima de las cordilleras que cercan el Apurímac. 'Dios que habla' significa el nombre de este río».
2   Georges Mounin: *Los problemas teóricos de la traducción* (Madrid, Gredos, 1971) y James Boon: comunicación personal (1980).

tores en su ensayo «La 'andinización' del vanguardismo urbano» como las voces más excéntricas a la tradición hispano-occidental que haya producido el Perú.[3] En sus ensayos sobre Arguedas[4] John V. Murra ha examinado los múltiples roles que asume nuestro autor: novelista en español, poeta en quechua, etnólogo y folklorista del mundo andino. Regina Harrison y Sara Castro-Klarén, entre otros, han abordado el problema del bilingüismo en su obra.

Es evidente, pues, que el mestizaje cultural de Arguedas es lo que le otorga la marca diferencial a su escritura, a la vez lo que le supone como creador los mayores escollos, lo que le impone algunos fracasos y extrae de su genio los triunfos más contundentes. Aunque asumió por separado y en distintos momentos de su vida las funciones de novelista y etnólogo, es indudable que en su escritura literaria éstas se encuentran íntimamente entreveradas. Una de las maneras de explorar cómo el mundo andino imprime su huella a la literatura de Arguedas estaría en identificar algunas nociones o categorías culturales quechuas e indagar cómo operan en su obra. Porque el material etnográfico no es sólo contenido en la poesía y en la narrativa de Arguedas: deviene forma, estructura, trama, símbolo. Vale recordar, por ejemplo, la obsesiva presencia del estribillo «que no haya rabia» de la tradición oral quechua de Puquio y su contradictorio campo semántico en *Todas las sangres* y *El zorro de arriba y el zorro de abajo*.[5] Hay, en este complejo mundo cultural andino cifrado en su obra, tres conceptos claves cuyo destino literario vale la pena trazar. Me refiero a las nociones de *wakcha*, *pachakuti* y *tinku*, que tantas veces cruzan sus caminos en la literatura de nuestro autor. A ello va dirigido el presente ensayo.

---

3 *La voz y su huella* (La Habana, Premio Casa de las Américas, 1989) y «La 'andinización' del vanguardismo urbano» (edición crítica de *El zorro de arriba y el zorro de abajo*, 1990, pp. 321-332).
4 Ver ambos en el apéndice del presente volumen.
5 Arguedas recoge este texto ritual en su ensayo antropológico «Puquio, una cultura en proceso de cambio» (Arguedas *et al.*: *Estudios sobre la cultura actual del Perú* (Lima, Universidad Nacional Mayor de San Marcos, 1964). En cuanto a la complejidad contradictoria del sentido del estribillo en sus novelas, vale apuntar al hecho de que en *El zorro de arriba y el zorro de abajo*, tras celebrar la ira santa de Isaías ante la injusticia en el discurso de don Hilario, don Esteban y el loco Moncada, Arguedas mismo desautoriza esta rabia, motor de la lucha de clases, en la carta al rector de la Universidad Agraria que figura como parte del apéndice final de la novela: «la Universidad debe orientarla con lucidez, 'sin rabia', como habría dicho Inkarrí y los estudiantes no están atacados de rabia en ninguna parte, sino de generosidad impaciente, y los maestros verdaderos obran con generosidad sabia y paciente. ¡La rabia no!».

Wakcha. Comencemos con la noción de *wakcha*, omnipresente en la obra de Arguedas. Vale partir de su propia definición —por cierto antropológica— del término:

> Los indios sienten una gratitud muy grande por las cosas que les proporcionan bienes. El burro les sirve, la vaca les da leche, es decir, la vaca es todo bien para ellos. Inclusive emplean un término que es más descriptivo. Dividen a la gente en dos categorías. La categoría de los que poseen bienes, ya sea en terrenos o animales, es gente, pero el que no tiene ni animales es *huak'cho*. La traducción que se le da a este término al castellano es huérfano. Es el término más próximo porque la orfandad tiene una condición no solamente de pobreza de bienes materiales sino que también indica un estado de ánimo, de soledad, de abandono, de no tener a quién acudir. Un huérfano, un *huak'cho*, es aquél que no tiene nada. Está sentimentalmente lleno de gran soledad y da gran compasión a los demás. Tampoco puede alternar con los que tienen bienes. Entonces no puede hacer trueques y está al margen de la gente que puede recibir protección a cambio de dar protección. Un *huak'cho* es en este sentido un sub-hombre, no está dentro de la categoría de los hombres que son tales.[6]

Que Arguedas se ve a sí mismo como *wakcha* se desprende de su famosa intervención de 1965 en el Primer Encuentro de Narradores Peruanos en Arequipa:

> Voy a hacerles una confesión un poco curiosa: yo soy hechura de mi madrastra. Mi madre murió cuando yo tenía dos años y medio. Mi padre se casó en segundas nupcias con una mujer que tenía tres hijos; yo era el menor y como era muy pequeño me dejó en la casa de mi madrastra, que era dueña de la mitad de un pueblo; tenía mucha servidumbre indígena y el tradicional menosprecio e ignorancia de lo que era un indio, y como a mí me tenía tanto rencor como a los indios, decidió que yo debía vivir con ellos en la cocina, comer y dormir allí. Mi cama fue una batea de ésas en que se amasa hari-

---

6 Testimonio de Arguedas grabado por Sara Castro-Klarén. En Julio Ortega: *Texto, comunicación y cultura: Los ríos profundos de José María Arguedas* (Lima, Centro de Estudios para el Desarrollo y la Participación, 1982, pp. 106-107).

na para hacer pan, que todos conocemos. Sobre unos pellejos y con una frazada un poco sucia, pero bien abrigadora, pasaba las noches conversando y viviendo tan bien que si mi madrastra lo hubiera sabido me habría llevado a su lado, donde sí me habría atormentado.[7]

Sabido es que Arguedas proyectó su condición biográfica de huérfano a su condición cultural de marginado de ambos mundos —el andino y el occidental— entre los que media como puente vivo y agónico. De ahí su identificación «con los pobres de la tierra», que diría Martí, con los pobres de su tierra peruana. Este compromiso con la mayoría marginada de su país se manifiesta explícitamente en una de sus últimas cartas, dirigida al guerrillero trotskista Hugo Blanco, encarcelado por su militancia:

Yo, hermano, sólo sé bien llorar lágrimas de fuego; pero con ese fuego he purificado algo la cabeza y el corazón de Lima, la gran ciudad que negaba, que no conocía bien a su padre y a su madre; le abrí un poco los ojos; los propios ojos de los hombres de nuestro pueblo les limpié un poco para que vean mejor. Y en los pueblos que llaman extranjeros creo que levanté nuestra imagen verdadera, su valer, su muy valer verdadero, creo que lo levanté alto y con luz suficiente para que nos estimen, para que sepan y puedan esperar nuestra compañía y fuerza; para que no se apiaden de nosotros como del más *huérfano de los huérfanos*, para que no sienta vergüenza de nosotros, nadie. [...] Como en el corazón de los runas que me cuidaron cuando era niño, que me criaron, hay odio y fuego en ti contra los gamonales de toda laya; y para los que sufren, para los que no tienen casa ni tierra, los *wakchas,* tienes corazón de calandria, y como el agua de algunos manantiales muy puros, amor que fortalece hasta regocijar los cielos. [...] Tu sangre ya está en la mía, como la sangre de don Víctor Pusa, de don Felipe Maywa. Don Víctor y don Felipe me hablan día y noche, sin cesar lloran dentro de mi alma, me reconvienen en su lengua, con su sabiduría grande, con su llanto que alcanza distancias que no podemos calcular, que llega más lejos que la luz del sol. Ellos, oye Hugo, me criaron, amándome mucho, porque viéndome que era hijo de misti, veían

---

7   *Primer encuentro de narradores peruanos, Arequipa, 1965* (Lima, Casa de la Cultura, 1969; citado por Julio Ortega en *Op. cit.*, p. 93).

que me trataban con menosprecio, como a indio. En nombre de ellos, recordándolos en mi propia carne, escribí lo que he escrito... (mi subrayado)[8]

Ya conocíamos la frase «huérfano de huérfanos»; había caracterizado patéticamente al protagonista de *El sueño del pongo:*

> El hombrecito tenía el cuerpo pequeño, sus fuerzas eran sin embargo como las de un hombre común. Todo cuanto le ordenaban hacer, lo hacía bien. Pero había un poco como de espanto en su rostro; algunos siervos se reían de verlo así, otros lo compadecían. Huérfano de huérfanos; hijo del viento de la luna debe ser el frío de sus ojos, el corazón pura tristeza', había dicho la mestiza cocinera, viéndolo.[9]

Arguedas publicó el relato por primera vez en 1965. En su presentación del mismo nos dice que escuchó este cuento en Lima, de boca de un comunero de la provincia de Quispicanchis, en Cuzco: «el indio no cumplió su promesa de volver y no pude grabar su versión, pero ella quedó casi copiada en mi memoria».[10] ¿Tradición oral o creación literaria culta? Es difícil decidirlo, pero si bien el relato es fruto de la memoria colectiva andina, se trata de un texto mediado por el escritor culto, que de alguna manera lo re-elabora. Lo importante, sin embargo, para nuestros propósitos, es notar cuán hondo le llegó, cómo pudo leerse a sí mismo en este cuento quechua, para ser capaz de grabarlo en la memoria y reproducirlo como si lo transcribiera de una cinta magnetofónica. Porque Arguedas/*wakcha* es también Arguedas/*pongo*, como se infiere de aquellos recuerdos infantiles en que su hermanastro —arquetipo de los gamonales que rondarán sus páginas— lo maltrata, mientras su madrastra lo relega a la cocina con los indios:

---

8   «Correspondencia entre Hugo Blanco y José María Arguedas», *Amaru*, N° 11, Diciembre de 1969, p. 14. La carta fue traducida del quechua por Arguedas y no tiene fecha; posiblemente es de noviembre de 1969.
9   De *El sueño del pongo* (*Temblar, El sueño del pongo/Katatay, Pongop mosqoynin* (Edición bilingüe quechua/español, La Habana, Casa de las Américas, s/f, p. 58). Publicado por primera vez en 1965 en Lima, en ediciones Salqantay.
10   *Ibid.*, p. 53.

Cuando llegó mi hermanastro de vacaciones, ocurrió algo verdaderamente terrible [...] Llegó e inmediatamente se convirtió en personaje central del pueblo. Desde el primer momento yo le caí muy mal porque este sujeto era de facciones indígenas y yo de muchacho tenía el pelo un poco castaño y era blanco en comparación con él. En la sierra, el blanco es superior, o había sido. El era un sujeto de aspecto desagradable. Por lo menos, causaba cierto temor porque tenía una expresión de engreído, de esos que hacen lo que les da la gana. Yo le cogí temor. Con la presencia de este hombre me metí más que antes a la cocina. Aquí ya la cosa era clara. Yo fui relegado a la cocina e incluso cuando mi padre no estaba, quedaba obligado a hacer algunas labores domésticas; a cuidar los becerros, a traerle el caballo, como mozo. No era una labor que yo la sintiera como humillante. Por lo menos hasta que él no me hizo sentirlo, yo no lo sentí.

Yo estaba completamente feliz. Yo lo que sentía cuando llegó este hombre era que la madrastra no trataba mal a los indios pero que este hombre impuso un cambio. Era un criminal, de esos clásicos. Trataba muy mal a los indios, y esto sí me dolía mucho y lo llegué a odiar como lo odiaban todos los indios. Era un gamonal.[11]

De la experiencia vivida al trabajo de campo, de éste a la labor de folklorista: la percepción de Arguedas privilegia la noción también en su literatura. Así, en *Yawar fiesta* (1941) el *wakcha* está en los *punaruna* que son despojados de sus tierras y de sus animales por los gamonales: «parecían de repente huérfanos».[12] Se vuelven migrantes al bajar al pueblo: «Así fueron acabándose, poco a poco, los pastores de los echaderos de Chaupi y K'ollana. Los comuneros, que ya no tenían animales, ni chuklla, ni cueva, bajaron al pueblo. Llegaron a su ayllu como forasteros...». Muchos serranos de Puquio bajan a Lima donde viven como migrantes. Cuando cantaban sus huaynos «lloraban, recordando sus pueblos y diciendo que eran 'huérfanos' en ese pueblo tan grande, donde caminaban solitos».

En *Todas las sangres* (1964), el extrañísimo héroe del cual otro per-

---

11   Testimonio de Arguedas grabado por Castro-Klarén, en Ortega: *Op. cit.*, p. 102-103.
12   *Yawar fiesta* (Lima, Mejía Baca, 1973, p. 23). Las próximas citas corresponden a las páginas 25 y 79 respectivamente.

sonaje dice «De Rendón Willka no sabemos nada seguro»,[13] afirmará con orgullo desafiante a don Fermín: «Patrón, yo, ningún huérfano, sabiendo claro de comunismo».[14] Sin embargo, me parece que es en la más hermosa de las novelas de Arguedas, *Los ríos profundos* (1958), donde se explora literariamente con mayor intensidad la noción de *wakcha* . De entrada, tenemos que el protagonista, el niño Ernesto —evidente *alter ego* de Arguedas— es *wakcha* en dos sentidos: por huérfano de madre y porque lo consideran forastero en el Colegio.[15] El sirviente del Viejo anticipa al héroe de *El sueño del pongo* en tanto *wakcha*: «Al canto grave de la campana se animaba en mí la imagen del pongo [...] 'No tiene padre ni madre, sólo su sombra', iba repitiendo, recordando la letra de un huayno, mientras aguardaba, a cada paso, un nuevo toque de la inmensa campana».[16] En tanto arquetipo del doliente, está emparentado con el Cristo de los Temblores, mendigo caminante:

El rostro del Crucificado era casi negro, desencajado, como el del pongo. Durante las procesiones, con sus brazos extendidos, las heridas profundas, y sus cabellos caídos a un lado, como una mancha negra, a la luz de la plaza, con la catedral, las montañas o las calles ondulantes, detrás, avanzaría ahondando las aflicciones de los sufrientes, mostrándose como el que más padece...[17]

También la opa Marcelina, por su origen incierto y su absoluta desvalidez, responde a la categoría andina que nos ocupa. Irrumpe en la narración sin un pasado que la legitime: «Ciertas noches iba a ese patio, caminando despacio, una mujer demente, que servía de ayudante en la cocina. Había sido recogida en un pueblo próximo por uno de los Padres».[18]

Pachakuti y wakcha. Ahora bien, la importancia del *wakcha* en *Los ríos profundos* va mucho más allá de su encarnación en diversos per-

---

13   *Todas las sangres* (Lima, Biblioteca Peruana, 1973, vol. II: 193).
14   *Ibid.*, vol. I, p. 200.
15   El Añuco, por ejemplo, le grita a Antero que no le venda el zumbayllu a Ernesto pues es forastero (*Los ríos profundos,* Buenos Aires, Losada, 1972, p. 76).
16   *Ibid.*, p. 22.
17   *Ibid.*, p. 23.
18   *Ibid.*, p. 56.

sonajes: incide nada menos que en la propuesta de la novela misma. Pues el relato reivindica tres veces al *wakcha*, en dos mujeres (una de ellas retrasada mental) y un niño. Se trata de la celebración del poder de lo débil en una suerte de sorprendente *pachakuti* . Pero antes de proseguir consideremos el sentido de esta segunda noción andina. Para ello debemos remontarnos a la *Nueva coronica i buen gobierno* de Guaman Poma de Ayala (1615), carta ilustrada a Felipe III en la que el cronista indio vincula el término a la noción de castigo:

> También abía muy muchos milagros en este rreyno entre los yndios que no dan fe en tienpo pasados y destos dichos Yngas. Dicen que los pobres hermitaños y lo flayres franciscanos pobres que los enbiaba Dios para tentalles y para sauer ci tenían caridad con sus próximos. Desto no dieron fe porque no abía quien lo escriuiera, cino que dize que enbiaua Dios en figura de flayre pobre. Y esto lo dizen que pedía limosna por Dios, que dezían que le diera de comer y de ueuer.
>
> Y entrauan estos pobres grandes que hazían fiestas y taquies. Y ci no le dauan limosna, dizenque les castigaua Dios; por rruego de ellos les quemaua con fuego del cielo y en partes le cubrían los serros y se hazían lagunas los dichos pueblos y les tragaua la tierra, como fue el gran castigo de Dios en el mundo y los dichos milagros desde el principio. [...]
>
> Y anci auido otros milagros y castigos en el tienpo del Ynga. No se escriue cino son los testigos de la cayda de los serros y peñas derrumbadas. Y ací se escriue toda la suma; por eso el castigo de Dios le llaman pachacuti...[19]

Según el *Arte y vocabulario de la lengua general del Perú llamada quichua, y en la lengua española,* publicado en 1586 en Lima por Antonio Ricardo, a la entrada de *pachacuti* le corresponde como referente «fin del mundo»; el sustantivo *pacha* significa tierra/tiempo y el verbo *kuti* volver o voltearse. Volviendo al fragmento de Guaman Poma, lo interesante del caso es notar cómo el *pachakuti* está ligado a la noción de *wakcha*, en tanto que resulta el castigo enviado a aquellos pueblos que faltan a la

19 Felipe Guaman Poma de Ayala: *Nueva coronica i buen gobierno.* Edición crítica de John V. Murra y Rolena Adorno. México, Siglo Veintiuno, 1980, Vol. I, pp. 94/94.

obligación andina de la reciprocidad con respecto del mendigo caminante, que no es otro sino Dios en guisa de fraile pobre.

La fusión de ambas nociones —*wakcha* y *pachakuti*— sigue viva en la memoria andina, como se infiere del final de *El sueño del pongo*, el relato oral recogido y re-elaborado por Arguedas en 1965 al que ya nos hemos referido. Recordemos cómo san Francisco voltea el mundo al revés para hacerle justicia al sufrido pongo. Luego de ordenar al ángel joven que cubra de miel de chancaca el cuerpo desnudo del gamonal, y al ángel viejo que embadurne de excremento el pobre cuerpo del indio —estado de cosas que llena de satisfacción al gamonal, que escucha el relato diciendo «Así mismo tenía que ser»—, el santo de Asís impone una sorpresiva y justiciera inversión de jerarquías. Así lo narra el pongo:

> Cuando nuevamente, aunque ya de otro modo, nos vimos juntos, los dos, ante nuestro Gran Padre San Francisco, él volvió a mirarnos, también nuevamente, ya a ti ya a mí, largo rato. Con sus ojos que colmaban el cielo, no sé hasta que honduras nos alcanzó, juntando la noche con el día, el olvido con la memoria. Y luego dijo: «Todo cuanto los ángeles debían hacer con ustedes ya está hecho. Ahora, ¡lámanse el uno al otro! Despacio, por mucho tiempo.» El viejo ángel rejuveneció a esa misma hora; sus alas recuperaron su color negro, su gran fuerza. Nuestro Padre le encomendó vigilar que su voluntad se cumpliera.[20]

Con estos precedentes que entreveran ambos conceptos, *pachakuti* y *wakcha*, retornemos a *Los ríos profundos* para seguir la suerte de los tres héroes. En el destino de cada uno de estos tres *wakcha* está el virar —cada uno a su modo— el mundo al revés. El protagonista ha de trazar el camino de la liberación que reverbera en las historias de Marcelina y doña Felipa. Pues Ernesto, el huérfano-forastero de este *Bildungs roman* [21] andino, triunfa de la educación enajenante del colegio y asume sus raíces andinas. Si la formación académica significa necesariamente la occidentalización y la proyección hacia la modernidad, entonces Ernesto asumirá la dirección contraria, emprendiendo el camino hacia el pasado. ¿Se tratará del cumplimiento del «misterioso proyecto» que concibe el pa-

---

20 Cito por la edición de Casa de las Américas, p. 63.
21 Evidentemente, y como lo ha visto Miguel Angel Náter en un ensayo aun inédito, se trata de una novela de aprendizaje.

dre antes de la visita al Viejo?[22] El adolescente abraza al pongo de su tío hacendado, hace bailar y cantar al *zumbayllu* , marcha solidario con las chicheras amotinadas, y finalmente se escapa del colegio a buscar a su padre y se va cantando por la sierra, desafiando las órdenes de los curas que lo querían mandar a vivir con el viejo gamonal, su tío. El canto cifra una opción de múltiples ramificaciones: tradición oral, mundo andino y pasado, que subvierten en este final los caminos de la cultura escrita, la modernidad, Occidente.

Dos personajes secundarios —dos mujeres— repiten el curso de salvación del protagonista. La opa Marcelina, pobre de pobres recogida por los padres del colegio de Abancay, vive allí como animal y es violada reiteradamente por los muchachos del colegio. Pero este personaje penoso y repulsivo se humaniza al final del relato. El milagro lo logra el ejemplo de doña Felipa. Al identificarse con la chichera revolucionaria, la opa llega al heroísmo al rescatar su rebozo de la cruz de un risco sobre el temible río Pachachaka, y —cosa aun más insólita— estrena por vez primera un sentimiento inalienablemente humano, la alegría: «Pasó por mi lado sin mirarme —advierte Ernesto—. Su rostro resplandecía de felicidad».[23] Al final de la novela, y mientras ella agoniza, el joven protagonista hace un acto de contrición frente a la demente: «Le pedí perdón en nombre de todos los alumnos. Sentí que mientras hablaba, el calor que los piojos m e causaban iba apaciguándose; el rostro de ella embellecía, perdía su deformidad».[24] Y la llama doña Marcelina ante el asombro escandalizado del padre Cárpena: «¿Doña? ¿Por qué doña? ¡Deliras...!».[25]

La historia de doña Felipa, la chichera, constituye uno de los aciertos narrativos y poéticos más fecundos de *Los ríos profundos*. *Wakcha* por chola, por desposeída de la sal que los hacendados quitan a los comuneros para engordar a sus becerros y por su destino final de forastera, no sólo capitanea un motín vencedor, en que las mujeres del pueblo se apoderan de los sacos del preciado polvo, sino que no se olvida de los pobres de Patibamba y les reparte el botín. Su trayectoria al escapar de la policía deviene emblema de la esencia del pensamiento mítico (desde las

---

22   Ver p. 7.
23   *Los ríos profundos*, p. 162.
24   *Ibid.*, p. 220.
25   *Ibid.*, p. 225.

Metamorfosis de Ovidio hasta la *pensée sauvage* de Lévi-Strauss): transformación continua. Pues al fugarse (y no la volvemos a ver en la novela) su ausencia se convertirá en la omnipresencia poderosa del mito. Vale la pena seguirle la pista.

La primera noticia suya que tenemos tras escaparse se la da a Ernesto uno de sus compañeros de colegio: «**Dicen** que ha huido de noche. Pero la han visto. Han salido a perseguirla; un sargento con muchos gendarmes. Ella ha bajado al Pachachaca. **Dicen** que tiene parientes en Andahuaylas».[26] Pronto volverá el muchacho a interesarse por la chichera, y le pregunta a Antero si es cierto que doña Felipa tenía dos maridos; éste le responde:

Los de doña Felipa, **dicen**. Dos tenía. **Dicen** que al alcaide de la cárcel lo arrojó a empellones de su chichería, porque él también quiso quedarse a dormir en la chichería. Ya estaba borracho y lo tendió en la calle. Ahora se ha vengado. Pero doña Felipa ha prometido volver sobre Abancay. Unos **dicen** que se ha ido a la selva. Ha amenazado regresar con los chunchos, por el río, y quemar las haciendas.

Ernesto asumirá el discurso de Antero al informarle a un soldado: «Con los chunchos, **dicen**, ha de volver doña Felipa». En todos estos fragmentos he subrayado la palabra «dicen» porque es el índice que nos da Arguedas para apuntar a la tradición oral (el *nispa nin* —dicen diciendo— de los relatos quechuas). Lo que ha sucedido ante nuestros ojos es la prodigiosa transformación de doña Felipa, quien deviene mito, se convierte en tema de canciones y aun en objeto de esperanza mesiánica. Así, cuando Ernesto visita una de las chicherías del pueblo, Palacitos le dice, señalando al arpista, al Papacha Oblitas: «De doña Felipa también va a cantar».[27] Al son de su arpa, una mestiza cantará:

«Huayruros», «huayruros»,	Dicen que el *huayruro, huayruro*
mana atinchu	no puede,
mana atinchu	no puede,
maytak'atinchu	¡cómo ha de poder!
Imanallautas atinman	Por qué ha de poder,

---

26 *Ibid.*, p. 150.
27 *Ibid.*, p. 178.

¡way! atinman
Manchak' wayruro
Doña Felipa makinwan
Doña Felipa kallpanwan
«Hauyruroy», «huayruro»,
maytas atiwak'
maytas chinkanki
Doña Felipa mulallan
chunchul malallan
chinkaychita chinkachin
huayruroy huayruroy.

¡huay! qué ha de poder
el espantado *huayruro*
con la mano de doña Felipa
con la fuerza de doña Felipa.
Huayruro, Huayruro,
qué has de poder,
adónde has de huir.
De doña Felipa la mula,
las tripas de la mula
de perder, te perdieron
huayruro, huayruro.

Notemos cómo el *haylli* comienza con «Dicen que», marcado en la versión quechua por el validador reportativo -s que sirve como sufijo de «Huayruro» en el primer verso, y que indica que la fuente de la información narrada es la tradición oral y no la experiencia propia.

La última noticia que consigna la novela sobre el personaje nos presenta a una doña Felipa múltiple y elusiva:

A los guardias que persiguieron a doña Felipa los extraviaron en los pueblos durante varios días. Unos decían haber visto pasar a la chichera momentos antes en mula y a paso lento. En los mismos sitios declaraban otros no saber nada de su llegada ni de su nombre. Una indicación falsa o comedida obligaba a los guardias a subir grandes cuestas, a bajar al fondo de las quebradas o a faldear durante horas las montañas. Los guardias volvían muchas veces a los pueblos, y castigaban a las autoridades. Llegaron así a Andahuaylas. La mitad de la gente afirmaba en la ciudad que doña Felipa había pasado, camino de Talavera, la otra mitad aseguraba que aún no había llegado y que sabían que ya se acercaba.
No la pudieron encontrar. Por orden del prefecto los guardias permanecieron en Andahyalas e instalaron allí un puesto. Siguieron recibiendo noticias, a diario, del avance de doña Felipa y su acompañante, de su huída hacia Huamanga. Otros afirmaban que había instalado una chichería en San Miguel, en la frontera con la selva, adonde llegaban ya parvadas de inmensos loros azules.[28]

---

28 *Ibid.*, p. 200.

¿No estamos ante la apoteosis del mito? No podemos imaginar mejor re-
creación del pensamiento tradicional andino que la que logra Arguedas al
contar la singular historia de doña Felipa, precedente, sin lugar a dudas,
del inolvidable Maco/Maca/Santa Maca Albornoz de *La tumba del relámpago*, de Manuel Scorza (1979).

La insistencia arguediana en la noción de *wakcha*, compartida por
los tres personajes cuyo proceso libertario (vuelta a las raíces andinas, hu-
manización, mitificación) acabamos de examinar, no debe extrañarnos,
ya que se trata de un concepto andino vivo por ancestral, emparentado
con un importante tópico literario europeo. En Occidente el tópico de la
peregrinatio comienza en el mundo clásico con Ulises, arquetipo del extranjero. El mundo cristiano convirtió la *peregrinatio vitae* en metáfora
para el exilio del hombre del Edén y su consiguiente destino: un sufrido
paso por la tierra. La imagen cristiana del mendigo peregrino parece fun-
dirse con el recuerdo de las aventuras de los dioses andinos Viracocha y
Pariacaca, protagonistas del corpus mítico que recoge Francisco de Avila
en el manuscrito de Huarochirí (1608), traducido por José María Arguedas
y publicado como *Dioses y hombres de Huarochirí* en 1966.[29] Temprano
en el texto aparece Viracocha como peregrino mendigo:

> Este Cuniraya Viracocha, en los tiempos más antiguos, vagó, to-
> mando la apariencia de un hombre muy pobre; su yacolla [manto]
> y su cusma [túnica] hechas jirones. Algunos, que no lo conocían,
> murmuraban al verlo: «miserable piojoso», decían. Este hombre te-
> nía poder sobre todos los pueblos. Con sólo hablar conseguía hacer
> concluir andenes bien acabados y sostenidos por muros. Y también
> enseñó a hacer los canales de riego arrojando [en el barro] la flor
> de una caña llamada pupuna; enseñó que los hicieran desde su sali-
> da [comienzo]. Y de ese modo, haciendo unas y otras, anduvo, em-
> perrando [humillando] a los huacas de algunos pueblos con su sabi-
> duría.[30]

Pero Viracocha no es la única deidad de este corpus mítico en asumir el
gesto de la peregrinación mendicante; también lo hace Pariacaca:

---

29 Publicado en Siglo Veintiuno (México/Argentina/España).
30 *Ibid.*, p. 26.

Cuando Pariacaca tomó ya la figura humana, cuando era ya hombre grande, se dirigió hacia el Pariacaca de arriba, al sitio que habitaba Huallallo Carhuincho. En ese tiempo, en una estrecha quebrada que había muy abajo de Huarochirí, existía un pueblo yunca; se llamaba Huayquihusa. Los hombres de ese pueblo celebraban una gran fiesta; era día de bebida grande. Y cuando estaban bebiendo, así, en grande, Pariacaca llegó a ese pueblo. Pero no se dio a conocer; se sentó en un extremo del sitio que ocupaba la concurrencia como si fuera un hombre muy pobre. Y como se sentó de ese modo, en todo el día, ni una sola persona le convidó nada. Una mujer común se dio cuenta del aislamiento en que estuvo Pariacaca: ¿Cómo es posible que a este pobre hombre no le hayan invitado nada?», diciendo, le llevó chicha en un mate grande, blanco. Entonces él le dijo: «Hermana: eres bienaventurada por haberme servido esta chicha; de hoy a cinco días más, no sabes todo lo que ocurrirá en este pueblo. Por eso, aquel día, tú no debes estar aquí [...] el tal Pariacaca subió hasta una montaña que está en la parte alta de Huarochirí. [...] En esa montaña, Pariacaca empezó a crecer, y haciendo caer huevos de nieve [granizo] roja y amarilla, arrastró a los hombres del pueblo y a todas sus casas hasta el mar, sin perdonar a uno solo de los pueblos. Fue entonces que las aguas, corriendo en avalanchas, formaron las quebradas que existen en las alturas de Huarochirí.[31]

La connotación de forastero, peregrino o migrante que estos pasajes añaden a la orfandad social inherente a la noción quechua de *wakcha* tiene profundas raíces dentro de la tradición cultural andina. Pues —como la ha visto Murra[32]— el hombre y la mujer andinos tienen, gracias al principio rector del parentesco, derecho de nacimiento al usufructo de las tierras de su *ayllu*. Abandonar la comunidad natal o sus puntos periféricos (me refiero a la tenencia no contigua de la tierra que caracteriza la economía tradicional andina, lo que Murra llama el «archipiélago vertical» que permite a las comunidades el cultivo de diversos productos en distintos pisos ecológicos) significa entonces perder los derechos a la tierra, convertirse en un auténtico desposeído.

---

31 *Ibid.*, p. 44.
32 Me refiero a su importantísimo libro *Formaciones económicas y sociales del mundo andino* (Lima, Instituto de Estudios Peruanos, 1965).

Las aventuras de Pariacaca y Viracocha no pueden menos que recordarnos las palabras con que, desde el interior mismo del dibujo «Camina el autor» de su *Nueva coronica*, Guaman Poma se autodescribe: «Camina el autor con su hijo don Francisco de Ayala. Sale de la prouincia a la ciudad de los Reys de Lima a dar quenta a su Magestad. Y sale pobre, desnudo, y camina en bierno».[33] Esta imagen de pobreza no es otra cosa que otra máscara que el cronista asume voluntariamente en su proceso de autoficcionalización, y que contradice una máscara anterior: la de «señor y príncipe» del frontispicio. Sin embargo, el pasaje que mejor puede apoyar mi hipótesis de que el tópico de la *peregrinatio* de dicha sección de la *Nueva coronica* no sólo es cristiano, sino también andino, es el siguiente, en el que el autor no hace sino parafrasear el episodio que mueve a Pariacaca a castigar al pueblo de Huayquihusa con el diluvio, según consta en el corpus mítico de Huarochirí recogido por Avila:

> Dizen más los dichos biejos y biejas antigos que Dios tentaua a los yndios en cada pueblo y que uenía en figura de pobre hermitaño y que pedía por Dios de bestir y de comer y de ueuer. Questos pobres dizen que entraua más adonde hazía fiesta de pueblos en plaza pública y, no dando limosna, se bolbía por ello.
> Dizen que sucidía muy grandes males y castigo de Dios Pacha Camac, Ticze Caylla Uira Cocha que aquel mísero pueblo les tragaua la tierra o ci no le cubría el serro y se tornaban lagunas de los escalones de Paria Caca y de Ysua de Apcara como el pueblo de Cacha.[34]

Podemos leer en el pasaje la fusión de ambas deidades, Pariacaca y Viracocha, pues aunque al inicio Guaman Poma sólo habla genéricamente de «Dios», más adelante observa que el castigo a los pueblos ingratos venía de Pachacamac y de Viracocha, y que los andenes de la región de Pariacaca quedaban tras el diluvio sumergidos bajo el agua.

Como el mismo Pariacaca de los mitos de Huarochirí, en la sección de «Camina el autor» Guaman Poma ayunará en la plaza de Huancayo porque nadie le socorre al verlo tan pobre; el mismo desamparo sufrirá

---

33 Felipe Guaman Poma de Ayala: *Nueva coronica i buen gobierno*. Edición crítica de John V. Murra y Rolena Adorno (México, Siglo Veintiuno, 1980, tres volúmenes, pp. 1095-1105.
34 *Ibid.*, pp. 286-288.

en la ciudad de Lima, en la que al llegar no halla posada. Por cierto, que este pasaje, que confirma más allá de toda duda que nuestro autor conocía a Paria Caca en su faceta de peregrino mendigo, nos remite de nuevo al dibujo «Camina el autor». Porque la lluvia que hace aun más patético su peregrinar de desterrado podría quizá connotar la amenaza de diluvio si el rey no escucha sus reclamos de buen gobierno para el Perú.

Desterrado de su ciudad de Huamanga, como forastero vaga el autor andino por el camino hacia Lima. Esta tristísima y a la vez desafiante y orgullosa *peregrinatio* convierte a Guaman Poma en antecedente de los migrantes serranos de hoy, que invaden Lima con su economía paralela, su pobreza, su militancia en la guerrilla urbana, sus tradiciones, sus clubs y su poesía. Con relación a esto último, y para calibrar la fuerza que el tópico de una *peregrinatio* no ya clásica, sino autóctona, manifiesta en la noción de *wakcha* , tiene aun hoy en el mundo andino, cabe citar aquí el espléndido libro —aun inédito— de Julio Noriega. En *Buscando una tradición poética quechua en el Perú*, su autor afirma que «el migrante como sujeto poético quechua moderno personifica la imagen utópica de los desarraigados del mundo andino». Se trata de un sujeto poético que «actualiza la imagen de un dios peregrino», y que tiene remotos antecedentes en la tradición oral:

> El migrante es un gran personaje en la literatura quechua. Es el héroe literario de relatos orales, mitos y leyendas, así como de obras modernas, creadas con la participación directa de la escritura. En este largo periplo de la oralidad a la escritura, su imagen ha adquirido, por supuesto, diferentes formas. A grandes rasgos, por ejemplo, de dios pobre y peregrino en los mitos de Huarochirí ha pasado a noble empobrecido, mendigo errante y cristiano, en el teatro quechua de fines del siglo XVII para, finalmente, aparecer en la poesía quechua escrita contemporánea como un desarraigado entre dos mundos: el andino y el urbano moderno. El «apu» Cuniraya Huiracocha, el hombre mítico, el dios andino miserable y harapiento, a quien le bastaba la palabra para transformar el mundo que recorría siempre en dirección al mar, personifica el primer tipo de sujeto migrante en la literatura quechua: «Dicen que,/ en tiempos muy antiguos, Cuniraya Huiracocha, convertido en hombre muy pobre, andaba paseando con su capa y su cusma hechas harapos.» (Taylor 1987: 53).

El indígena Usca Paucar, el «príncipe poderoso, hombre respetado;/

y ahora, convertido en pobre,/ ceniza llevada por el viento;/ basural de plumas, un infeliz...» (*Usca Paucar A* [189] 1951: 29), que se ve obligado a abandonar el Cusco y a recorrer sus alrededores, pactando con sus antiguos dioses de los cuales pronto reniega al cristianizarse, define la otra variante de sujeto literario migrante caracterizado en los autos sacramentales, durante el período de la «casi Edad de Oro» (Mannheim 1989: 28) de la literatura quechua. El tercer tipo, en cambio, está representado en la poesía quechua escrita moderna por las múltiples imágenes de un sujeto poético colectivo quien, sin nombre propio ni lugar fijo, expulsado por la destrucción de la tradicional sociedad andina y, a la vez, marginado en la moderna sociedad urbana, dramatiza su destierro y pretende recomponer ambos mundos.

Quizá no sea aventurado pensar a Guaman Poma como uno de los arquetipos fundadores del linaje peregrino del sujeto poético quechua contemporáneo, junto a Viracocha, Pariacaca y Usca Paucar.

Sea como fuere, lo importante aquí es subrayar la persistencia de la noción de *wakcha* en el mundo andino, para calibrar mejor su relevancia en la literatura de Arguedas. En otro libro de Noriega - *Poesía quechua escrita en el Perú. Antología*[35] podemos leer poemas en que el protagonista de alguna manera es *wakcha* en tanto migrante o peregrino. Me refiero, entre otros, a los poemas «Llanto de huérfano», «Despedida», «Canto del camino», «Pikuyku, vencedor del llanto», «Paisana», «De Huamanga a Puno».... Citemos, a modo de ejemplo, un fragmento de «Pikuyku, vencedor del llanto», de Dora Caballero Hurtado[36]:

Rodeado de montañas
cubierto de árboles con horizontes desolados.
Refrescado por dos manantiales,
abrigado por la brisa del mar, huérfano.

Solo, débil, tu anciano padre,
solitaria sombra, te esperaba
hambriento, sediento.

---

35 Lima, Centro de Estudios y Publicaciones, 1993.
36 Poetisa cuzqueña, nacida en 1930. La traducción al español del poema quechua es de Noriega.

A esa vida de barro pestilente
¡caíste para siempre!

Desde ese día, hambriento,
harapiento, transido por el frío
tras de las bestias, sin alimento.
Golpeado, insultado, odiado, vejado
¡andabas llorando!

Sobre las paredes, sobre la hierba
como un espantapájaro, desamparado,
recordando a tu madre,
con el corazón herido
¡hallaste mayor tristeza!

Al trino de las aves del estío
con las manos ampolladas,
por caminos pedregosos
caminaste junto a otros caminantes
en transparente quechua
¡hablabas tan bello!

....
Odiado y golpeado
en salvaje convertido
abandonaste a tus padres
hospedado en casa extraña.
Vivías en los cerros
¡comiendo raíces!

Chupando flores de ñukch'u
con tu atado de andrajos,
vencido por el hambre
arrebatándoles alimento a tus padres
¡desaparecías corriendo!

Cuando tu hermano mayor
te azotó cruelmente, nadie
te defendió, sólo tu perro escuálido

ladrando amenazó al malvado
y tú del lugar en que habías caído
¡con dificultad te alzaste!

El *wakcha* , en su dimensión de forastero, desterrado o migrante —desde los dioses andinos hasta Guaman Poma y el sujeto de la poesía quechua actual— impone siempre con su caminar la voluntad del *pachakuti* : en el caso de Viracocha y Pariacaca, la amenaza del castigo o fin de una humanidad que faltó a la reciprocidad andina, en forma de diluvio o granizo; en el del cronista indio, la esperanza del buen gobierno que acabará con los abusos del virreinato y que ha de instaurar Felipe III al leer el clamor de su carta ilustrada; en el de los migrantes de hoy que escriben en quechua, a subversiva andinización de la capital limeña que antes colonizara a la sierra.

Esta es la amplísima tradición andina en la que se inserta Arguedas. Habíamos citado ya el final de El sueño del pongo, en que el *wakcha* protagoniza el *pachakuti*; cabe señalar otro texto suyo— esta vez poético, un himno quechua— en que la esperanza mesiánica parte de la fusión de ambas nociones andinas. Se trata del poema *Tupac Amaru_kamaq taytanchisman (A nuestro Padre Creador Túpac Amaru),* de 1962, que manifiesta la huella indeleble de la elegía quechua anónima traducida por Arguedas en 1955: *Apu Inka Atawallpaman,* aun otro texto mesiánico.[37] Cito algunos fragmentos de la versión española del poema,[38] que por cierto está dedicado «A Doña Cayetana, mi madre india, que me protegió con sus lágrimas y su ternura, cuando yo era un niño huérfano....»:

Está cantando el río,
está llorando la calandria,
está dando vueltas el viento [...]

De tu inmensa herida, de tu dolor que nadie habría podido cerrar, se levanta ya para nosotros la rabia que hervía en tus venas. Hemos de alzarnos ya, padre, hermano, mi Dios Serpiente. Ya no le tenemos miedo al rayo de pólvora de los señores, a las balas y la me-

---

37   Sobre la elegía ver, de la autora de estas líneas, *El retorno del Inca rey: mito y profecía en el mundo andino* (Madrid, Playor, 1987).
38   Arguedas es autor de varios poemas bilingües: *Oda al jet, Llamado a algunos doctores, Temblar, Qué Guayasamín....*

tralla, ya no le tememos tanto. ¡Somos todavía! [...] como las multitudes
infinitas de las hormigas elváticas, hemos de lanzarnos, hasta que
nuestra tierra sea de veras nuestra y nuestros pueblos nuestros pueblos. [...]
Estoy en Lima, en el inmenso pueblo, cabeza de los falsos wiraqo-
chas. [...] Estamos juntos; nos hemos congregado pueblo por pueblo, nombre por nombre, y estamos apretando a esta inmensa ciudad que nos odiaba, que nos despreciaba como a excremento de caballo. Hemos de convertirla en pueblo de hombres que entonen los
himnos de las cuatro regiones de nuestro mundo, en ciudad feliz,
donde cada hombre trabaje...[39]

Al celebrar la memoria del último líder de la resistencia incaica, cuya
muerte por decapitación —ordenada por el virrey Toledo en 1572— fue
amargamente lamentada por cronistas como Garcilaso y Guaman Poma,
Arguedas propone la restauración del orden primordial del Tawantinsuyo
a manos de las multitudes de desposeídos andinos que se yerguen desa-
fiantes para «voltear el mundo», cumpliendo el augurio del viento.

Tinku. Cabe examinar ahora la tercera categoría andina clave para
la escritura de Arguedas. Me refiero a la noción de *tinku* . En *Los últimos
Incas del Cuzco,*[40] Franklin Pease explica la guerra entre Atahualpa y
Huáscar como una guerra ritual de sucesión que opone las dos mitades
del imperio, la mitad *hanan* contra la mitad *hurin*,[41] en el cual la primera siempre debe resultar vencedora. Juego de la dualidad que fertiliza la
tierra y que antropológicamente no es desconocido en otras culturas,
como las de los Shiluk del Africa. Pease cita a Thèrese Bouysse-Ca-
ssagne[42] quien a su vez cita a Ludovico Bertonio en su Vocabulario de la
lengua aymara (1612):

---

39 Cito por la edición bilingüe cubana *Temblar, El sueño del pongo/Katatay, Pongop
mosqoynin* (pp. 15-19).
40 Madrid, Alianza América, 1991, pp. 143-144.
41 Las categorías espaciales andinas de *hanan* y *hurin* connotan, respectivamente, nociones
de altura, la derecha, lo masculino y el sol la primera, y de lo bajo, la izquierda, lo femenino y
la luna, la segunda. El prestigio mítico lo tiene *hanan*; *hurin* le está ritualmente subordinada.
Todo ello se infiere del capítulo en que el Inca Garcilaso narra el origen del Cuzco y del
Tawantinsuyo en sus *Comentarios reales* de 1609.
42 Thérese Bouysse-Casagne, Olivia Harris, Tristan Platt y Verónica Cereceda: *Tres reflexiones sobre el pensamiento andino*. La Paz, Hisbol, 1986, p. 196.

Tinku es el nombre de las peleas rituales en las que combaten dos bandos opuestos. Se trata de un rito destinado a reunir a las dos mitades (*alasaya* y *masaya*) bajo las características de un combate guerrero. *Tinku* puede definirse como el lugar de encuentro en que se unen dos elementos provenientes de dos direcciones diferentes...

Si bien en la literatura de Arguedas podemos reconocer el *pachakuti* y el *wakcha* con frecuencia notable, el *tinku* —más que articularse textualmente en momentos específicos— marca la totalidad de la escritura de nuestro autor. Pues cabe leer su obra como un gran *tinku* literario en el que se encuentran conflictivamente sierra y costa, quechua y español, tradición oral y escritura, pasado y presente, el hombre andino y el hombre occidental. La escritura de Arguedas constituye un singular ejemplo del tradicional *tinku* andino, en palabras de Franklin Pease,[43] aquel lugar de encuentro ritual donde la batalla entre fuerzas opuestas engendra la compleja totalidad. El *tinku* siempre supone una dimensión conflictiva, y en el caso de Arguedas la expresión literaria de la totalidad peruana no deja de ser agónica. Tanto que a veces el mismo autor niega la posibilidad del encuentro, viéndose más que como puente entre dos culturas, enajenado de ambas. Así, en la primera página de su primer cuento, «Warma kuyay», de 1935, el niño protagonista —también narrador y obvio *alter ego* de Arguedas— cuenta cómo se queda fuera del círculo formado por los runas: «Se agarraron de las manos y empezaron a bailar en ronda, con la musiquita de Julio el charanguero. Se volteaban a ratos, para mirarme, y reían. Yo me quedé fuera del círculo, avergonzado, vencido para siempre.»[44] El párrafo final del cuento vue lve a lo mismo:

El Kutu en un extremo y yo en otro. El quizá habrá olvidado: está en su elemento; en un pueblecito tranquilo, aunque maula, será el mejor novillero, el mejor amansador de potrancas, y le respetarán los comuneros. Mientras yo, aquí, vivo amargado y pálido, como un animal de los llanos fríos, llevado a la orilla del mar, sobre los arenales candentes y extraños.[45]

---

43   Comunicación personal, 1992.
44   José María Arguedas: *Agua y otros cuentos indígenas* (Lima, Milla Batres, 1974:93).
45   *Ibid.*, p. 100.

De igual manera, en *Los ríos profundos* Ernesto —aun otra máscara para el autor— en el barrio de las chicherías, entre cantos y bailes quechuas, huaynos, dice para sí: «Yo quedé fuera del círculo, mirándolos, como quien contempla pasar la creciente de esos ríos andinos...»[46]

Pero pese a este lúcido *caveat* del escritor, su ambición totalizadora (paradójicamente, marca de modernidad, y también meta de un novelista tan diverso por costeño y occidental como Vargas Llosa, quien la reconoce como objetivo propio en *García Márquez: historia de un deicidio*, de 1971, pero que probablemente la aprendió, entre otros, de Arguedas, tantas veces su maestro)[47] hace que su escritura asedie obsesivamente esta noción andina. La podemos reconocer como la anécdota central de *Yawar fiesta*, en el combate entre *k'ayau* y *pichk'achuri*. Los *k'ayau* se encomiendan al Apu K'arwarasu, lo que otorga a la competencia un carácter marcadamente ritual. El conflicto de la novela misma constituye un *tinku* de amplias ramificaciones: *k'ayao* (indios + gamonales = sierra = feudalismo = pasado = mundo andino) versus *pichk'achuri* (chalos + gobierno = costa = capitalismo = modernidad = Occidente). También en *Los ríos profundos,* cuando Ernesto es retado a pelear por Rondinel. Valle le dice a Ernesto: «Un Quijote de Abancay derribará a un quechua, a un cantador de *harahuis*. ¡Qué combate, jóvenes, qué homérico y digno combate! Un nuevo duelo de las razas».[48] Aunque el combate no se da, Ernesto se encomienda al Apu K'arwarasu y a él, como lucana, le va a dedicar la pelea, lo que convierte la posibilidad de la misma en un evento ritual.

Sin embargo, no es sino hasta *El zorro de arriba y el zorro de abajo,* la novela póstuma de Arguedas (1971), que reconocemos la apoteosis de esta noción andina: *tinku* entre sierra/costa, diarios y epístola (géneros marginales)/novela, antigüedad/modernidad, lo andino/lo occidental, oralidad/escritura, vida/muerte, compromiso político/inacción, canto-música-danza/palabra, lirismo/prosa, naturaleza/cultura, quechua/español,

---

46 *Los ríos profundos,* p. 110.
47 El estudio de Vargas Llosa lo publicó Seix Barral en Barcelona. Sobre la huella de Arguedas en su escritura, vale referirnos a unos pocos ejemplos de *Los ríos profundos*. En primer lugar tenemos al internado de Abancay, marcado por el sexo y la violencia, que deviene el Leoncio Prado en *La ciudad y los perros*. También reconocemos en la famosa novela de Arguedas los antecedentes de el Esclavo (Palacitos) y el Poeta (Ernesto). El Mark'aska anuncia al Mascarita de *El hablador*...
48 *Los ríos profundos,* p. 86.

aymara/español, inglés/español... El primer diálogo entre los zorros expresa muy bien el *tinku* que constituye esta novela y que se perfila desde su mismo título; cito apenas un fragmento:

EL ZORRO DE ABAJO: La palabra es más precisa y por eso puede confundir. El canto del pato de altura nos hace entender todo el ánimo del mundo. Sigamos. Hace dos mil quinientos años nos encontramos en el cerro Latausaco, de Huarochirí [...] Nuestro mundo estaba dividido entonces, como ahora, en dos partes: la tierra en que no llueve y es cálida, el mundo de abajo, cerca del mar, donde los valles yungas encajonados entre cerros escarpados, secos, de color ocre, al acercarse al mar se abren como luz, en venas cargadas de gusanos, moscas, insectos, pájaros que hablan; tierra más virgen y paridora que la de tu círculo. Este mundo de abajo es el mío y comienza en el tuyo, abismos y llanos pequeños o desiguales que el hombre hace producir a fuerza de golpes y canciones; acero, felicidad y sangre, son las montañas y precipicios de más profundidad que existen. [...]
EL ZORRO DE ARRIBA: [...] Hay mundos de más arriba y de más abajo. El individuo que pretendió quitarse la vida y escribe este libro era de arriba: tiene aún *ima sapra* sacudiéndose bajo su pecho. ¿De dónde, de qué es ahora? *Yanawiku hina takiykamuway atispaqa, asllatapas, Chimbotemanta. Chaymantaqa, imaymanata, imaynapas, munasqaykita willanakusun ¡Yaw! yunga atoq.* (Como un pato cuéntame de Chimbote, oye, zorro yunga. Canta si puedes, un instante. Después hablemos y digamos como sea preciso y cuanto sea preciso.) [...]
EL ZORRO DE ABAJO: [...] siente, aquí, una mezcolanza del morir y del amanecer [...][49]

Pero vale la pena explorar el *tinku* en dos instancias fundamentales de *Los zorros...*, que a su vez marcan toda la obra arguediana:

1) *Tinku* entre antigüedad y modernidad en el terreno de la expresión, ya anticipado por el diálogo entre los zorros que acabo de citar, en la polarización entre canto y palabra. Opone y entrevera tradición oral y escritura, mito y novela moderna, el *epistème* de la semejanza entre las

---

49 Cito por la edición crítica de *El zorro de arriba y el zorro de abajo* (1990: 49-51).

palabras y las cosas y la conciencia de la ficcionalidad que inaugura la modernidad literaria según Foucault.[50] En el inicio mismo de la novela figura ya dicho *tinku* . En un relato que se adhiere —desde el título— a la tradición del pensamiento mítico andino, en que cada palabra convoca mágicamente a seres y entidades naturales, su autor cede a la autorreferencialidad de la escritura moderna:

> El encuentro con aquella alegre mujer debió ser el toque sutil, complejísimo que mi cuerpo y alma necesitaban, para recuperar el roto vínculo con todas las cosas. Cuando ese vínculo se hacía intenso podía transmitir a la palabra la materia de las cosas. Desde ese momento he vivido con interrupciones, algo mutilado».[51]

Y dichas interrupciones tienen que ver con la escritura, con la incapacidad periódica para escribir que lo hace buscar una y otra vez en Chile la generosa ayuda de doña Lola Hoffmann, su psicoanalista. A su vez, los diarios de *El zorro de arriba y el zorro de abajo* no son sino interrupciones de la ficción que narra la historia de Chimbote. Recordemos que —como lo ha visto Stephen Gilman[52]— la interrupción inaugura la conciencia de la ficcionalidad en la literatura occidental cuando en el *Quijote* el narrador interrumpe el relato dejando al protagonista y al vizcaíno con las espadas en alto porque diz que se le terminó el manuscrito que estaba transcribiendo. En ese momento recordamos que somos lectores, que la ficción es escritura, y que la novela es el género que se mira a sí mismo hacerse... Que las palabras no son las cosas. El *Quijote* también está interrumpido en su primera parte por una multiplicidad de novelitas que ofrecen un muestrario narrativo de la época. La autorreferencialidad —emblema de modernidad que abre *La Celestina,* primera novela moderna de Europa (1499), con una celebración de la ambigüedad (la literatura como contienda), y que también es el tema de *Las Meninas* de Velázquez (iluminadas inmejorablemente por Foucault)— es el sello de los Diarios de *Los zorros...,* desde que José María Arguedas dice: «Escribo estas páginas porque se me ha dicho hasta la

---

50 Me refiero a *Les mots et les choses* (Paris, Gallimard, 1966).
51 *Ibid.*, p. 7.
52 Conferencia dictada en la Universidad de Puerto Rico en 1980: «La interrupción en *El Quijote*».

saciedad que si logro escribir recuperaré la sanidad»...[53] Junto a estas manifestaciones de modernidad literaria occidental coexiste en la novela —y en ello reside el *tinku* al que aludo— el mito prehispánico del corpus de Huarochirí, vivo en los diálogos y danzas de los zorros que tan certeramente ha iluminado Lienhard.[54]

2. *Tinku* entre naturaleza y cultura. El escritor culto que es Arguedas siente, como el hombre andino, la animización de la naturaleza. La escena inicial de *Los ríos profundos* nos había mostrado al niño Ernesto acariciando las viejas piedras incaicas del Cuzco, que sentía moverse y hablar como los ríos de la sierra. Vargas Llosa nos recuerda que en *Los zorros...* «acaso el personaje más vívido y más conmovedor sea un árbol»,[55] el pino de Arequipa con el que el narrador dialoga tiernamente. Reconocemos este *tinku* también en uno de los pasajes más hermosos de la misma novela, cuando Arguedas siente la pulsión de la vida al acariciar un cerdo en San Miguel de Obrajillo:

> Sí; no hace quince días que logré rascar la cabeza de un nionena (chancho) algo grande, en San Miguel de Obrajillo. Medio que quiso huir, pero la dicha de la rascada lo hizo detenerse; empezó a gruñir con delicia, luego (¡cuánto me cuesta encontrar los términos necesarios!) se derrumbó a pocos y, ya echado y con los ojos cerrados gemía dulcemente. La alta, la altísima cascada que baja desde la inalcanzable cumbre de rocas, cantaba en el gemido de ese nionena, en sus cerdas duras que se convirtieron en suaves; y el sol tibio que había caldeado las piedras, mi pecho, cada hoja de los árboles y arbustos, caldeando de plenitud, de hermosura, incluso el rostro anguloso y enérgico de mi mujer, ese sol estaba mejor que en ninguna parte en el lenguaje del nionena, en su sueño delicioso.

El pasaje recuerda otro de Lévi-Strauss, la página final de *Tristes trópicos*,[56] en la que el antropólogo francés afirma que la libertad humana

53 *Los zorros...*, p. 8.
54 Me refiero a *Cultura popular andina y forma novelesca. Zorros y danzantes en la última novela de Arguedas* (Lima, Tarea/Latinoamericana Editores, 1981).
55 Mario Vargas Llosa: «José María Arguedas: entre la ideología y la arcadia». *Revista Iberoamericana*. Núms. 116-117. Julio-diciembre 1981, p. 43.
56 Paris, Tlon, 1955; mi traducción.

está precisamente en la obliteración de la oposición entre la naturaleza y la cultura:

durante los breves intervalos en que nuestra especie acepta suspender su trabajo de colmena, en aprehender la esencia de lo que fue y continúa siendo más acá del pensamiento y más allá de la sociedad: en la contemplación de un mineral más bello que todas nuestras obras, en el perfume, más sabio que nuestros libros, respirado en un lirio, o en el guiño preñado de paciencia, de serenidad y de perdón recíproco que un acuerdo involuntario permite a veces intercambiar con un gato.

Wakcha/pachakuti/tinku: el sueño del pongo. En el presente trabajo hemos propuesto un acercamiento interdisciplinario a la figura de José María Arguedas, conjugando las aportaciones de la antropología, la tradición oral y la literatura comparada. Hemos examinado la trilogía de nociones quechuas de *wakcha —pachakuti -tinku*, que articulan en buena medida la obra de nuestro autor. Pues es precisamente el sustrato andino que nutre la producción literaria de Arguedas lo que le otorga a ésta su fuerza, su belleza, y su peruanidad misma. Si bien Vargas Llosa entiende que la originalidad de Arguedas, su genialidad, está en la «infidelidad a la realidad», que crea «un mundo violento y ceremonioso, musical y encantado»,[57] producto de su imaginación, cabe reflexionar sobre cuánto deben los rasgos definitorios de la escritura arguediana (la obsesión por el mito, el canto, el rito, la naturaleza) al pensamiento andino en el que se vio inmerso de niño. La cosmovisión andina recreada literariamente por Arguedas es a la vez, paradójicamente, lo que ha movido a algunos lectores a la incomprensión y aun a la censura de la obra del escritor etnólogo y poeta.

El reconocimiento internacional que merece hoy su escritura[58] es el mayor mentís a muchas de las afirmaciones de algunos de sus colegas en

---

57 Vargas Llosa: *José María Arguedas: entre sapos y halcones*. Madrid, Ediciones Cultura Hispánica, 1978, p. 46.
58 Vale mencionar dos congresos recientes sobre Arguedas organizados en Berkeley por Antonio Cornejo Polar y por Nelson Manrique en Lima, y citar las palabras de este último: «Creo que la obra de Arguedas sigue siendo una obra inacabada, que va a dar mucho que trabajar...» («Una mirada histórica», en *José María Arguedas veinte años después: huellas y horizonte (1969-1989)*, Lima, Escuela de Antropología de la Universidad Nacional Mayor de

la mesa redonda sobre *Todas las sangres* auspiciada por el Instituto de Estudios Peruanos en 1965. Frente a sociólogos como Henri Favre y Aníbal Quijano (y a escritores como Oswaldo Reynoso y aun Sebastián Salazar Bondy, que momentáneamente cedió a la presión de los primeros), quienes demandaban de Arguedas una adherencia explícita a teorías científicas e ideológicas, reduciendo la literatura a la tiranía doctrinaria, Arguedas se definió —apoyado por la lucidez de Alberto Escobar— como un escritor intuitivo. «Conozco al Perú a través de la vida», dijo defendiendo la autenticidad de *Todas las sangres*, novela que nunca se debatió allí por sus méritos artísticos.[59] La mesa redonda, que de diálogo entre colegas se trocó en censura de la literatura (y aun de la etnología, que siempre privilegia la irreductible especificidad de la cultura) desde el poder absoluto de la «ciencia», marcó un hito trágico en la vida de Arguedas, quien vio cuestionado el trabajo de toda su vida. La misma noche del evento declaró: «Creo que mi vida ha dejado por entero de tener razón de ser».[60] Poco después —en abril de 1966— intentaría suicidarse.

Sin embargo, el espíritu de lucha de Arguedas («contra el optimismo no hay vacuna», diría más años tarde otro poeta del sur, Mario Benedetti) habría de manifestarse aún en textos poderosos como el «LLamado

San Marcos, 1991, p. 59).

59 En «José María Arguedas: entre la ideología y la arcadia», Vargas Llosa critica la novela por sus defectos literarios, no sin antes advertir al lector que una novela fallida puede decirnos más de un autor que su relato más logrado. Por mi parte opino que en sus contradicciones laten muchas de las obsesiones de Arguedas, y que éstas no le restan poesía al texto. Algo que le criticaron los sociólogos en Arequipa fue la imposibilidad de encontrar en un solo personaje la voz y la posición política del autor; pero, ¿es esto defecto? También es el caso de *Yawar fiesta* o de *Los zorros...* Bien puede deberse ello, como lo vieron sus críticos más acerbos, a la ambivalencia ideológica de Arguedas (al conflicto entre la imperiosa necesidad de compromiso político que le exigían tanto su mujer como muchos de sus contemporáneos y su natural horror a la violencia), o tal vez, y también —como lo ha señalado Escobar— a la confusión de la vida peruana que el autor intenta relatar. Y ¿por qué no?, cabría añadir, a la ambigüedad que es elemento inherente a la novela moderna. Y a la polifonía de la escritura de Arguedas, que atenta contra la autoridad monolítica de un narrador tradicional.

En todo caso, sobre *Todas las sangres* —como sobre el resto de la obra arguediana— no sólo no está todo dicho, sino que falta aun mucha reflexión. Lo que parece ya del todo superado es pedir a un novelista —como lo hicieron algunos de los participantes en la mesa redonda de Arequipa— que reproduzca en sus relatos fielmente la realidad de su país a la vez que denuncie sus males sociales y proponga un plan revolucionario concreto.

60 José María Arguedas: *¿He vivido en vano? Mesa redonda sobre Todas las sangres*. Lima, Instituto de Estudios Peruanos, 1985. Recordemos que el «Llamado a los doctores» fue su respuesta a las críticas de sus colegas.

a algunos doctores», publicado en *El Comercio* de Lima en 1966, dirigido a los colegas que tanto lo atacaron en la citada mesa redonda y dedicado a dos doctores que sí comprendieron el mundo andino, Carlos Cueto y John V. Murra. La poesía bilingüe de Arguedas —eficaz «lógica de lo concreto»— se tornó en aquel momento en arma de combate contra la abstracción teórica de los que conocen el mundo andino sólo de lejos; cito un fragmento de la versión castellana del original quechua:

Dicen que ya no sabemos nada, que somos el atraso, que nos han de cambiar la cabeza por otra mejor.

Dicen que nuestro corazón tampoco conviene a los tiempos, que está lleno de temores, de lágrimas, como el de la calandria, como el de un toro grande al que se degüella; que por eso es impertinente.

Dicen que algunos doctores afirman eso de nosotros; doctores que se reproducen en nuestra misma tierra, que aquí engordan o que se vuelven amarillos.

Que estén hablando pues; que estén cotorreando si eso les gusta. ¿De qué están hechos los sesos? ¿De qué está hecha la carne de mi corazón?

Los ríos corren bramando en la profundidad. El oro y la noche, la plata y la noche temible forman las rocas, las paredes de los abismos en que el río suena; de esa roca están hechos mi mente, mi corazón, mis dedos.

¿Qué hay a la orilla de esos ríos que tú no conoces, doctor?
Saca tu larga-vista, tus mejores anteojos. Mira, si puedes.

Quinientas flores de papas distintas crecen en los balcones de los abismos que tus ojos no alcanzan, sobre la tierra en que la noche y el oro, la plata y el día se mezclan. Esas quinientas flores son mis sesos, mi carne.....

Esta misma pujanza combativa produjo en el Primer Encuentro de Narradores Peruanos de Arequipa, en 1965, una enérgica afirmación de optimismo en la contestación de Arguedas al escritor Reynoso, escéptico de cara al futuro del Perú:

Quizá sea éste el momento cuando la juventud debe tener fe en este país. ¿Por qué? Porque nosotros nacimos en un país dividido: indios, mestizos y blancos, divididos por vallas casi infranqueables. ¡Jóvenes, esas barreras se están rompiendo, las hemos roto! Yo he contribuido, como han contribuido todos a romper esas vallas.[61]

Se trata del mismo optimismo voluntarioso —tanto más conmovedor en tanto nace de la angustia personal que ha visto cómo la orfandad biográfica[62] se torna en desarraigo cultural y, ya en la plenitud de su vida y de su carrera, en marginación profesional— que lo mueve a emprender la escritura de su última novela. Cierto que la dejó trunca por ceder a la muerte, pero no sin antes afirmar su fe en el Perú. En la carta que Arguedas dirige a don Gonzalo Losada el 5 de noviembre de 1969 y que figura como parte del epílogo de *El zorro de arriba y el zorro de abajo* hay una nota al calce con la que quisiera cerrar este ensayo, ya que en ella se abrazan las tres nociones cuyo campo semántico hemos querido explorar en esta ocasión. Hablando de su labor discográfica (Murra nos había recordado, en su semblanza arguediana del Otoño Andino de 1977 en Cornell,[63] que Arguedas solía introducir a los mejores músicos andinos a las compañías disqueras de Lima), dice así:

Y también con Celia y Alicia [su ex mujer y su cuñada] empezamos a quebrantar la muralla que cerraba Lima y la costa —la mente de los criollos todopoderosos, colonos de una mezcla bastante indefinible de España, Francia y los Estados Unidos y de los colonos de estos colonos— quebrantar la muralla que cerraba Lima y la costa a la *música* en milenios creada y perfeccionada por quechuas, aymaras y mestizos. Ahora el Zorro de Arriba empuja y hace cantar y bailar, él mismo, o está empezando a hacer danzar el mundo, como lo

---

61 Cito por el libro de Carmen M. Pinilla, p. 193.
62 Vargas Llosa (*José María Arguedas: entre sapos y halcones*, 1978, pp. 32-33) ha examinado la importancia de la orfandad como constante en la obra arguediana:
   La violencia que impera en la realidad ficticia está magnificada, además, por el hecho de quien relata y protagoniza las historias, la víctima o el testigo de la crueldad, es casi siempre un niño, o una persona indefensa y marginal, el ser más vulnerable, el menos preparado para defenderse. Una constante es el huérfano, hijo de «misti», que por razones oscuras ha sido criado como sirviente.
63 Reproducida en el *Apéndice* del presente volumen.

hizo en la antigüedad la voz y la tinya de Huatyacuri, el héroe dios con traza de mendigo».[64]

Al hacer suyas estas centenarias nociones, nuestro autor se inserta dentro de una larga tradición andina. El destierro de Guaman Poma, la marginalidad cultural de Arguedas y la migración de los serranos a la Lima de hoy son eslabones de una larga cadena histórica en la que el *wakcha* aun anda inmerso en un justiciero y violento *tinku* entre costa y sierra, articulando con la palabra la esperanza mesiánica de un *pachakuti* inminente.

_____

64 *El zorro de arriba y el zorro de abajo*, edición crítica (1990: 251-252)..

MATERIAL GRAFICO

1. José María Arguedas (1911-1969). Reproducimos la foto del Homenaje a Arguedas en la *Revista Iberoamericana* (Núm.122, Enero-Marzo de 1983).

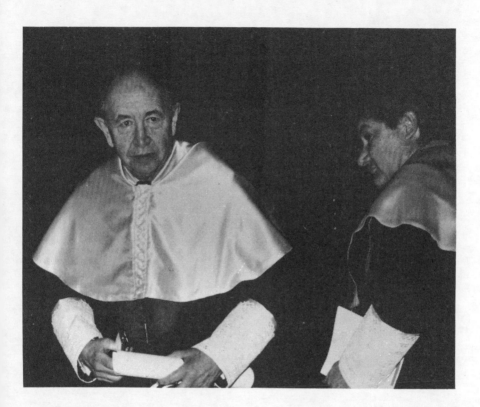

2. John V. Murra: investidura como Doctor Honoris Causa por la Universidad de Barcelona, 3 de noviembre de 1993. (Colección de John V. Murra).

3. Lola Hoffmann (19 -1988). (Colección de John V. Murra).

4. 11 de octubre de 1966: Arguedas presentando a Murra en el acto de investidura de éste como Profesor Honorario de la Universidad de San Marcos. (Colección de John V. Murra).

5. 11 de octubre de 1966: John V. Murra en el acto de su investidura como Profesor Honorario de la Universidad de San Marcos. (Colección de John V. Murra).

6. 11 de octubre de 1966: José María Arguedas y John V. Murra en el acto de investidura de éste como Profesor Honorario de la Universidad de San Marcos. En la foto figuran, de izquierda a derecha: 1. ?, 2. Carlos Araníbar (historiador), 3. Duccio Bonavía (arqueólogo), 4. el Padre Villar Córdoba (arqueólogo), 5. Luis G. Lumbreras (arqueólogo), 6. Arguedas, 7. ?, 8. Rosa Fung (arqueóloga), 9. arqueólogo delegado del Rector, 1O. Murra, 11. Luis E. Valcárcel (creador del Depto. de Antropología), 12. Fernando Silva Santisteban (historiador), 13. Alberto Escobar (lingüista), 14. Emilio Mendizábal (etnólogo), 15. Jorge C. Muelle (arqueólogo) y 16. José Sabogal Wiesse (sociólogo). (Colección de John V. Murra).

7. John V. Murra durante la década del sesenta en el Perú. A la derecha figura Jorge Flores Ochoa (etnólogo). (Colección de John V. Murra).

CRONOLOGIA DE ARGUEDAS*

*   Nuestra cronología parte de la más detallada de E. Mildred Merino de Zela: *José María Arguedas: vida y obra* (Lima, CONCYTEC, s/f). Añadimos algunos datos que las cartas de Arguedas nos han permitido precisar.

1911 Nace el 18 de enero en la ciudad de Andahuaylas, provincia de Andahuaylas, Departamento de Apurímac, Perú. Su padre —Victor Manuel Arguedas Arellano— es cuzqueño y se desempeña como juez itinerante.

1914 Muere su madre, Victoria Celestina Altamirano Navarro.

1915 El padre es nombrado Juez de Primera Instancia en la provincia de Lucanas. Se lleva consigo a Arístides, hermano mayor de Arguedas.

1917 El padre se vuelve a casar en San Juan de Lucanas, con una hacendada: Grimanesa Arangoitia viuda de Pacheco. Arguedas se reúne con su padre y su hermano Arístides en Andahuaylas. Residen en Puquio.

1918 Arístides y José María se trasladan al colegio de San Juan con los hijos de la madrastra. Viven con ella y reciben la visita del padre semanalmente. De esta época datan los sufrimientos de Arguedas por los malos tratos de la madrastra y de su hermanastro Pablo. Los sirvientes quechuas lo protegen y consuelan. Nace así su identificación con el mundo indígena.

1920 Comienza a dominar el castellano como segunda lengua. Por confesión propia, hasta los ocho años sólo hablaba quechua.

1921 Se fuga con Arístides a la hacienda Viseca, de sus tíos José Manuel Perea Arellano y Zoyla Peñafiel. Viseca será el escenario de su primer cuento conocido, «Warma kuyay», y estará presente en posteriores relatos del escritor.

1923 Hace un largo viaje a caballo con su padre de Puquio a Andahuaylas y Ayaucho. Recreará dicho viaje en *Los ríos profundos*.

1925 Arístides y José María pasan sus vacaciones en la hacienda Triunfo, de la tía Amalia de Guillén. Allí Arguedas lee *Los miserables* de Victor Hugo, libro que le reveló el poder de la literatura y le inspiró la pasión literaria. Posiblemente escribe ese año su primer relato, «Los gallos», sobre las crueldades de su hermanastro. El inédito no ha sido localizado. Internado con su hermano en un colegio de Abancay, sufre la angustia de la separación del padre.

1926 Arguedas se matricula con su hermano Arístides en el Colegio San Luis Gonzaga de Ica.

1927 Su primer amor, una joven llamada Pompeya, lo rechaza por no querer «amores con serranos».

1928 Arguedas y su padre radican en Huancayo.

1929 Se traslada a Yauyos; prosigue estudios de media como alumno libre.

1931 En Lima comienza estudios de Humanidades en la Universidad de San Marcos. Su padre viaja a Puquio para divorciarse de su mujer.

1932 Muere el padre y Arguedas trabaja como auxiliar de correos hasta 1937.

1933 Publica su primer cuento, «Warma kuyay (Amor de muchacho)».

1936 Arguedas funda la revista estudiantil *Palabra* en la Facultad de Letras de San Marcos.

1937 Se incorpora al Comité de Amigos para la Defensa de la República Española. Por su militancia antifascista universitaria lo encarcelan en El Sexto por casi un año.

1939 En febrero lo nombran profesor de castellano y geografía en un colegio de Sicuani. En junio se casa con Celia Bustamante Vernal.

1940 Participa en el Primer Congreso Indigenista Interamericano en Pátzcuaro, México.

1941 Publica su primera novela, *Yawar fiesta*.

1942 Profesor de castellano en el Colegio Nacional Alfonso Ugarte.

1944 Profesor de castellano en el Colegio Nacional de Nuestra Señora de Guadalupe. Según confesión propia, de este año data la dolencia psíquica que le dificulta la escritura por los próximos cinco años.

1946 Se matricula en el Instituto de Etnología de San Marcos. Participa con Allan Holmberg en el proyecto de antropología aplicada de la Hacienda Vicos, auspiciado por la Universidad de Cornell y el Instituto Indigenista Peruano.

1947 Nombrado Conservador de Folklore del Ministerio de Educación. Se le nombra miembro de la comisión que investiga las causas de la huelga en el Colegio Guadalupe.

1949 Se le despide como profesor y sufre una honda depresión.

1950 Es nombrado Jefe de la Sección Folklore, Bellas Artes y Despacho de la Dirección de Educación Artística y Extensión Cultural, cargo que cumplirá hasta 1952. Profesor de Etnología en el Instituto Pedagógico Nacional de Varones. Termina la carrera de antropología en San Marcos, donde fue alumno de Holmberg, Kubler, Muelle y Valcárcel.

1951 Es enviado copmo observador del Perú a la Reunión de Expertos en el Trabajo Indígena a la Paz. Estados Unidos le deniega la visa de ingreso al país. Participa en el Primer Congreso Internacional de Peruanistas.

1952 Viaja con Celia a Jauja y Concepción para recoger tradición oral andina.

1953 Nombrado Jefe del Instituto de Estudios Etnológicos del Museo de la Cultura. Funda la revista *Folklore Americano*. Viaja por primera vez a Chile comisionado por el Ministerio de Educación para asistir a la Primera Semana del Folklore Americano. En Santiago conoce —según testimonio de su carta del 7 de mayo de 1962 a Hoffmann— a la mujer que amaría en 1962: Beatriz.

1956 El General Odría lo nombra Director de Cultura; no acepta el puesto. Descubre en Puquio, con Josafat Roel Pineda, varias versiones del mito de Inkarrí.

1957 Se recibe de bachiller en Etnología por San Marcos. Tiene la alegría de conocer a su hermana paterna Nelly Arguedas Ramírez de Carvajal en Lima.

1958 Entre enero y julio reside con Celia en España becado por la UNESCO para preparar su tesis doctoral sobre de las comunidades de Castilla. Viaja por Italia con Emilio Adolfo Westphalen. Visita París. Publica su novela más aclamada, *Los ríos profundos*.

1959 Comienza a enseñar etnología en San Marcos. Recibe el Premio Nacional de Fomento a la Cultura «Ricardo Palma» por su novela *Los ríos profundos*.

1960 Participa en el Tercer Festival del Libro Americano en Buenos Aires.

1961 La Organización de Estados Americanos lo beca para viajar a Guatemala para hacer investigaciones sobre el arte popular. Publica su novela *El Sexto*.

1962 Comienza a impartir cursos de quechua en la Universidad Agraria de La Molina. Publica por primera vez un poema en quechua: el himno a Tupac Amaru. En septiembre viaja a Berlín oriental para asistir al Primer Coloquio de Escritores Iberoamericanos organizado por la revista *Humboldt*. Su novela *El Sexto* recibe el Premio Nacional de Fomento a la Cultura «Ricardo Palma». Viaja a Santiago de Chile y conoce a quien será su psicoanalista por el resto de su vida, la Dra. Lola Hoffmann. En los próximos años viajará a menudo a Chile para consultarla. Tiene amores con Beatriz.

1963 Se recibe como Doctor en Etnología por la Universidad de San Marcos. Es nombrado Director de la Casa de la Cultura del Perú. Funda la revista *Cultura y Pueblo*. Organiza mesa redonda sobre monolingüismo quechua y aymara y la educación en el Perú.

1964 Renuncia a la Dirección de la Casa de la Cultura por problemas con la mayoría parlamentaria aprista y en solidaridad con la renuncia de Carlos Cueto Fernandini al puesto de Director de la Comisión Nacional de Cultura. Nombrado Director del Museo Nacional de Historia. Funda la Revista *Historia y Cultura*. En representación del Ministro de Educación asiste a la inauguración de los Museos de Ciudad de México. Publica su novela *Todas las sangres*.

1965 Viaja a Génova a un Coloquio de Escritores. Se separa de Celia Bustamante. Comparte desde entonces su vida con la chilena Sybila Arredondo y los dos hijos de ésta. Invitado por el Departamento de Estado, viaja por los Estados Unidos dictando conferencias en las universidades de Washington, Indiana (Bloomington), Cornell, California. Asiste al Primer Encuentro de Narradores Peruanos en Arequipa. Viaja a Chile. El Instituto de Estudios Peruanos organiza una mesa redonda sobre *Todas las sangres*. Sufre una profunda depresión por los ataques que recibió en dicha ocasión su novela más reciente. Viaja a Francia en septiembre.

1966 Abril: primera tentativa de suicidio. Logra un convenio de recopilación de literatura oral entre el Ministerio de Educación y la Universidad Agraria de La Molina. Viaja varias veces a Chile. También a Montevideo a consultar al psiquiatra Marcelo Viñar. Asiste al XXXVII Congreso Internacional de Americanistas en Argentina. La Universidad Agraria lo nombra profesor principal a tiempo completo.

1967 Viaja a Guadalajara, México, al Segundo Congreso Latinoamericano de Escritores, en marzo. En mayo se casa con Sybila Arredondo. Participa en Chile en el Congreso Internacional de Escritores, celebrado en junio. En julio asiste a una Reunión de Antropólogos en Viena.

1968 Lo nombran Jefe del Departamento de Sociología en la Universidad Agraria de La Molina. Entre enero y febrero viaja con Sybila a Cuba como jurado del premio Casa de las Américas. En septiembre solicita de la Agraria una licencia sin sueldo. Reside en Chile por siete semanas para consultar a la Dra. Hoffmann y escribir su última novela. Para los mismos fines también pasa una prolongada estadía en el puerto de Chimbote. Al recibir el Premio Inca Garcilaso de la Vega pronuncia su conferencia «No soy un aculturado».

1969 Viaja con frecuencia a Chile a consultar a la Dra. Hoffmann. Se reintegra a la Universidad en octubre. El 28 de noviembre se dispara dos balazos en su despacho de la Universidad Agraria. Muere el 2 de diciembre y lo entierran en el cementerio El Angel de Lima. El estudiante Rodrigo Montoya escribe sobre su tumba: «Kaypiraqmi kachkani»: Aquí me tienen todavía. Su novela inconclusa *El zorro de arriba y el zorro de abajo* verá la luz en 1971.

BIBLIOGRAFIA*

* Ofrecemos a continuación una bibliografía mínima de la obra literaria y etnológica de Arguedas, así como de varios de los estudios críticos más importantes sobre nuestro autor. Incluimos dentro de la obra etnológica traducciones y recopilaciones folklóricas. Damos en cada caso la primera edición del texto consignado. Para un panorama bibliográfico más amplio remitimos al lector a las bibliografías de E. Mildred Merino de Zela (s/f) y la de la edición crítica de *El zorro de arriba y el zorro de abajo* (199O).

De José María Arguedas

Obra literaria

1933 «Warma kuyay (Amor de niño)» [cuento]. *Signo*. Lima. No.1.

1935 *Agua. Los escoleros. Warma kuyay* [cuentos]. Lima. Compañía de Impresiones y Publicidad.

1941 *Yawar fiesta* [novela]. Lima. Compañía de Impresiones y Publicidad.

1954 *Diamantes y pedernales. Agua* [cuentos]. Lima. Juan Mejía y P.L. Villanueva.

1958 *Los ríos profundos* [novela]. Buenos Aires. Losada.

1958 *Yawar fiesta* [novela]. Lima. Mejía Baca. Segunda edición corregida.

1961 *El sexto* [novela]. Lima. Mejía Baca.

1962 *La agonía de Rasu-Ñiti* [cuento]. Lima. Taller de Artes Gráficas Ícaro.

1962 *Tupac Amaru Kamaq taytan-chisman: haylli-taki/ A nuestro padre creador Túpac Amaru. Himno-canción* [poesía]. Lima. Salqantay.

1964 *Todas las sangres* [novela]. Buenos Aires. Losada.

1965 *Oda al jet* [poesía]. Zona Franca. Caracas.

1966 *Jetman, haylli/Oda al jet.* Texto corregido bilingüe [poesía]. Lima. La Rama Florida.

1966 «Llamado a algunos doctores» [poesía]. Versión castellana del poema escrito originalmente en quechua. *El Comercio.* Suplemento Dominical. 3 de julio.

1966 «Huk doktorkunaman qayay» [poesía]. *El Comercio.* Suplemento Dominical. 17 de julio.

1967 *Amor mundo y todos los cuentos* [cuentos]. Lima. Francisco Moncloa Editores.

1969 *Qollan, Vietnam LLaqtaman/Al pueblo excelso de Vietnam* [poesía]. Lima. Federación de Estudiantes de la Universidad Agraria. Agosto. Página mimeografiada.

1971 *El zorro de arriba y el zorro de abajo* [novela]. Buenos Aires. Losada.

1972 *Temblar/Katatay* [poesía]. Lima. Instituto Nacional de Cultura.

Obra etnológica

1938 *Canto Kechwa.* Lima. Compañía de Impresiones y Publcidad.

1949 *Canciones y cuentos del pueblo quechua.* Lima. Huascarán.

1955 «Los himnos quechuas católicos cuzqueños». Estudio preliminar a la colección del padre Jorge A. Lira y José María Farfán. *Folklore Americano.* Lima.

1955 *Apu Inka Atawallpaman.* Elegía quechua anónima recogida por J.M. Farfán. Traducción, introducción y notas de J.M.A. Lima. Juan Mejía Baca y P.L. Villanueva.

1956 «Puquio, una cultura en proceso de cambio». *Revista del Museo Nacional.* Lima. 1956.

1965 *El sueño del pongo.* Lima. Salqantay.

1965 *La poesía quechua.* Buenos Aires. Editorial Universitaria.

1966 *Dioses y hombres de Huarochirí.* Lima. Museo Nacional de Historia e Instituto de Estudios Peruanos.

1968 *Las comunidades de España y del Perú.* Lima. Universidad Nacional Mayor de San Marcos.

Crítica literaria

1950 «La novela y el problema de la expresión literaria en el Perú». *Mar del Sur.* Lima.I-II. Núm. 9: 66-72.

1961 «La soledad cósmica en la poesía quechua». *Idea, Artes y Letras.* VII-VIII. Núms.48-49:1-2.

1969 *Primer Encuentro de Narradores Peruanos.* Arequipa, 1965. Casa de la Cultura del Perú. Lima. 1969.

1969 «Inevitable comentario a unas ideas de Julio Cortázar». *El Comercio.* Suplemento Dominical. P. 34.

Obras completas

1983 José María Arguedas: *Obras completas.* Cinco volúmenes. Lima. Horizonte.

Entrevistas

Christian, Chester: «Alrededor de este nudo de la vida. Entrevista con José María Arguedas». *Revista Iberoamericana.* No.122. Enero-marzo 1983: 221-234.

Escajadillo, Tomás /Dorfman, Ariel /Calderón, Alfonso, et al.: «Conversando con Arguedas». *Recopilación de textos sobre José María Arguedas.* La Habana. Casa de las Américas. Serie Valoración múltiple. Compilación y prólogo de Juan Larco. 1976: 21-3O.

Testimonios

Bareiro Saguier, Rubén: «José María Arguedas o la palabra herida». Liminar de la edición crítica de *El zorro de arriba y el zorro de abajo.* Coordinadora: Eve-Marie Fell. UNESCO. 199O: XV-XX.

Bueno, Salvador: «Arguedas en La Habana». *Recopilación de textos sobre José María Arguedas.* 1976: 353-356.

Bustamante, Cecilia: «Una evocacion de José María Arguedas». *Revista Iberoamericana.* No.122. Enero-marzo 1983: 183-191.

Huamani, Máximo Damián: «Con lágrimas, no con fingimiento». *Recopilación de textos sobre José María Arguedas.* 1976: 341-343.

Merino de Zela, E. Mildred: «Otras tareas, otras pasiones». *Recopilación de textos sobre José María Arguedas.* 1976: 387-394.

Moctezuma de Carvalho, Joaquim de «La aventura de un descubridor». *Recopilación de textos sobre José María Arguedas.* 1976: 357-369.

Solari Swayne, Enrique: «El testamento de Arguedas: participar en la existencia, en la protesta y en la lucha». *Recopilación de textos sobre José María Arguedas.* 1976: 345-347.

Tamayo Vargas, Augusto: «La piedra y la sangre: relieves». *Recopilación de textos sobre José María Arguedas.* 1976: 371-381.

Valcárcel, Luis: «José María». *Recopilación de textos sobre José María Arguedas.* 1976: 383-386.

Westphalen, Emilio Adolfo: «La sustancia de la vida y la obra literaria». *Recopilación de textos sobre José María Arguedas.* 1976: 349-352.

Vida y obra

Arredondo, Sybila: «Vida y obra de José María Arguedas y hechos fundamentales del Perú». En José María Arguedas: *Obras completas* (1983).

Zela, E. Mildred Merino de: *José María Arguedas: vida y obra* (la publicación carece de datos bibliográficos).

Estudios críticos

Arredondo de Arguedas, Sybila: «*El zorro de arriba y el zorro de abajo* en la correspondencia de Arguedas». Edición crítica de *El zorro de arriba y el zorro de abajo.* Coordinadora: Eve-Marie Fell. UNESCO. 1990: 275-295.

Adorno, Rolena: «La soledad común de Waman Puma de Ayala y José María Arguedas». *Revista Iberoamericana.* No.122. Enero-marzo 1983: 143-148.

Aguirre Beltrán, Gonzalo: «José María Arguedas (1911-1969)». *América Indígena.* México. 3O de enero de 197O: 197-198.

Alegría Fernando: «José María Arguedas». *Breve historia de la novela hispanoamericana.* México. Ed. de Andrea. 1966: 273-4.

Aibar Ray, Elena: *Identidad y resistencia cultural en las obras de José María Arguedas.* Lima. Pontificia Universidad Católica del Perú. Fondo Editorial. 1992.

Bourricaud, François: «El tema de la violencia en *Yawar fiesta*». *Recopilación de textos sobre José María Arguedas*. 1976: 2O9-225.

Castro-Klarén, Sara: «Crimen y castigo: sexualidad en José María Arguedas». *Revista Iberoamericana*. Núm. 122. Enero-marzo 1983: 55-65.

_____ : *El mundo mágico de José María Arguedas*. Lima. Instituto de Estudios Peruanos. 1973.

_____ : «Mundo y palabra: hacia una problemática del bilingüismo en Arguedas». *Runa*. Lima. Núm. 6. Noviembre de 1977:8-1O, 39.

Cornejo Polar, Antonio: «Arguedas, poeta indígena». *Recopilación de textos sobre José María Arguedas*. 1976: 169-176.

_____ : «Arguedas y la representación del universo indígena». *Cultura y Pueblo*. Lima. Enero-junio 197O.

_____ : *Los universos narrativos de José María Arguedas*. Buenos Aires. Losada. 1973.

Cortázar, Julio: «Un gran escritor y su soledad». *Life*. 7 de abril de 1969. Vol.XXXIII. Núm. 7: 44-55.

Escajadillo, Tomás: «Meditación preliminar acerca de José María Arguedas y el indigenismo». *Revista Peruana de Cultura*. Lima. Diciembre de 197O. Núm. 13-14: 82-126.

Escobar, Alberto: *Arguedas o la utopía de la lengua*. Lima. Instituto de Estudios Peruanos. 1984.

_____ : «*El sexto* o el hábito de la libertad». *Recopilación de textos sobre José María Arguedas*. 1976: 285-287.

_____ : *José María Arguedas, el desmitificador del indio y del rito indigenista*. The University of Chicago. Center for Latin American Studies. 1981.

_____ : «La guerra silenciosa de *Todas las sangres*». *Recopilación de_textos sobre José María Arguedas*. 1976: 289-3OO.

Gómez Mango, Edmundo: «Todas las lenguas: vida y muerte de la escritura en *Los zorros* de Arguedas». Edición crítica de *El zorro de arriba y el zorro de abajo*. 199O: 36O-368.

Jitrik, Noé: «Arguedas: Reflexiones y aproximaciones».*Revista Iberoamericana*. No. 122. Enero-marzo 1983: 83-95.

Harrison, Regina: «José María Arguedas: el sustrato quechua». *Revista Iberoamericana*. No. 122. Enero-marzo 1983: 111-132.

Harss, Luis: «*Los ríos profundos* como retrato del artista». *Revista Iberoamericana*. No.122. Enero-marzo 1983: 133-141.

Lévano, César: *Arguedas, un sentimiento trágico de la vida*. Lima. Gráfica Labor. 1969.

Lienhard, Martin: *Cultura popular andina y forma novelesca: zorros y danzantes en la última novela de Arguedas*. Lima. Tarea/Latinoamericana Editores. 1981.

_____ : «La función del danzante de tijeras en tres textos de José María Arguedas». *Revista Iberoamericana*. No. 122. Enero-marzo 1983:149-157.

_____ : «La subversión del texto escrito en el área andina (Guaman Poma de Ayala, J.M. Arguedas)». *La voz y su huella*. La Habana. Casa de las Américas. 1989:189-217.

Montoya, Rodrigo, ed.: *José María Arguedas veinte años después: huellas y horizonte 1969-1989*. Con ensayos de E. Mildred Merino de Zela, Raúl Romero, Chalena Vásquez, Nelson Manrique, Luis Miguel Glave, Tomás Escajadillo, Carlos Garayar e Hildebrando Pérez. Lima. Universidad Nacional Mayor de San Marcos. 1991.

Ortega, Julio: *Texto, comunicación y cultura: Los ríos profundos de José María Arguedas*. Lima. Centro de Estudios para el Desarrollo y la Participación. 1982.

Pinilla, Carmen María: *Arguedas: conocimiento y vida*. Lima. Pontificia Universidad Católica del Perú. Fondo Editorial. 1994.

Rama, Angel: «Los ríos profundos, ópera de pobres». *Revista Iberoamericana*. Núm. 122. Enero-marzo 1983:11-41.

_____ : Prólogo a *Formación de una cultura nacional indoamericana*. México. Siglo XXI. 1976.

Rouillon, José Luis: «La luz que nadie apagará. Aproximaciones al mito y al cristianismo en el último Arguedas». Edición crítica de *El zorro de arriba y el zorro de abajo*. 199O: 341-357.

Rowe, William: *Mito e ideología en la obra de José María Arguedas*. Lima. Instituto Nacional de Cultura. 1979.

Salazar Bondy, Sebastián: «Arguedas: fe en el hombre». *El Comercio*. Lima. 3O de noviembre de 1961. P. 2.

Vargas Llosa, Mario: «José María Arguedas: entre la ideología y la arcadia». *Revista Iberoamericana*. Núms. 116-117. Julio-diciembre 1981: 33-46.

_____ : *José María Arguedas: entre sapos y halcones*. Discurso de ingreso a la Real Academia de la Lengua Española en el Perú. Lima. *Boletín de la Academia Peruana de la Lengua*. 1977.

Westphalen, Emilio Adolfo: «Del mito al testimonio: la larga marcha del Perú». *Recopilación de textos sobre José María Arguedas*. 1976: 3O1-31O.

_____ : «José María Arguedas». *Amaru*. Lima. Diciembre 1969. N. 11: 1-2.

_____ : «La última novela de Arguedas». *Amaru*. Lima. Núm. 11. 1969: 27-3O.

Yurkievich, Saúl: «Realismo y tensión lírica en *Los ríos profundos*. *Recopilación de textos sobre José María Arguedas*. 1976: 235-25O.

LAS CARTAS DE ARGUEDAS

Se terminó de imprimir en el mes de
junio de 1996, en los talleres gráficos de
Editorial e Imprenta DESA S.A.
(R.I. 16521), General Varela 1577
Lima 5, Perú.

PUBLICACIONES RECIENTES

CARMEN JULIA CABELLO
Divorcio y Jurisprudencia en el Perú, 1995, 168 p.

FRANCISCO CARDAZA - WEN ROON CHOO - OSCAR MAVI A. (TRADUCTORES)
El Tratado Transpacífico 1996, 114 p.

JAVIER CARRANZA - HECTOR LIN KU DE CARRANZA (TRADUCTORES)
El Préstamo de Tatu, 1996, 224 p.

RODOLFO CERRÓN PALOMINO
La lengua de Naimlap 1995, 236 p.

JAIME LARA MÁRQUEZ
Imposición de la Cuenca Tributaria 1995, 257 p.

GUILLERMO LOHMANN LUCA DE TENA
Derecho ... (Biblioteca Para Leer el Código Civil Vol. XVII) 1996, 365 p.

JORGE MORELLI PANDO
La Hipoteca: Perspectivas 1995, 253 p.

FELIPE OSTERLING P. - MARIO CASTILLO F.
Tratado de las Obligaciones (Biblioteca Para Leer el Código Civil Vol. XVII).

Tomo I	1995	508 p
Tomo II	1995	578 p
Tomo III	1995	558 p
Tomo IV	1995	544 p
Tomo V	1996	520 p
Tomo VI	1996	630 p
Tomo VII	1996	521 p.

JUAN JOSÉ RUDA SANTOLARIA
Los Sujetos de Derecho Internacional, 1995, 608 p.

FE REVILLA DE MONCLOA
La Trama Peregrina, 1995, 180 p.

PUBLICACIONES RECIENTES

CARMEN JULIA CABELLO
Divorcio y Jurisprudencia en el Perú. 1995 . 498 p.

FRANCISCO CARRANZA - WON HOON CHOO - OSCAR MAVILA
(TRADUCTORES)
El Tiempo Transparente. 1996. 144 p.

JAVIER CARRANZA - HYESUN KO DE CARRANZA
(TRADUCTORES)
El Pescador no Tala. 1996. 224 p.

RODOLFO CERRON-PALOMINO
La Lengua de Naimlap. 1995. 220 p.

JAIME LARA MARQUEZ
Indice Analítico del Código Tributario. 1995. 277 p.

GUILLERMO LOHMANN LUCA DE TENA
Derecho de Sucesiones. (Biblioteca Para Leer el Código Civil. Vol. XVII
Tomo II) 1996. 964 p.

JORGE MORELLI PANDO
Las Hipotecas Territoriales. 1995. 268 p.

FELIPE OSTERLING P.- MARIO CASTILLO F.
Tratado de las Obligaciones. (Biblioteca Para Leer el Código Civil.
Vol. XVII)

Tomo I	1995. 508 p.
Tomo II	1995. 528 p.
Tomo III	1995. 568 p.
Tomo IV	1995. 544 p.
Tomo V	1996. 520 p.
Tomo VI	1996. 620 p.
Tomo VII	1996. 524 p.

JUAN JOSE RUDA SANTOLARIA
Los Sujetos de Derecho Internacional. 1995. 608 p.

FE REVILLA DE MONCLOA
La Paria Peregrina. 1995. 180 p.